BION NO BRASIL

Blucher

BION NO BRASIL

Supervisões e comentários

Organizadores

José Américo Junqueira de Mattos

Gisèle de Mattos Brito

Howard B. Levine

All rights reserved.
Authorised translation from the English language edition first published by Karnac Books Ltd. and now published by Routledge, a member of the Taylor & Francis Group.

Bion no Brasil: supervisões e comentários
Título original: *Bion in Brazil: Supervisions and Commentaries*
© 2017 José Américo Junqueira de Mattos, Gisèle de Mattos Brito e Howard B. Levine (organizadores)
© 2018 Editora Edgard Blücher Ltda.

Imagem de capa: *Thoughts in search of a thinker*, Hilda Catz.

Blucher

Rua Pedroso Alvarenga, 1245, 4º andar
04531-934 – São Paulo – SP – Brasil
Tel.: 55 11 3078-5366
contato@blucher.com.br
www.blucher.com.br

Segundo o Novo Acordo Ortográfico, conforme 5. ed. do *Vocabulário Ortográfico da Língua Portuguesa*, Academia Brasileira de Letras, março de 2009.

É proibida a reprodução total ou parcial por quaisquer meios sem autorização escrita da editora.

Todos os direitos reservados pela Editora Edgard Blücher Ltda.

Dados Internacionais de Catalogação na Publicação (CIP)
Angélica Ilacqua CRB-8/7057

Bion no Brasil : supervisões e comentários / organizadores: Howard B. Levine, José Américo Junqueira de Mattos, Gisèle de Mattos Brito. – São Paulo : Blucher, 2018.
368 p.

Bibliografia
ISBN 978-85-212-1339-0 (e-book)
ISBN 978-85-212-1338-3 (impresso)

1. Psicanálise 2. Psicoterapeutas – Supervisão 3. Bion, Wilfred R. (Wilfred Ruprecht), 1897-1979 – Crítica, interpretação etc. I. Levine, Howard B. II. Mattos, José Américo Junqueira de III. Gisèle de Mattos Brito

18-0884   CDD 150.195

Índice para catálogo sistemático:
1. Psicanálise

Conteúdo

Agradecimentos e dedicatória — 9

Prefácio — 11
   João Carlos Braga

Nota — 19
   José Américo Junqueira de Mattos

Introdução — 21
   Gisèle de Mattos Brito

Supervisão A1 — 29

Comentários sobre a Supervisão A1 — 37
   Julio Frochtengarten

Supervisão S12 — 45

Comentários sobre a Supervisão S12 — 61
   João Carlos Braga

Supervisão A25	75
Comentários sobre a Supervisão A25	85
Maria Bernadete Amêndola Contart de Assis	
Supervisão A30	99
Comentários sobre a Supervisão A30	111
Antonio Sapienza	
Supervisão A10	117
Comentários sobre a Supervisão A10	125
Luiz Carlos Uchôa Junqueira Filho	
Supervisão A3	131
Comentários sobre a Supervisão A3	141
Maria Cecília Andreucci Pereira Gomes	
Supervisão A45	155
Comentários sobre a Supervisão A45	165
Antônio Carlos Eva	
Supervisão S28	171
Comentários sobre a Supervisão S28	193
Arnaldo Chuster	
Supervisão D17	199
Comentários sobre a Supervisão D17	215
Ana Maria Stucchi Vannucchi	
Supervisão A36	229
Comentários sobre a Supervisão A36	245
Paulo Cesar Sandler	

Supervisão D11	261
Comentários sobre a Supervisão D11	289
Renato Trachtenberg	
Supervisão A2	305
Comentários sobre a Supervisão A2	319
Carmen C. Mion	
Supervisão D8	331
Comentários sobre a Supervisão D8	349
Ney Marinho	
Apontamentos de viagem: comentário sobre as supervisões de Bion	355
Leopold Nosek	

Agradecimentos e dedicatória

Os organizadores gostariam de agradecer à Francesca Bion (*in memoriam*) e ao patrimônio literário de Wilfred R. Bion pela permissão para publicar estas supervisões. Dedicamos este livro à memória de Francesca Bion, que, com seu amor e companheirismo, ajudou Bion a se recuperar do trauma de suas experiências de guerra e a publicar suas obras, contribuindo, assim, para a disseminação e preservação de suas ideias.

Prefácio

João Carlos Braga

Temos *informações* sobre Wilfred R. Bion, tanto sobre o homem como sobre o pensador da psicanálise. Também dispomos de variadas fontes que permitem o *conhecimento* de seu pensamento psicanalítico. Entretanto, este acervo de supervisões por ele conduzidas em suas quatro visitas ao Brasil (1973, 1974, 1975 e 1978) pertence a outra ordem: à de *experiências*. Permite-nos contato estreito com a forma singular de Bion aproximar-se da vida mental a partir de material clínico. Apresenta-nos o analista em ação, por meio da cuidadosa transcrição do que era verbalizado em inglês durante cada supervisão, privilegiando, assim, o que o próprio Bion ouvia e dizia. Com a cuidadosa preservação e transcrição dos registros auditivos, esta edição permite recriar ricamente o ocorrido, tanto fatual como emocionalmente. Para quem as escuta, uma experiência quase presencial; para o leitor, estímulos suficientes para experiências emocionais e realizações pessoais.

Além das vivências possibilitadas por essa exposição, nestas supervisões encontramos tantos pontos de interesse conceitual que fica praticamente impossível elencá-los. Podemos, no entanto, destacar alguns deles: a percepção da amplidão do pensamento de Bion, de sua abertura para além das dimensões do conhecer/não conhecer, para o que ainda não nasceu para a mente e para as experiências de encantamento que o contato direto com a realidade torna possível vivenciar. Também nos capacitam a identificar sua visão sobre a mente, permitindo-nos segui-lo em seu flutuar na abordagem de diferentes dimensões do seu modelo da mente, sem perder de vista o momento que estava então sendo vivido pelo par analítico. Mais: permitem acompanhar como as teorias (suas e de outros analistas, principalmente de Freud e de Melanie Klein) podem estar integradas no tecido mental de um analista sem atrapalhar sua capacidade de observação clínica. Além disto, permitem acompanhar as evoluções em seu pensamento, como o surgimento (após 1976) de suas conjecturas sobre a existência de uma mente primordial, sempre presente, mas submetida à "impressionante cesura do nascimento".[1]

Outra face significativa que estas supervisões nos oferecem é a oportunidade de acompanharmos, em detalhes, a exposição do pensamento psicanalítico de Bion no calor do momento clínico, podendo, com isso, formar uma ideia sobre sua maneira de conduzir-se na prática neste período. Mostram-nos um analista extremamente criativo, paciente e generoso, com uma impressionante clareza de pensamento, surpreendendo com comentários sempre muito vivos e com um contato emocional privilegiado com os participantes. Um pensador original, com um incrível foco no que está acontecendo no momento que está sendo vivido e formulando suas impressões em termos sempre coloquiais, muito distantes de uma linguagem conceitual. É frequente acompanhá-lo dizendo, como em um exercício, o que ele próprio comunicaria ao analisando

---

1 Em referência a Sigmund Freud, 1926. Bion, W. R. (1977). *Two papers: the grid and caesura*. Rio de Janeiro: Imago.

caso fosse o analista naquela situação. E, por outro lado, como ele sopesava se diria ou não o que pensou, mostrando-se cuidadoso se o analisando poderia acompanhar o seu pensamento.

Além disso, estas supervisões oferecem elementos para pensarmos nas especulações surgidas sobre a existência de uma distância entre as formulações por ele feitas em seus livros e seminários e, por outro lado, seu desempenho como analista, sugerindo que Bion conduzia-se em sua prática clínica como "um kleiniano ortodoxo".[2] Esta visão, obtida por meio de depoimentos de ex-analisandos em Londres (antes de 1968) e em Los Angeles (a partir de 1968), traz uma questão curiosa se comparada à visão transmitida por José Américo Junqueira de Mattos,[3] seu analisando nos dois últimos anos de vida de Bion (1977-1979). As descrições de Junqueira são de um analista heterodoxo, compreensivo, mas que não fazia concessões, sensível ao clima emocional da sessão, mas aferrado à perspectiva psicanalítica tradicional de elaborar a experiência vivida no momento pela dupla. A questão curiosa, a que me referi acima, é o reconhecimento de que o próprio Bion tenha necessitado de longos anos para integrar em sua prática o que ele mesmo havia alcançado com a elaboração de suas intuições. Assim, o analista de Londres e o dos primeiros anos de Los Angeles (para onde ele foi convidado como membro do grupo kleiniano), já não era o mesmo analista dez anos depois. O que não surpreende a nenhum analista experiente, mas que certamente é um alento para todos nós que laboriosamente tentamos incluir em nossos recursos as indicações técnicas feitas por Bion ao desenvolver suas contribuições após 1965.

---

2 Vermote, R. (2011). On the value of late Bion to analytic theory and practice. *Int. J. Psychoanal, 92*, 1089-1098.
3 Junqueira de Mattos, J. A. (2018). *Impressões de minha análise com Wilfred R. Bion e outros trabalhos.* São Paulo: Blucher.

A publicação destas supervisões traz ainda outra face de interesse psicanalítico. Por razões diversas, entre as quais a barreira da língua é a mais óbvia, a psicanálise como pensada e praticada no Brasil tem sido pouco exposta ao mundo analítico. Podemos conjecturar que desenvolvemos entre nós algumas características próprias, que têm muito a ver com o pensamento e com as últimas recomendações técnicas de Bion (*the late Bion*). Por exemplo, se olharmos o panorama mundial, em muitos analistas podemos acompanhar uma forma de se expressar em que as contribuições de Bion surgem como acréscimos ao pensamento freudiano/kleiniano. Diferentemente, entre analistas brasileiros que aceitam as contribuições de Bion, é comum observar que suas formulações trazem as marcas de uma "bionização" dos pensamentos de Freud e de M. Klein. Ou seja, no primeiro caso, Bion é "pensado" por meio dos pensamentos de Freud e de M. Klein; no segundo, acompanhamos os pensamentos de Freud e de Klein assimilados ao pensamento de Bion. Possivelmente, isto vai poder ser observado nos comentários que se seguem a cada uma das doze supervisões apresentadas neste livro, todos eles feitas por analistas brasileiros que experimentam a influência das ideias de Bion e que as integraram, tornando-as próprias.

Este tema puxa outro: historicamente, a relação entre Bion e os analistas brasileiros parece ter sido de mútuo interesse.

O fato de Bion ter vindo ao Brasil desenvolver um intenso trabalho por quatro vezes em seus últimos seis anos de vida, por períodos longos, não parece ser apenas uma questão aleatória. Possivelmente algo vital foi experimentado de ambos os lados. Então, o que Bion poderia ter percebido nos analistas brasileiros? Talvez a correspondência pessoal ou depoimentos de sua esposa possam trazer elementos objetivos a este respeito. E o que os analistas brasileiros perceberam no pensamento de Bion que tornou tão significativa sua influência? Certamente não é a compreensão do corpo teórico que o embasa, algo que ainda hoje continuamos tentando alcançar. A opinião de D. Meltzer[4] de que analistas brasileiros cultivariam uma idealização pelas contribuições de Bion, parece parcial, uma interpretação limitada de um complexo conjunto de fatores. A começar pela constatação de que Bion cuidava muito de não se oferecer como objeto de idealização, embora fosse muito carismático. O que possivelmente seja mais importante foi a exposição de um grupo significativo de analistas influentes a um autor apresentando uma nova visão da psicanálise que clamava por desenvolvimentos e apontava para o futuro. O impacto da aceitação das últimas contribuições de Bion gerou um movimento de busca de mudança que até hoje persiste.

Também pode ter contribuído a conjunção particular entre pensar e sentir (com ênfase no sentir) que caracteriza nossa forma de viver as experiências. A facilidade com que as emoções se oferecem ao pensar e se infiltram na linguagem verbal, fazendo com que o não-dito fique quase à superfície, pode favorecer nosso interesse pelo *sendo* [*being*], percebendo a limitação do *conhecer*. Conviver com dúvidas e incertezas, assim como valorizar intuições e estar menos aderidos à lógica e à intelectualização, são outras características mais gerais de nosso funcionamento mental. Não por acaso, características que convergem com as propostas de Bion de uma atitude analítica sem memória, sem desejo e sem compreensão.

Possivelmente hoje, passados quarenta anos de sua ocorrência, estudar estas supervisões seja mais acessível do que em décadas anteriores, pois nossa condição de acompanhar o pensamento de Bion vem se aprimorando. Bion falava do presente para analistas do amanhã, os analistas que surgiriam dos analistas que o ouviam, seja por mudanças psíquicas neles mesmos, seja pelos

---

4 Seminário conduzido por ele na Sociedade Brasileira de Psicanálise de São Paulo em 8 de outubro de 1998.

desenvolvimentos que apenas ganhariam forma em gerações seguintes, como expresso em sua citação da frase de Max Planck: "Uma nova verdade científica não triunfa pelo convencimento de seus oponentes, fazendo-os ver a luz, mas antes porque seus oponentes eventualmente morrem e uma nova geração que é familiar com ela surge".[5] Mesmo hoje, aceitar as contribuições de Bion é aceitar uma desafiadora exposição ao novo, a fronteiras da mente que continuam aguardando os analistas desbravá-las. Nelas está a Psicanálise como hoje a conhecemos e como possivelmente mais algumas gerações de psicanalistas a conhecerão, tal o alcance dos pensamentos ali formulados. O que nelas encontramos tem o caráter do atemporal, o selo da presença da realidade.

Penso ter alinhado argumentos suficientes para apresentar estas mais de 130 supervisões (12, neste volume) como preciosos documentos sobre a forma com que Bion pensava e praticava a psicanálise em seus anos finais de vida. Compõem com os Seminários conduzidos em Los Angeles (1976), Nova York (1977), Roma (1977) e São Paulo (1978), assim como com os artigos publicados nesses anos, um conjunto cuja somatória potencializa mutuamente a riqueza que encerram.

Mas ainda falta algo a ser dito. Como expressar nosso apreço, admiração e gratidão a José Américo Junqueira de Mattos, que amorosamente recolheu, conservou, transcreveu e editou estas supervisões? E à sua filha, Gisèle de Mattos Brito, que vem dando continuidade a esta tarefa? Pois, com esta publicação, não estamos frente a um tesouro perdido e agora desenterrado: o que passa a ficar disponível a todos é fruto de um paciente, dedicado

---

[5] "a new scientific truth does not triumph by convincing its opponents and making them see the light, but rather because its opponents eventually die and a new generation grows up that is familiar to it." [Bion, W. R. (1975). *Clinical Seminars and other works*. London: Karnac Books, 1994, p. 135.]

e meticuloso trabalho. Uma empreitada de trinta anos, de milhares de horas de esforços, de minuciosa atenção a detalhes, de não pequenos gastos financeiros, de um trabalho tanto direto como de coordenação de técnicos em informática e de professores de inglês. Na busca de como dizer-lhes do que avalio e sinto, lembrei-me do relato da despedida de Junqueira e Bion, ao final da última sessão.[6] Ao agradecer-lhe, ouviu de Bion que não havia nada a agradecer e este complementou: "Há um ditado em inglês que diz: virtude é sua própria recompensa".[7] E acrescentou: "Toda a recompensa em o senhor ser um analista é a de que o senhor seja um analista. Com isto, eu me sinto totalmente recompensado". Conhecendo Junqueira, posso reconhecer que este seja também seu estado de espírito. Imagino-o nos dizendo: "Minha parte eu fiz e sinto-me recompensado. Agora está nas mãos de vocês fazerem o que lhes é possível. E que possam fazê-lo bem." Ao que respondo: "Certo, mas queira você ou não, tenho o reconhecimento do valor inestimável desta contribuição sua e um forte sentimento de gratidão. Não encontro forma mais direta de dizer-lhe isto do que com um singelo: 'Muito obrigado, Junqueira'".

Referências

Bion, W. R. (1975). Brasilia, a new experience. In *Clinical Seminars and Other Works* (pp. 121-129). London: Karnac Books, 1994.

Bion, W. R. (1977). *Two Papers: The Grid and Caesura*. Rio de Janeiro: Imago.

---

6 Junqueira de Mattos, J. A. (1997). Impressões de minha análise com Dr. Bion – II. *Actualidad Psicológica, 22*(243), 18-21.
7 Em inglês, "Virtue is its own reward".

Bion, W. R. (1975-1977). *A Memoir of the Future, volume I and II.* Rio de Janeiro: Imago.

Freud, S. (1926). Inhibitions, symptoms and anxiety. In *The Standard Edition of the Complete Psychological Works of Sigmund Freud* (Vol. 20, pp. 75-175). London: Hogarth.

Junqueira de Mattos, J. A. (1980a). *Impressões de minha análise com Dr. Bion.* 10º Colóquio Científico: W. R. Bion. SBPSP, 1980. [*Impressions of my analysis with Dr. Bion.* 10th Scientific Meeting: W. R. Bion]: Brazilian Psychoanalytic Society of São Paulo.

Junqueira de Mattos, J. A. (1980b). *Impressões de minha análise com Dr. Bion: Comentários do autor.* 10º Colóquio Científico: W. R. Bion. SBPSP, 1980. [*Impressions of my analysis with Dr. Bion: Commentaries of the author.* 10th Scientific Meeting: W. R. Bion]: Brazilian Psychoanalytic Society of São Paulo.

Vermote, R. (2011). Rudi Vermote's response to David Taylor. *International Journal of Psychoanalysis, 92,* 1113-1116.

Nota

José Américo Junqueira de Mattos

Ao voltar de Los Angeles, ao término de minha análise com Wilfred R. Bion, comecei a coletar, entre analistas de São Paulo, Brasília e Rio de Janeiro, as supervisões gravadas de Bion. Consegui amealhar mais de cem fitas cassetes, o que dá pouco mais de cem horas de gravação. As supervisões que constam neste livro fazem parte desse lote. Aproveito o momento para agradecer profundamente aos colegas que tiveram a generosidade e confiança em ceder-me tão precioso material.

Em seguida, passei a transcrever as fitas em inglês. Para tanto contei com a assistência da Profa. Paola Thompson. Posteriormente, elas foram traduzidas para o português, tarefa na qual tive a assistência do Prof. Amauri Faria de Oliveira Filho. Quero expressar a ambos meus agradecimentos por tão valiosa colaboração.

Ribeirão Preto, julho de 2018

Introdução

Gisèle de Mattos Brito

E foi assim que tudo começou...

Estávamos em 1973, por intermédio e influência de Dr. Frank Philips, que fora analisando de Melanie Klein e Bion, e que, em São Paulo, analisava boa parte dos analistas membros efetivos da época, coordenou com a diretora do Instituto, Dra. Virginia Leone Bicudo, o convite para a primeira vinda de Bion ao Brasil.

Em sua primeira visita, Bion hospedou-se na casa do Dr. Frank Philips, que serviu como tradutor e intérprete de suas conferências. Dr. Philips gozava de grande prestígio no meio psicanalítico e sua influência na Sociedade de São Paulo colaborou para a abertura e a aceitação das ideias de Bion. À época, contávamos com 122 membros, 16 efetivos, 36 associados e 70 candidatos. Alguns já conheciam e estudavam as ideias de Bion, outros começaram, naquele momento, a conhecê-las. Entretanto, não se tratava apenas do contato com ideias, conceitos psicanalíticos a serem aprendidos. Algo muito maior aconteceu.

Por meio de conferências e seminários clínicos os analistas Brasileiros foram sendo impactados, pela experiência com Bion e pela vivência com as teorias que ele preconizava. O sentimento descrito por colegas que participaram desses seminários e conferências era de grande admiração. Houve um alvoroço muito grande na Sociedade. As supervisões eram muito concorridas...

Mas, o que propriamente gerou nos analistas esse estado? Esse impacto a que todos se referem e que semeou a profunda influência teórica e clínica na Sociedade de São Paulo, e em tantas outras dali nascidas?

O sentimento foi o de que estávamos diante de uma pessoa muito especial:

Sim! O Homem e o Pensador...

O homem

Uma figura hierática, séria e alta. Sua postura era de quem estava disponível para ouvir, interessava-se, perguntava e não trazia respostas. Indagava! E, com reflexões, expandia o campo da discussão. Apontava para algo novo... um novo vértice... o desconhecido... Uma colega candidata na época falou-me do enorme impacto ao perceber que Bion reconheceu e valorizou o sentimento que trouxera na supervisão, de que não sabia o que estava se passando. Sim, ele podia se mostrar ignorante e nos fazer conter nossa ignorância sem nos atacar, sem se colocar no papel de quem trazia a verdade, a receita de como fazer psicanálise.

Poderemos encontrar nas supervisões aqui transcritas o profundo respeito com que tratava os colegas ali presentes. Figura sábia e generosa, utilizava sua cultura e conhecimento para ampliar a capacidade dos colegas presentes, de reconhecimento da complexidade do ser humano e, dessa forma, expandia e integrava o conhecimento que emergia. Poderemos constatar por meio de inúmeros comentários presentes nestes seminários esse aspecto da personalidade de Bion.

Algo que chamava a atenção de vários colegas é que Bion parecia estar num mesmo estado de mente da hora em que acordava até a hora em que ia dormir. O colega Junqueira Filho relatou (2012) uma curiosa passagem ocorrida ao final de uma de suas conferências em 1973:

> *Em uma ocasião, após o encerramento de uma conferência noturna que coroara um estafante dia de trabalho, perguntei a ele se estava desejoso de recolher-se para descansar. Ele respondeu-me sem pestanejar: "Mas, durante a noite, nossa mente está sempre trabalhando ativamente!".*

Junqueira continua: "Alguns anos depois dei-me conta de que aquilo que eu presenciara era o exercício diuturno do processo que ele descreveria como 'trabalho-onírico-alfa'".[1]

O pensador

O repórter Cláudio Bojunga, em reportagem feita pelo Jornal do Brasil em abril de 1978, destacou que o olhar e a voz de Dr. Bion eram firmes. Ele iniciou a conferência dizendo: "Que posso oferecer-lhes? Que direi essa noite? Em que área exibirei minha ignorância?".

Sim! Do Homem forte emerge o Pensador!

---

[1] Junqueira Filho, L. C. U. (2012). *Dimensions, Psychoanalyze, Brazil*. São Paulo: Brazilian Society of São Paulo, pp. 77-78.

Dr. Bion então conta a história do cemitério de Ur e do ataque à tumba sagrada feito por dois ladrões. E indaga: "A atividade dos ladrões foi corajosa? Poderia ela ser considerada um modelo para a ciência? Serão aqueles ladrões patronos do método científico?". E mais adiante:

> *O que os ladrões sentiram? Eles devem ter sido corajosos, para ousar cavar tesouros num lugar guardado por maus espíritos. Resumindo: cada um de vocês que verá amanhã um paciente, deverá sentir-se amedrontado com a experiência. E, na verdade, em cada consultório deveria haver duas pessoas amedrontadas: o psicanalista e o paciente. Se eles não estão angustiados, é porque estão se limitando a em esforço em saber o que todos já sabem. O familiar é uma tentação. Uma tentação que é maior para o analista do que para o paciente. E isso é porque a psicanálise é um dos poucos trabalhos aterradores que não exige que saiamos de casa para executá-lo.*

Que precisão! Ele se utilizou do modelo do ataque à tumba no cemitério de Ur para introduzir o cenário que imaginava ocorrer na sala de análise, tensão, medo e coragem para caminhar...

Em outro ponto, Junqueira Filho relata:

> *A presença viva de Bion impunha a seus interlocutores expectativa respeitosa. Tomados pelo magnetismo de seu corpo solidamente estruturado e de sua expressão circunspecta, as pessoas como que prendiam a respiração diante dele, aguardando o destilar pausado das ideias que iam brotando de sua mente como uma espécie de*

lava vulcânica. A atmosfera que o circundava era onírica, como se ele estivesse continuamente tecendo uma rede para capturar os objetos psíquicos e, em seguida, conferir a eles a destinação que melhor lhes coubesse.[2]

Bion invertia os vértices, usava visão binocular, tinha uma Gestalt modernista, como Samuel Beckett e Ludwig Wittgenstein, ou seja, apresentava características como: mudança de vértices, levar ideias às últimas consequências, transgredir o já sabido. Ele tinha essa habilidade de nos levar a caminhos nunca antes percorridos. Associo essa condição ao poema de Carlos Drummond de Andrade.

José
E agora, José?
A festa acabou,
a luz apagou,
o povo sumiu,
a noite esfriou,
e agora, José?
e agora, você?
Você que é sem nome,
que zomba dos outros,
Você que faz versos,
que ama, protesta?
e agora, José?

Está sem mulher,
está sem discurso,
está sem carinho,

---
2 Junqueira Filho, L. C. U. (2012). *Dimensions, Psychoanalyze, Brazil*. São Paulo: Brazilian Society of São Paulo, p. 77.

já não pode beber,
já não pode fumar,
cuspir já não pode,
a noite esfriou,
o dia não veio,
o bonde não veio,
o riso não veio,
não veio a utopia
e tudo acabou
e tudo fugiu
e tudo mofou,
e agora, José?

E agora, José?
Sua doce palavra,
seu instante de febre,
sua gula e jejum,
sua biblioteca,
sua lavra de ouro,
seu terno de vidro,
sua incoerência,
seu ódio, – e agora?

Com a chave na mão
quer abrir a porta,
não existe porta;
quer morrer no mar,
mas o mar secou;
quer ir para Minas,
Minas não há mais.
José, e agora?

Se você gritasse,
se você gemesse,
se você tocasse
a valsa vienense,
se você dormisse,
se você cansasse,
se você morresse...
Mas você não morre,
você é duro, José!

Sozinho no escuro
qual bicho-do-mato,
sem teogonia,
sem parede nua
para se encostar,
sem cavalo preto
que fuja do galope,
você marcha, José!
José, para onde?

Minha impressão, em contato com essas supervisões, é que Bion, como Drummond de Andrade, nos faz perguntas sobre o significado da nossa própria existência e do mundo. Expõe-nos ao desconhecido, incognoscível ao mesmo tempo que nos chama, como analistas responsáveis, a trabalhar essa enorme empreitada que é ser analista.

O curioso é que esse poema foi escrito durante o período da Segunda Guerra Mundial e do período político de repressão no Brasil, a ditadura Vargas. Como José, Bion caminhou por profundas dores da guerra... de duas guerras... e pôde fazer disso um bom negócio... tinha força para caminhar mesmo sem saber para onde, mergulhado em dúvidas, inseguranças, sozinho, em meio à escuridão, mas com a confiança e fé de que era preciso caminhar...

Bion, por estranhos e inusitados caminhos nos falou mais de perto de nós mesmos, e continua até hoje nos impactando, pois expõe a nossa complicada existência com comentários profundos e reveladores. Colocou-nos e nos coloca, por meio dessas supervisões, em contato com a nossa desprotegida intimidade individual.

E com ele caminhamos...

Agradeço aos colegas José Américo Junqueira de Mattos, Luiz Carlos Uchôa Junqueira Filho, Mayer Snitcovsky e Antonio Luiz Serpa Pessanha pelas informações e impressões que muito me ajudaram a escrever esta Introdução.

P.S.: Bion esteve conosco nos anos 1973, 1974, 1975 e 1978. Essas supervisões são desse período.

Referências

Andrade, C. D. (2012). José. In *Antologia poética* (pp. 28-29). São Paulo: Companhia das Letras.

Bojunga, C. (1978). One of the best psychoanalyst in the world is in São Paulo. Does anyone know? *Jornal do Brasil*, 3.

Junqueira Filho, L. C. U. (2012). *Dimensions, Psychoanalyze, Brazil*. São Paulo: Brazilian Society of São Paulo, p. 77.

Supervisão A1

No texto a seguir, T é o tradutor, A é o analista e P é o paciente; P1 e P2 são os participantes da audiência na ordem em que falaram.

T: Esse paciente veio para análise preocupado acerca de todas as mentiras que ele falou para parecer uma pessoa "normal". Uma das mentiras era: que ele sempre encontrava uma namorada todas as vezes que viajava de férias. Mas uma vez, quando ele retornou de uma dessas viagens, ele estava entre seus amigos de escola, e a maioria desses amigos eram era composta por mulheres. Quando estavam aguardando o elevador, as meninas – suas amigas de escola – lhe perguntaram como fora com sua namorada e ele ficou muito perturbado. Então não foi no mesmo elevador que elas, ele subiu de escada rolante. Aí – ele contou a história correta – ele as encontrou esperando por ele. Aí, ele se deu conta de que forjou essa história e sentiu-se angustiado porque não sabia quem ele realmente era, de onde tinha vindo, ou se estava encontrando as mesmas pessoas novamente. Era isso que estava dizendo ao analista em sua primeira entrevista, sentado na cadeira, fazendo muitas poses, como um palhaço.

Bion: Podemos parar aí? Supondo que todos nós tivéssemos visto esse paciente pela primeira vez, alguém tem alguma ideia da impressão que teria a seu respeito? Deem uma sugestão. Eu gostaria de sugerir... Todos vocês têm papel? Porque eu penso que seria bem interessante para vocês se escrevessem aqui, em qualquer ordem, a primeira impressão que tiveram desse paciente. Agora, quando terminarem de fazer isso, virem e escondam de si mesmos – desse jeito! Apenas escondam de si mesmos. Apenas dobrem o papel para que vocês não vejam, virem para baixo, o que vocês preferirem! Vamos continuar?

T: Em sua experiência com esse cliente, ele (A) descobriu um fato que considerou muito importante. A história que o paciente contou que ele observara as preocupações constantes de seu pai relacionadas em manter uma certa quantia no banco, como uma segurança econômica. O paciente tinha essa mesma preocupação e, quando percebeu isso, também se deu conta que desejava que seu pai – de quem não gostava e o qual era muito desagradável – morresse. Dessa forma, ele herdaria o dinheiro. Após seis meses, quando ele estava consciente desse desejo de morte em relação a seu pai, seu pai morreu de uma doença muito repentina.

Bion: Ele chamou isso de desejo de morte?

T: Ele chamou de desejo de morte e sentiu como se tivesse feito algo que, de fato, tivesse matado seu pai.

Bion: ... Alguma coisa a respeito desse caso? Alguma impressão que vocês tenham?

T: [Neste ponto, o tradutor informa ao grupo em português que ela tem a opinião.] Não é muito relacionada ao caso, mas o (A) havia dito que ele teve a impressão de que o paciente era um homem jovem, mas ele na verdade não é um homem jovem. O que eu notei foi que ele ainda está falando a respeito de si mesmo, como se ele fosse um homem jovem.

P2: Como o príncipe Hamlet! Dinamarca.

T: Agora ele tem 26 anos de idade.

Bion: Não sei se vocês gostariam de escrever novamente, mais uma vez, seus diagnósticos e dobrá-los novamente. Escrevam e escondam de si mesmos. Eu gostaria de dizer, nós começamos fazendo correções desde a nossa primeira impressão, o primeiro objetivo, e depois escondendo. Essa é a segunda vez que daremos nossa impressão. Eu lhes darei minha impressão se vocês quiserem. Eu não sei se vocês gostariam que eu lhes desse a minha impressão agora, porque eu também mudei da mesma maneira!

P1: Dê-nos suas impressões!

T: Sim!

Bion: Eu não quero dizer, fazer nenhum pronunciamento sobre o paciente, mas gostaria de lhes dar uma ideia sobre a maneira como penso em relação a esse paciente. Um ponto é: por que ele parece jovem? É por causa de sua pele? São os pequenos músculos de sua face? É por causa de sua postura? Porque nada disso tem relação com o que ele disse – mas é o que seu corpo diz. É o que podemos ver, com nossos olhos, sem tocá-lo. Há uma ou duas outras coisas que eu esperaria notar, por exemplo: havia um odor, um cheiro? Linguagem corporal ou linguagem psíquica? Do mesmo modo, se eu fosse um músico, como eu gravaria os sons que ele faz? No entanto, o primeiro ponto é: como o paciente o faz pensar qual é a sua idade? E como ele contradiz isso? Se você sente que o paciente é mais jovem do que parece.

P2: É uma pergunta que você está fazendo?

Bion: Bem, estou pedindo-lhe para pensar a respeito disso; isso é o que eu estou fazendo. Suponhamos que o paciente não tenha dito que ele tem 26 anos de idade. Existe alguma maneira pela qual o seu corpo tenha dito que ele tem mais de 26 anos de idade? Qual parte do seu corpo disse que ele tem menos de 26 anos de idade? Nesse caso, o corpo entra em conflito com o corpo? Ou os conflitos estão aqui em cima? [Provavelmente, Bion indicou a própria cabeça].

Nós falamos de conflitos e normalmente nos referimos a conflitos mentais. O que estou sugerindo é que esqueçamos tudo isso e lembremos a ideia de conflito. Por exemplo: o paciente pode discordar de mim – nesse caso, ele estaria discordando de si mesmo *e* de mim. Eu não quero incomodar-me com isso. O que está me incomodando é: que ele parece ser mais novo do que realmente é. Qual parte do seu corpo me diz que ele é mais velho do que parece? Qual parte do seu corpo me diz que ele é mais novo do que o seu corpo me diz?

T: Qual foi a segunda opção... o senhor poderia...?

Bion: Simplesmente: os dois lados! O que diz que ele é velho? O que diz que ele é jovem? Por exemplo: se a sua voz e trejeitos forem aqueles de um homem jovem, mas digamos que o seu cabelo seja grisalho, seu cabelo estaria discordando de seus músculos? Isso é só para dar uma ideia por que eu gostaria de saber como o seu corpo está contradizendo o seu corpo. O outro ponto que me chama a atenção é: ele fala como se tivesse aprendido a imitar todo mundo, em relação a estar consciente da diferença, ele imita todo mundo. Como se estivesse consciente de que ele não é como todos os outros. Ele aprendeu a ter a aparência de todo o mundo, mas não é como todo mundo – ele, de fato, não é. Agora, acho que não gostaria de dizer nada para ele, mas há uma dificuldade porque se eu estivesse lá, se eu não dissesse nada, o paciente poderia ficar muito ansioso. Portanto, eu gostaria de observar em silêncio; o analista fazendo o paciente se sentir ansioso, ele ficaria... ele deixaria o consultório e não voltaria mais. Isso se torna uma questão difícil para o analista, porque o analista também precisa ajudar o paciente a ficar no consultório; provavelmente seria uma boa ideia considerar se você falaria alguma coisa ou não, até aqui.

T: O analista gostaria de acrescentar algo agora.

Bion: Sim.

T: O (A) está muito grato, de certa forma, pelo modo que estamos falando a respeito, falando e não falando, sobre a sessão, porque isso vem à tona, mesmo hoje em sua relação com seu cliente: falar e não falar. O cliente, quando está em silêncio, fica tão ansioso que tem a impressão...

Bion: Quando quem fica em silêncio?

T: Quando o analista fica em silêncio, o cliente fica tão ansioso que ele mesmo começa a falar coisas como, por exemplo: a interpretação que ele imagina que ouviria se o analista falasse com ele. Ele diz ao analista: "Fale, me diga alguma coisa, faça pelo menos um barulho, porque não aguento esse silêncio".

Bion: Aqui de novo, músicos tem certas vantagens, porque eles podem fazer anotações em papel que representem notas musicais. Sons musicais que os pacientes fazem. Mas entre essas marcas que eles fazem, eles também têm o que eles chamam de pausas, descansos para respirar etc. Eu não sei se alguém aqui é músico, pois seria uma coisa muito boa notar que o paciente não aguenta o *silêncio*. Por que alguns pacientes não toleram o silêncio? Isso é uma coisa muito comum. Se você estiver lidando com um paciente criança, os pais têm muita dificuldade em tolerar o silêncio do analista, apenas conhecendo você por meio da criança. Assim, muito frequentemente, é útil se o analista puder dizer aos pais: "Não falem comigo, falem com o analista. Ele irá ajudá-los". Com o homem crescido, com o adulto, é mais difícil porque ele é o pai. Mas a afirmação que o paciente fez está, de fato, pressionando o analista a falar – porque se o analista não falar, o paciente pode ir embora e nunca mais voltar. Por outro lado, se o analista de fato falar, ele pode ser compelido a falar, prematuramente, antes que ele deseje, antes do momento no qual ele quer falar. Agora, por que esse paciente não aguenta o silêncio?

T: O (P2) perguntou se pode falar com você?

Bion: Oh, sim!

T: Ele (P2) acredita que o paciente, nesse momento, está revivendo alguma experiência com seu primeiro objeto de amor; nesse caso, sua mãe, e, portanto, ele não poderia saber o que está acontecendo com ele. Ele não tinha um símbolo para significar no começo o que ele estava querendo dizer, e ele estava cobrando que sua mãe deveria comunicar-se com ele. Ele pergunta ao Dr. X se o paciente expressou algo em ações. Parece que o cliente não fala ou não tem nenhuma capacidade simbólica.

Bion: Para chegar nesse segundo ponto, com o qual estou trabalhando todo o tempo; isto é: a prática da análise! Vamos supor que todos concordemos que pensaríamos dessa forma a respeito do paciente, o que faríamos? O que você diria ao paciente? Você diria algo ou não?

T: (A) gostaria de dizer o que ele está fazendo e (P2) sugere que ele deva dizer isso ao final.

Bion: Bem, mais uma vez, eu gostaria de sugerir que vocês escrevessem em um pedaço de papel se vocês diriam alguma coisa ou não e, se sim, o que diriam – e novamente, escondam! Dobrar um pedaço de papel é bem parecido com esquecer. Anotações, tomar notas, memória e desejo. O que eu disse anteriormente em termos de não se ater à memória ou ao desejo. Memória: o passado; desejo: antecipação. Portanto, escondendo o que você acabou de escrever é como esquecê-lo. Memória e desejo em relação ao tomar notas. Aqui de novo, eu gostaria de dizer-lhes como eu penso a respeito disso: eu consideraria que o paciente está tendo uma experiência muito desagradável. A experiência desagradável é: ser dependente e ser completamente só. Ser dependente e ser completamente só. Elas são indistinguíveis. O paciente está completamente só com o analista. Ele é, ao mesmo tempo, dependente da presença do analista lá – o que é um sentimento desagradável – e está completamente só, o que também é uma experiência desagradável. Se eu pensasse que o paciente poderia se levantar e deixar o consultório, penso eu – apesar de eu não querer dizer nada – eu diria o que acabei de dizer. Eu diria: "Você está achando isso muito assustador, estar completamente só nesse consultório comigo. Talvez venhamos a descobrir, a entender isso melhor mais tarde". Eu preferiria, se pudesse, não dizer mais nada – mas eu preferiria, se eu pudesse, não aumentar a ansiedade do paciente, seja permanecendo em silêncio, seja falando demais. Mas eu gostaria de deixar claro que gostaria de fazer isso, mas eu detestaria dar a impressão de que eu saberia *como* fazer isso. Aqui, é muito mais fácil falar sobre isso, é muito mais fácil para mim do que entre eu e o paciente. É a diferença de ser o analista. Eu não creio que ficaria nem um pouco surpreso se tal paciente não voltasse mais – o que quer que eu fizesse.

T: O (P2) está perguntando se não seria muito ruim para o paciente se essa situação se repetisse como em sua infância, na qual ele não recebeu palavras ou algo de seu primeiro objeto de amor; a situação acontece de novo... Se isso não está se repetindo a situação do objeto frustrante na situação presente?

Bion: Existe sempre esse risco, é por isso que é muito mais fácil falar a respeito disso quando o paciente não está lá.

Psicanálise é extremamente difícil, a teoria é bem fácil, teorizar sobre a psicanálise. É por isso que eu não quero dar a impressão de que eu ache que a prática de análise é fácil; muito frequentemente e infelizmente, instituições de psicanálise pregam que é uma coisa ruim perder um paciente. A prática da psicanálise é muito mais difícil que a teoria. A teoria da psicanálise é muito mais fácil que a prática. Pode ser uma coisa ruim, mas analistas praticantes perdem pacientes. Um analista praticante que não está sempre perdendo pacientes é algo que não existe. Perder pacientes... é algo ruim perder pacientes? Quando se é jovem e inexperiente, parece que é terrível perder um paciente. Quando você chega na minha idade já está acostumado com isso. Para o paciente também é uma experiência terrível estar perdido. Ele não está acostumado a se perder. Sentimentos de estar perdido. Frustrações que o paciente experimenta. Agora, eu acredito que esse paciente em particular pode, também, não estar nem um pouco acostumado com frustrações, porque eu suspeito, muito fortemente, que ele tenha aprendido a se comportar como todas as outras pessoas, da mesma forma que faz um bom mímico. O tipo de mímico que pode profissionalmente seguir uma carreira de ator. Ele não é bom o suficiente para ser capaz de fazer isso. Portanto ele não é um ator ou atriz profissional. Mas ele também não é bom o suficiente para ser verdadeiro. Logo, esse problema é difícil, pois parte da situação analítica levar o paciente a se acostumar com a frustração, é útil para ele sentir que o analista, da mesma forma, está frustrado, mas não está tão assustado.

Temo que já acabou o tempo, não é? Hum... se vocês tiverem um momento, vocês podem escrever, em qualquer ordem, quaisquer pensamentos sobre esse paciente e, depois, compararem com o que vocês escreveram da primeira vez com segunda vez; e também se vocês compararem a ordem e observarem quais foram as impressões, as duas primeiras, ou as três primeiras que os guiou, em qual ordem vocês as puseram no papel na primeira vez e em qual ordem vocês as põem dessa vez.

Bem, temo que temos de parar por aqui!

Comentários sobre a Supervisão A1

Julio Frochtengarten

Agradeço o convite para comentar a transcrição da Supervisão A1, a qual é resultado do profundo carinho, respeito e reconhecimento pelas valiosas contribuições de Bion para os psicanalistas.

A questão que me coloco, de início, diz respeito a quais aspectos privilegiar e comentar de forma a dar vida a um material escrito. Certamente não se trata de supervisionar Bion, nem de acrescentar mais comentários à supervisão do analista. Penso que o material de que dispomos agora nos permite um contato razoável com a forma psicanalítica de Bion pensar.

Um leitor familiarizado com suas ideias reconhecerá que o tema da alucinose se impõe nesta Supervisão. Outros tantos aspectos interessantes – por exemplo, a questão do término da análise – também surgiram na ocasião. Organizei estes comentários em torno de três linhas principais de ideias que me surgiram frente à transcrição deste encontro de Bion com psicanalistas brasileiros.

Primeira linha de abordagem

Em sua primeira intervenção, Bion sugere que os participantes do grupo anotem a "impressão" que tiveram do paciente. No decorrer do encontro, ele repete esta sugestão outras três vezes, apesar das pequenas variações com que formula sua proposta: que escrevam seus "diagnósticos"; que anotem "o que diriam ao paciente"; e, por fim, "quaisquer pensamentos" sobre o paciente.

Encaro esta proposta como um jogo psicanalítico, uma aproximação daquilo que ocorre na mente do analista quando alcança o estado de atenção flutuante.

A experiência nos mostra que, em função dos estímulos que vão surgindo na sessão – de dentro e de fora de nós, estímulos internos e externos –, novos pensamentos vão surgindo, vão sendo acrescentados, modificando sucessivamente a forma de ver o que está se passando na sala de análise.

Como parte do jogo psicanalítico proposto, ao final da transcrição Bion sugere aos participantes que comparem as diversas anotações feitas em sequência.

Esse processo, em que nossa visão da situação vai se modificando, ocorre de modo alheio às contradições, à lógica e às consequências. Penso que Bion está estimulando que o analista acolha a experiência emocional que vai transcorrendo entre ele e o paciente ao longo da sessão. Esta proposta feita aos participantes se reproduz agora na experiência de leitura do material transcrito.

Vejo aqui uma das marcas centrais das contribuições de Bion: descritivamente, acolher a experiência emocional e aprender com ela ou, conceitualmente, utilizar a função α. Esta é a ferramenta do analista na sessão. Penso que é a este processo que se refere na nota de rodapé de *O aprender com a experiência*: "O processo que o analista põe em atividade se destina, nos casos em que estuda as perturbações do pensamento, a investigar a mesma condição do paciente" (Bion, 1962, p. 103).

Durante a apresentação do material clínico, o analista estabelece uma relação entre três elementos: as economias do pai do paciente, o desejo de sua morte para se apropriar delas e sua morte repentina em função de uma doença. A essa relação o analista atribui um caráter causal, originário, do sistema de mentiras (alucinose) do paciente. Desse viés Bion não se utiliza e fica claro, no meu modo de ver, que o caminho do aprendizado com a experiência emocional não passa pela relação de causalidade. Penso que o jogo psicanalítico mencionado acima já deixava claro que o aprendizado com a experiência emocional também não passa pela lógica, pela coerência, pelas consequências.

Considero que todos os pensamentos (no sentido mais amplo) dos participantes, propostos no jogo psicanalítico, são suas *transformações*. Como tais, podem então ser classificadas, *a priori*, em qualquer lugar da Grade – inclusive coluna 2^1 e elementos β^2 fazem parte do que o analista se serve no trabalho. Estes pensamentos vão criando um ambiente receptivo para o surgimento do *fato selecionado*. "Entendo por fato selecionado aquilo que empresta coerência e significado a eventos conhecidos, cujo relacionamento ainda se ignorava" (Bion, 1963, p. 19).

> *O fato selecionado é o nome da experiência emocional, a experiência emocional da sensação de descoberta de coerência. Sua significação é, por conseguinte,*

---

[1] "A teoria, usada como barreira contra o desconhecido, fará parte dos recursos do analista" (Bion, 1963, p. 18).

[2] "Reservo o termo *conhecimento* para a soma total de elementos α e elemento β. É um termo, portanto, que abarca tudo o que o indivíduo conhece e desconhece" (Bion, 1992, p. 182).

epistemológica e não se acredita que seja lógica a correlação dos fatos selecionados. (Bion, 1963, p. 73)[3]

Chegamos aqui, ao que me parece, em uma nova conjunção, a qual vai sendo desenvolvida até o final desta Supervisão: a emoção que acompanha o analista quando ele tem duas impressões discordantes, contraditórias e simultâneas, a respeito do paciente – ele parece jovem e parece não ser jovem. Bion insiste em se manter com as duas impressões em mente, sem descartar nenhuma delas. Para examiná-las, ele se vale tanto de elementos sensoriais como da aproximação com elementos mentais do paciente – o contato do indivíduo como um todo, psíquico e físico. Seu pensamento vai indagando e "passeando" pelos cabelos, pelo corpo, a semelhança com uma pessoa comum, a postura de jovem, as poses de palhaço na primeira entrevista – a semelhança com um mímico. Esse movimento mental, progressivamente, mantém as impressões contraditórias lado a lado e sem privilégio de nenhuma delas, levando-o à ideia de *imitação* – "ser como todo mundo" – e à percepção disto ("como se estivesse consciente de que ele não é como todo mundo").

Nesta primeira linha de abordagem, procurei fazer minha descrição de como vi o analista-Bion trabalhando, aproximando-se de algo que comparei com o conceito de *alucinose*, uma "visão" singular da Experiência Emocional.

Segunda linha de abordagem

Numa segunda vertente, destaco o que Bion refere aqui como "a prática da análise". Ele examina a questão do analista sentir-se compelido a falar antes que o deseje, e a interferência desta pressão

---

[3] Ver o capítulo "Causa e fato selecionado". Bion, W. R. (1992). *Cogitations*. London: Karnac Books.

na observação analítica. Ele diz que gostaria de não *ter de* (grifo meu) falar nada, ou não falar muito, mas se mostra sensível ao fato de que isto levaria o paciente a uma ansiedade insustentável: "o analista também tem de ajudar o paciente a ficar no consultório".

Compreendo a expressão "não ter de falar nada" como um "norte" para o analista, não uma sugestão prática. Esta mesma referência à liberdade do analista encontramos em muitas outras passagens de seus textos. Cito, como exemplo, o seguinte trecho:

> *Para que o analista possa observar corretamente, ele deve ser sensível ao maior número possível de fenômenos... Quanto mais ele conseguir se aproximar desse ideal, mais próximo ele estará do primeiro princípio da psicanálise – ou na verdade, de qualquer outra ciência – isto é, a observação correta. O complemento do primeiro princípio é o último princípio – a interpretação correta. Com "primeiro princípio" quero dizer não apenas prioridade no tempo, mas prioridade em importância, pois se um analista conseguir observar corretamente, sempre há uma esperança; é claro que isso é um grande "se". Sem o último princípio ele não é um analista, mas se ele possuir o primeiro princípio ele pode vir a ser um analista com o passar do tempo; sem o primeiro princípio ele nunca poderá se tornar um analista, e não há conhecimentos teóricos que possam salvá-lo, por maiores que sejam. (Bion, 1997, p. 14)*

Terceira linha de abordagem

Numa última vertente de comentários à Supervisão, parto da indagação, formulada por um dos componentes do grupo, quanto à *expressão* do paciente se dando por *ações* ou por *símbolos*. Diz este participante: "[O paciente] está *cobrando* que sua mãe deveria comunicar-se com ele" (grifo meu). Se, como ele diz, o paciente se expressa em ações, e não por meio de linguagem simbólica, o que faz o analista?

Aqui Bion propôs, pela última vez nesta ocasião, que cada participante escrevesse em seu papel se diria algo e o que diria.

Escrevo imaginativamente, como uma direção de abordagem, que eu gostaria de intervir na sessão de forma a "criar" um interlocutor e, assim, contribuir com a instauração da análise. Para isto, precisaria haver uma divisão no paciente que o possibilitasse ver o que estava se passando. Estou sugerindo que se o analista encontra algo a ser dito, ele tem uma alternativa para o silêncio e o fim da análise – embora esta possibilidade deva ser sempre contemplada.

Lembremos, por fim, a intervenção proposta por Bion, quase ao final do encontro: "Você está achando isso muito assustador, estar completamente só neste consultório comigo. Talvez venhamos a descobrir, a entender isso melhor mais tarde". É uma pequena fala, simples, aparentemente despretensiosa, em que ele fala *com* o paciente e, ao fazê-lo, dá notícia de um possível sentimento presente. Sua intervenção não pressupõe que o paciente já tenha presente uma capacidade simbólica – como seria a intervenção "o paciente está revivendo alguma experiência com seu primeiro objeto de amor, a mãe, que não pode saber o que está acontecendo com ele" – mas que, ao "fazer" o interlocutor, leva, na direção que propus acima, à instauração da análise.

Referências

Bion, W. R. (1962). Learning from experience. In *Seven Servants* (pp. 1-105). New York: Jason Aronson.

Bion, W. R. (1963). Elements of psycho-analysis. In *Seven Servants* (pp. 1-104). New York: Jason Aronson.

Bion, W. R. (1992). *Cogitations*. London: Karnac Books.

Bion, W. R. (1997). *Taming Wild Thoughts*. London: Karnac Books.

Supervisão S12

No texto a seguir, T é o tradutor; A, o analista; P1, P2, P3, P4 e P5 são os participantes da audiência na ordem em que falaram.

A: A paciente é uma mulher de aproximadamente 40 anos de idade, a qual se veste de uma forma muito jovem para sua idade. Como é estrangeira, fala português com o sotaque muito acentuado. Está se consultando comigo há mais de um ano, mas somente há dois meses fomos capazes de iniciar a análise, com quatro sessões por semana.

Bion: Quando você diz: "O seu modo de vestir não está em conformidade com sua idade", é a opinião dela ou é uma impressão que você tem?

A: Não, é minha.

Bion: Ela pensa então que está bem?

A: Sim. Nós trabalhamos quatro vezes por semana. Enquanto esperava, ela me telefonou duas vezes – estava muito interessada em iniciar o tratamento. Quando veio pela primeira vez ao meu consultório, procurando tratamento, estava muito excitada e feliz, porque o psicanalista tinha uma hora para ela. Pouco tempo antes de iniciar o tratamento, esteve na Europa em férias. No meio da multidão, subitamente se sentiu doente e assustada de estar sozinha e, se alguma coisa acontecesse com ela, não teria ninguém a quem recorrer.

Bion: Posso interromper um instante? Eu penso que isto é algo fundamental. Eu acho que mesmo o recém-nascido – ainda que não possa verbalizá-lo – se sente dependente e se sente inteiramente só. Eles estão juntos, são ambos sentimentos desagradáveis e, de fato, o que é desagradável é ser dependente e ser inteiramente só. Você os tem de uma vez. Assim, poderíamos dizer: você pode estar inteiramente só com você mesmo, inteiramente só com o seu analista, inteiramente só com uma multidão. É uma curiosa combinação de ser todo só e dependente de pessoas e coisas que não são você. Nós parecemos ser uma espécie de animal que tem de se organizar em sociedade, que tem de ter irmãos e irmãs, pais e mães, e todo um aparelho social. Nós dependemos disto e somos, ao mesmo tempo, inteiramente sós. Assim, eu penso que este ponto está sempre atual, acontece na idade de quarenta, mas acontece tanto na idade de quatro como na idade zero. Assim, eu penso que isto é, de início, um ponto fundamental.

A: O senhor diz que isto permanece sempre em nós?

Bion: Eu acredito que sim. Mas eu penso que é alguma coisa de que o analista deve tentar fazer o paciente se conscientizar. Porque é algo de que o paciente ou se esqueceu, ou nunca foi consciente. É o mesmo que ter a experiência e nunca ter consciência de havê-la tido. A vantagem da discussão analítica é que o paciente tem a chance de ser conscientizado de sentimentos que realmente nunca foram conscientes. Prossiga.

A: Bem, disse-me que viajava sozinha. O pai morrera havia quatro anos e a mãe havia um ano. A paciente vivia com eles desde alguns anos. Aqui nós necessitamos de mais informação. Antes disto, ela viveu durante muito tempo só. Tinha uma vida independente, longe dos pais. Foi filha única. Em uma sessão anterior a esta – da qual eu extraí o texto que se segue –, ela explicou-me que tem conservado o quarto de seus pais intacto desde a morte de sua mãe. Nunca mexeu em nada, nem mesmo nas roupas, móveis, ornamentos ou fotos.

P1: Eu estou pensando nos móveis, nos ornamentos... é a presença dos pais, é necessário a presença dos pais na casa.

A: Eles estão na fotografia.

P1: Não importa, porque ela precisa dos pais.

Bion: A vantagem dos fatos é que é fácil dizer: "Isto sou eu" "Isto, é esta fotografia", ou seja, o que for. É mais fácil falar dos móveis do quarto, do que falar dos móveis da mente ou do caráter. Mas é um passo naquela direção. É uma espécie de caminho no processo do conhecimento em que o paciente pode chegar a saber quem ele ou ela, eles próprios, são. É uma espécie de relacionamento em trânsito. É uma *transferência*. Quando existe um analista, isto pode ser... isto pode se tornar novamente transitório, ele poderá saber quem o analista é, e assim por diante... que pode ser o pai, a mãe, o irmão, a irmã, todos... uma multidão de pessoas. Mas isto a caminho de algo além...

P2: Isto significaria que os objetos mobilizam menos emoções de que as pessoas?

Bion: Não. Eu penso que se trata de sentir que isto seria mais suportável, assim poderíamos dizer, saber a respeito de si mesmo e ser ignorante a respeito de si mesmo. Até mesmo as inscrições de Delfos dizem: "Conhece a ti mesmo".[1] Desta forma, esta é uma

---

1 Platão (Phaedrus, 230).

velha história, de que, de uma certa forma, é útil conhecer a si próprio. Mas, no caminho de conhecermos a nós mesmos, é mais fácil conhecermos os móveis de nossa casa. Você poderá chegar a conhecer o mobiliário de sua mente um dia... mas é um passo nesta direção. Da mesma forma, é um passo naquela direção se o analista puder dizer: "Você sente que eu sou igual a seu pai ou sua mãe", ou seja quem for. Nós não queremos dizer que *isto* é o que você pensa, e que é isto o que você pensará para sempre, mas está a caminho, é um degrau no caminho para conhecer a você mesmo. Da mesma forma como os antigos gregos, nós ainda pensamos que é útil para os pacientes e nós mesmos *conhecer a nós mesmos*. Somente o trabalho analítico está levando esta ambição, ou esta aspiração, a um passo, assim esperamos, à frente. Nós esperamos com estas conversas analíticas chegarmos um pouco mais próximo de conhecer quem nós somos. Eu tenho dúvida de que qualquer um de nós viva o suficiente para se conhecer, mas estamos a caminho... Nós estamos um pouco além na história que começou em Delfos e mesmo muito antes disto.

A: Assim, nós estamos substituindo a instituição religiosa antiga por pessoas que tentam conhecer a si mesmas, o Oráculo de Delfos?

Bion: Não, a Religião de Delfos, o Culto de Apolo, são um passo no caminho do que hoje sabemos. Veja, eu não estou dizendo que nós estamos melhores do que os antigos Hebreus, Gregos ou Chineses e assim por diante. É uma questão de opinião. Podemos de fato nos perguntar se a raça humana está melhorando ou deteriorando. É uma questão de opinião. Se conhecêssemos um pouco mais a respeito de nós mesmos e um pouco mais a respeito dos seres humanos, como os egípcios, os gregos, ou os chineses etc., então poderíamos ter uma ideia de que em que direção estamos indo.

P1: Assim as fotos e outras coisas, os ornamentos relatados, todos são um passo, um *objeto intermediário* entre os pais e a criança e o analista?

Bion: E entre os pais, e entre a paciente e a paciente. Entre a paciente que não é casada e a paciente que é um pai e uma mãe. Essa paciente não teve até agora um marido ou esposa. Não teve até agora filhos e filhas, mas isso pode ser o caminho para chegar a ter um ou se tornar um.

A: A propósito, eu penso que... Bem, eu coloquei uma nota aqui. A paciente informou em outra ocasião que foi casada durante um ano quando tinha 17 anos. Ela teve uma criança. Disse que não pôde suportar aquela vida amarrada a uma criança e à casa. Desejava viajar e aproveitar a vida. Separou-se do marido e a família do marido passou a cuidar da criança. Eles são pessoas de recursos e educação maiores do que sua família. Mudou-se para outro país onde viveu durante alguns anos só. Nunca mais viu seu filho, nem se interessou em fazê-lo.

Bion: Eu penso que ela teme o seguinte: se continua a ter essas conversas com o analista, chegará a se conhecer como uma criança, e então ela poderá chegar a pensar que as roupas que ela está usando não são realmente apropriadas para a pessoa que ela é. Isto é mais fácil para você ver do que para ela.

P1: Mostrar o filicídio para ela?

A: Eu tenho minhas dúvidas se ela tem este filho, mentalmente.

Bion: Sim, sem dúvida.

A: Assim, eu não penso que é um filicídio, porque eu não penso que ela tenha um filho.

P1: Não, o fato de não ser um filho não importa; é um filicídio.

Bion: Porque os sentimentos que uma mãe possa ter acerca de um filho ou filha podem ser muito poderosos. Assim, o que aconteceu com eles? Ao mesmo tempo, ela tem esperança de escapar deles vindo para o Brasil, ou onde quer que seja. Você pode se mover em torno da superfície da terra. Mas se você pode, de fato, escapar, é diferente. Deve haver alguma razão por que ela decidiu procurar um analista. Eu não imagino que ela saiba...

A: Realmente a impressão que eu tenho desta paciente é que tem passado sua vida fugindo.

Bion: Ela provavelmente é mais perita nisto do que qualquer outra coisa...

A: Perita em fugir?

Bion: Sim.

A: Escapar de si mesma. Posso prosseguir? Bem, eu tenho uma pequena parte da sessão de segunda-feira. Ela veio se sentindo miserável e disse: "Quando melhorarei? Eu não penso que existia alguma coisa que dê prazer. Sinto-me tão só. Este foi um fim de semana como tantos outros. Estou preocupada com o futuro. Sinto que estou me tornando mais e mais sozinha, todo o tempo. Antes de ontem, meus amigos me pegaram em casa e fomos para X (uma cidade pequena, perto da nossa), mas não tive nenhum prazer. Foram muito gentis, mas de que isto me serviu?" E ela chora um pouco.

Bion: Eu penso que é, novamente, parte desta história *fundamental*, em que ela não pode tolerar a situação em que ela é inteiramente só consigo mesma, mesmo quando está com outras pessoas. Em outras palavras, este *self* não a deixa só. Este *self* vai com ela; mas nós até agora não sabemos o que este *self* é. Este certamente não é o *self* com quem ela gostaria de estar só, assim, está sempre em busca de alguém. Assim, se não pode estar com você, certamente vai procurar outrem. Se não pode encontrar ninguém, então vai ao encontro de uma multidão. Em qualquer lugar, onde existam multidões, para evitar estar consciente de que está consigo mesma, quer queira ou não.

A: Acerca disto, eu tenho uma ideia. Ela me disse que todas essas pessoas na cidade X foram muito gentis, mas quase todos eram iguais, como os móveis que são sempre os mesmos no quarto de seus pais. As pessoas são sentidas como mobiliário. São como objetos mortos. Não os discrimina. Muito bondosos, bonitos e gentis. Mas não existe vida. São sempre os mesmos. Objetos que nunca mudam. Como a de um shopping center, existe uma multidão, mas são também móveis, não são pessoas, são só objetos. Objetos inanimados, ornamentos e ela está só, entre eles, no meio de uma vida morta. Ela não tem relação com a vida. A criança é apenas um objeto para ela. Por isto, pôde deixar a criança sozinha, seu único filho. É o mesmo que não ter contato com ela mesma. Com a vida, com as pessoas ao seu redor. Ela é só. "Talvez como você também, durante a sessão, nesta segunda-feira, tudo igual, sempre igual. Você continua sentado aí, você é um móvel para mim também". Alguma coisa semelhante a isto.

Bion: Eu gostaria de sugerir, parece-me que este *self* – do qual ela está ansiosa para fugir – é uma coisa muito difícil, mesmo para mim, de descrever. Eu me sinto bastante seguro de que sei do que ela está falando, mas eu acho muito difícil descrever. A melhor maneira que tenho para descrever é: é uma forma de *urge para existir*. Agora, o *urge para existir* do qual eu estou falando parece-me ser completamente indiferente para meros seres humanos. Este *urge para existir* não se importa se nós morramos ou morramos ao nascer, ou de outra forma. Seus pais igualmente, o *urge para existir* os força a dar à luz uma criança, quer eles desejem isto ou não. Assim, ela mesma é um produto do mesmo *urge para existir*. Ela está à mercê deste *urge para existir*. Ela está assustada de ficar inteiramente só [*all-alone*] com este *urge para existir* – que não se importa com o que possa acontecer a ela. Isto é completamente sem piedade. É a impressão que isto me transmite. Ela está, eu penso, aterrorizada por algo de que seus pais são escravos e do qual ela pode se tornar escrava também. Ela é escrava deste urge, deste impulso. Ela própria é apenas um objeto em seu caminho. Sem dúvida, tudo isso é muito teórico e muito problemático!! Impulsos parecem completamente indiferentes para com os seres humanos. Se eles forem exterminados, então outra coisa existirá em seu lugar.

T: Ele (A) está perguntando se estas são conjecturas do paciente. Nós temos a impressão de que são suas palavras. Está o senhor dizendo que são do paciente?

Bion: Eu estou dizendo que são minhas, mas eu suspeito de que isto é alguma coisa de que nós todos somos vítimas. A paciente nota isto ou ela odeia isto. Odeia simplesmente ser escrava deste impulso. Não importa se ela morra ao nascer ou não, ou se ela tem 17 ou 70 anos. Mesmo aos 17 ela teve uma criança da qual ela não pôde cuidar. Mesmo aos 17 ela teve de ter um parceiro sexual, quer ela o desejasse ou não, ou quer ele a desejasse ou não. Ela tem suas razões para estar com medo deste impulso que a usará para produzir uma nova vida. Assim, isto é sentido como algo aterrorizador. Uma espécie assustadora de senhor dominador, não só de seres humanos, mas de todas as formas de vida, não se importando se essas formas de vida são algas, germes ou cocos e, se a raça humana for exterminada, esse impulso ainda encontrará uma coisa ou outra, para nela continuar a existir.

A: Algo como uma teoria de encarnação?

Bion: Sim, isso. Mas se não for encarnação, então será *implantação*. Plantas farão o mesmo. Se não forem os bacilos, serão os cocos. Se não for vida animal, será vida vegetal. Recentemente tem sido sugerida a existência de uma forma de objeto animado que não é vegetal nem animal.

A: Existirão então duas espécies de *self* ou ego. Um que preexiste e outro que usa este *urge para a vida*, ela ou a paciente e surge isto e usa esta outra vida...

Bion: Eu penso que Id ou Ego pode ter certa semelhança com isto; mas eu suspeito que isto seja relativamente superficial. Eu penso que isto é mais do que humano, e nós todos, em última instância, só investigamos seres humanos. É tudo o que podemos fazer... Nós apenas podemos psicanaliticamente analisar um ser humano particular.

T: Por quê? Não teria o senhor dito que Freud algumas vezes trabalhou com o "instinto de autopreservação"? Porque eu tenho a impressão de que estamos falando de impulso no sentido geral das espécies...

Bion: Eu penso que podemos colocar isto nos seres humanos, mas isto porque os seres humanos desejam continuar a existir. No entanto, o impulso para o qual estou tentando apontar, e com o qual eu penso que ela está aterrorizada, não se importa com o que acontece com ela. É por isto que você depara com este estado de coisas no qual você observa mortalidade maternal, mortalidade infantil. Esta coisa não se incomoda com o que acontece com a mãe ou a criança, desde que a vida possa continuar... O mero fato de a mãe ou a criança morrerem não importa, é só encontrar outra mãe ou criança, e assim por diante. Se os seres humanos se acabarem, este tipo de impulso recorrerá às plantas.

P3: Não seria a *capacidade negativa* que o senhor já mencionou, responsável por sermos capazes de pensar sobre isto?

Bion: Não. Eu penso que é a peculiaridade do animal humano que deparou com o *pensamento* e isto causou um terrível distúrbio. Eu penso que nós *odiamos* ser esta espécie de animal que pensa. Nós não sabemos o que fazer com isso.

P3: Com o ato de pensar?

Bion: Hum hum... É uma espécie de fatalidade [*curse*] sob a qual vivemos... Nós pensamos: "*Cogito ergo sum, sum ergo cogito*".² Você pode olhar da forma que quiser. Mas somos apenas parte e parcela dessa história. Quando isto começou, ou como começou, eu não sei... Mas estamos envolvidos em uma decisão que foi tomada... Os Céus sabem quando!!! Assim, estamos sob a obrigação de continuarmos a pensar... E, agora, temos outra dificuldade: desejamos pensar com propriedade. Temos este aparelho para pensar, mas queremos saber como pensar... Ou como pensar claramente!!

P4: Por favor, eu quero fazer uma pergunta a respeito disso. Esta questão de como pensar é um problema muito sério. Mas os seres humanos esquecem que é melhor para eles pensar...

Bion: Eu não penso que saibam disso.

P4: Bem, esta é apenas uma opinião.

Bion: É apenas um pequeno número de pessoas – como nós – que pensa que devemos pensar. Eu penso que a grande maioria das pessoas gostaria – se você puder concordar com o trabalho de Freud *Formulações sobre os dois princípios do funcionamento mental* [*Two principles of mental functioning*, 1915] de ir direto do impulso para a ação, sem pensar.

P4: Mas a questão é: é isto uma assertiva moral? Essa que eu fiz, que é melhor para os humanos pensar...?

---

2 "Eu penso logo existo" é uma famosa citação de Descartes, mas aqui Bion chama também a atenção para o potencial automático defensivo do pensamento e "história contada" dizendo que é também verdade que nós pensamos para lidar com o potencial traumático da natureza da experiência existencial. Assim, pensamentos não podem ser automaticamente confiáveis sendo verdadeiros ou de modo a evitar distúrbios, aflição e perigo. [N.T.]

Bion: É muito difícil de saber, porque parece existir uma *forma de moral inata*. A esse respeito, eu penso, por exemplo: a Igreja Católica Romana fala sobre o *pecado original*. Eu penso que é isto o que ela quer dizer. Nascemos com um sentimento de culpa, nascemos com isto que um dia se tornará em uma forma de *consciência*. Mas o *pecado original primordial* não é exatamente uma consciência; ela pode ser tornar em uma, ou parece que pode. Assim, eu penso que isto é outra coisa fundamental, como este ponto que eu mencionei antes. Parece-me que o *sentimento de dependência e ser inteiramente só* é também fundamental. Assim é a *culpa*.

A: O senhor está afirmando que nós nascemos com essa culpa?

Bion: Parece que sim. Sem dúvida, mais tarde isso envolverá matérias como discriminação entre o *bem* e *mal*.

P1: Soa como a história do pecado original, *a expulsão do Paraíso*; não seria, entretanto, uma boa versão da origem desta dinâmica...

Bion: Bom, eu penso que existe o desejo de acreditar que existe ou existirá um *Paraíso*. Houve um tempo em que estávamos no Céu... Haverá um tempo em que estaremos no Céu! O que é desconcertante é o *agora*... E *agora* não estamos no Céu... Não estamos no Paraíso!

A: O senhor disse que sente assim, que teria sido condenado [*cursed*]. Nós odiamos esta situação de sermos capazes de pensar.

Bion: Hum, Hum...

A: Nós odiamos este *urge para viver* de um lado. De acordo com isto, eu penso que nos sentimos culpados, sentimos uma espécie de culpa. Culpa primária. Nascemos sentindo culpa. Como se fôssemos amaldiçoados, *expulsos* de outro estado, que seria sermos sempre culpados.

Bion: Eu penso que não é tanto este urge a viver, mas ser *escravos* deste urge a viver. Temos de nos alimentar, temos de nos vestir, temos de nos curar.

P5: Qual é a sua opinião a respeito da observação que tão poucas pessoas aparentemente pensam?

Bion: Isto é, depende do padrão de comparação usado. A ideia é baseada no padrão de se pensar com propriedade. Você poderá sentir que muitas pessoas podem pensar, mas eles não pensam com propriedade, ou não pensam com clareza. Mas o fato é: o ser humano é um animal muito imperfeito. Isto é bastante claro se observarmos a criança. O bebê tem de ter uma mãe ou um pai, mas não existe nenhuma mãe ou pai para o homem ou mulher adultos. Não existe ninguém para cuidar deles, exceto eles próprios... O resultado é que eles têm de providenciar para si mesmo roupas, alimento, trabalho... E mesmo conservarem seus corpos e suas mentes em condições de trabalho – não importa se gostem ou não. Entretanto, nós não vamos com a mesma velocidade.

A mesma coisa parece aplicar-se a nós mesmos. Por exemplo: nosso aparelho genital pode não se mover com a mesma velocidade que nossa habilidade para ver. Nossa habilidade para ouvir pode não se mover com a mesma velocidade do aparelho dos corpos adrenais. No embrião, como sabemos, podemos ter alguma ideia acerca do desenvolvimento dos corpos adrenais, o desenvolvimento das gônadas. Depois que nascemos, novamente, nosso canal alimentar assume sua função. A importância é se o nosso sistema alimentar está sentindo fome, sentindo que necessita algo dentro, assim, isto se complica pelo fato de nós nos darmos conta então de que pensamos. Depois, deparamos com outra dificuldade porque nos conscientizamos de que precisamos pensar com clareza, em seguida encontramos pessoas que hoje em dia consideramos possuir uma "visão científica". Isto é, ainda uma aspiração na direção do conhecer o que a Verdade é.

Não importa se somos religiosos, artistas ou músicos. Todos nós sentimos uma pressão para fazê-lo com propriedade. A música imitada, a pintura imitada e a escultura imitada não são suficientemente boas, bem como uma análise de imitação. Incontáveis números de pessoas aprendem como usar palavras como: Complexo de Édipo, inferioridade... Não sabemos o que estas palavras significam... A tarefa da análise didática é tentarmos aprender o que estas palavras significam... Não apenas palavras que são ruídos, que possam soar como se nós pensássemos, mas sermos capazes de pensar, tanto quanto soarmos como capazes de pensar. Isto pode ser resumido pela, um tanto sarcástica, afirmativa de "pessoas que confundem sons profundos que vêm do peito com profundos pensamentos que vêm da mente".

P5: Posso fazer uma pergunta, já que o tempo está terminando? Eu tentei elaborar se esses sentimentos de culpa, como o senhor disse, são algo... são uma peculiar herança humana, assim com pensar é uma peculiaridade humana, no sentido que o senhor emprega. Eu me perguntava se esse *pecado original*, ou esse sentimento de culpa, pode ser relacionado com o fato de que nós não conseguimos pensar claramente, se essa culpa básica, com a qual nascemos, não surge porque sentimos que nunca pensamos perfeitamente.

Bion: Não. Não penso assim. Eu penso que a dificuldade é como harmonizar, ou como casar nossa habilidade para pensar com a nossa habilidade para sentir. Entretanto, não é bom nos tornarmos tão intelectuais a ponto de não termos nenhum sentimento humano. Por outro lado, existe o problema de que se permitirmos ser pessoas que sentem, então como evitar a situação na qual nossa capacidade para sentir esmague [*overwhelms*] nossa capacidade para pensar? Eu penso que existirá sempre esta forma de *tempestade* ocorrendo dentro de nós. Algumas vezes as ondas do pensamento crescem tão alto que nossa capacidade para sentir é submersa; outras vezes nossa capacidade para sentir cresce tanto que nossa capacidade de pensar é submersa.

Isto é algo que acontece comigo ou com qualquer um de nós quando perdemos nossa capacidade para pensar, quando entramos em pânico, sentimos medo... Ou perdemos nossa capacidade para sentir medo ao ponto de fazermos coisas extremamente perigosas, como fazermos guerra [*waging war*], na qual, afinal de contas, chances existem de que possamos ser mortos. Assim, de acordo com este ponto de vista, você não pode decidir ser uma pessoa completamente desprovida de sentimentos. Porque, se puder consegui-lo, então você poderá terminar sendo um caso psiquiátrico, um que pode ser indistinguível do estado de pânico. De outro lado, se você *permite* ter sentimentos, você poderá chegar ao ponto de ser maníaco-depressivo; indo do auge da mania para a profundeza da depressão; da profundeza da depressão para o auge da mania e assim por diante. "*Fluctuat nec mergitur*", como Freud disse quando ficou impressionado pelo mote de Paris, "Fustigado pela tempestade, mas não submerso".[3] Até aqui, temos conseguido ficar à superfície. Mas podemos ser submersos se nos tornarmos tão intelectuais, como esta paciente que está com medo de se viciar na psicanálise, significando com isto uma pessoa que somente pensa e nunca sente, ou uma pessoa que somente sente e nunca pensa. Esses são os extremos. De momento a momento existe sempre o problema de como decidir. Agora o que é que decide... eu não sei. Eu não sei se algum de vocês tem alguma ideia a respeito. Superficialmente soa como... Eu penso que os Jesuítas chamam isto de *arbitrium*... O que decide? Quando decidimos não sermos dominados por sentimentos como o medo, ganância ou sexo... O que decide? Se for alguma coisa relacionada ao cérebro? Qual cérebro? O cérebro nasal? O rinencéfalo, o diencéfalo? Cerebelo? O

---

3   Freud, S.E. XIV, p. 7.

sistema linfático? O baço? Ou esta coisa aqui em cima? [Um gesto, provavelmente, deve ter sido feito apontando para a cabeça]. Ou é isto uma espécie de troca neuronal gigantesca? Como em um sistema telefônico em que todos os fios se juntam, e a troca é aqui em cima em nosso corpo. Eu não sei se nossas investigações psicanalíticas podem lançar alguma luz nisto, porque eu não penso que os neurocirurgiões ou os neurologistas podem fazê-lo. Eu penso que o método tem de ser por meio daquilo que podemos ver com a mente. Assim, existirá sempre o problema que concerne a um paciente individualmente, um paciente particular; mas também, o problema geral que concerne não só a um paciente particular, mas a todos nós; não só a todos nós, mas também a este particular.

Referência

Freud, S. (1911b). Formulations on the two principles of mental functioning. In *The Standard Edition of the Complete Psychological Works of Sigmund Freud* (pp. 213-226). London: Hogarth Press.

Comentários sobre a Supervisão S12[1]

João Carlos Braga

Conquistando uma faceta do infinito sem forma: estados primordiais da mente

Alguns dos destaques desta supervisão são as observações sobre uma dimensão na mente humana na qual registros de experiências da vida fetal permanecem ativos. Bion baseia esta suposição em sua experiência clínica e sugere a incorporação de um novo domínio de investigação psicanalítica ao destacar esta face do *self* "arrebatada ao infinito vazio e sem forma" (Bion, 1965, p. 151).

Esta supervisão, ocorrida um ano e meio antes de sua morte, mostra que Bion tinha alcançado uma visão da mente para além de suas propostas inovadoras apresentadas em *Transformações* [*Transformations*] e *Atenção e interpretação* [*Attention and*

---

[1] Realizada em São Paulo em abril de 1978.

interpretation]. De 1976 em diante, em artigos,[2] seminários[3] e supervisões, assim como em *Uma memória do futuro* [*A memoir of the future*], incluiu referências a manifestações de estados primordiais, uma parte somática da mente, separada da mente simbólica/proto-simbólica pela cesura do nascimento. São vistos como uma condição "fundamental" e "básica"[4] no desenvolvimento humano, sempre presentes no psiquismo como vestígios de estados arcaicos. São registros inalcançáveis, se partimos do simbólico para o indiferenciado (->), mas não no sentido inverso. Para apresentar estas ideias, em outros contextos, Bion usou o modelo da presença de restos embrionários, como os identificados em tumores de vestígios caudais e branquiais.

Nesta supervisão, Bion aponta três formas de manifestações desta camada primordial da mente: estados de mente de "ser só e dependente" ["being all-alone and dependent"], o impulso "*urge* para existir" [*urge to exist*] e a existência de uma "consciência moral primitiva" (*primitive conscience*). Na supervisão presente encontramos aproximações a todas essas manifestações. É, possivelmente, o único lugar de sua obra em que estas três condições surgem reunidas, o que torna esta supervisão especialmente significativa.

Bion qualifica estas ideias como conjecturas imaginativas (Bion & Bion, 1981, p. 21), e esta é uma qualificação que continua

---

2 "Caesura" (1977[1975a]), "Emotional turbulence" (1976a), "On a quotation from Freud" (1976b), "Evidence" (1976c), "Making the best of a bad job" (1979) e *A memoir of the future* (1975-1979).
3 Nos três primeiros seminários em Los Angeles (1976), no quarto e quinto seminário em Nova Iorque (1977), do quarto ao oitavo seminário em Roma (1977) e do quinto ao sétimo seminário em São Paulo (1978). Também do quarto ao oitavo seminário em Roma (1977a), em *Seminários italianos*.
4 Utilizarei aspas ao citar palavras e sentenças da presente supervisão e itálicos em citações de outros trabalhos de Bion.

a ser adequada. Continuam a ser ideias aguardando a aquisição de maior massa crítica para permitir-nos nelas pensar de forma mais organizada. Ele mesmo deixou estas hipóteses sem um maior desenvolvimento epistemológico, mantendo-as ao nível descritivo--analógico, embora delas tratasse em muitos momentos nos seus três últimos anos de vida.

Uma leitura pessoal desta supervisão

Como frequentemente o fazia, também nesta supervisão Bion logo faz perguntas ao grupo e ao apresentador. Possivelmente para propor um caminho, o de buscarmos aquilo que não sabemos, como um primeiro violino que dá o tom para que os outros instrumentos sejam afinados; no caso, que o grupo olhe para aquilo que não sabe, buscando evidências que tentam emergir. Isto explicitaria sua posição ao longo de toda a supervisão: orientar-se, como em um tropismo, para aquilo que aguarda evolução. Esta proposta permanece presente, mesmo quando ele explicita, vez após vez, o seu pensamento, pois o faz de forma a sempre abrir novas questões, que permitem, por sua vez, novas perguntas. Esta atitude de buscar o incerto exige tolerância, tanto para dúvidas como também para o que vai surgindo de forma bruxuleante. Contrasta, fortemente, com a posição frequente de supervisores que, detentores de experiência e de um conhecimento de teorias, usam-nas para explicar os pontos que vão sendo identificados.

Depois de uma rápida descrição do apresentador (pequena, por sinal), Bion já intervém com uma proposta. Já identificara algo significativo em um movimento mental descrito como da analisanda: "Eu penso que isto é algo fundamental". E introduz sua elaboração da intuição de estar frente a uma manifestação primordial da mente. Penso que está exercitando o que, em outra supervisão,[5] esclareceu como o seu método:

> *Pergunta: Posso fazer uma pergunta? Estou achando suas considerações bastante interessantes, mas não posso perceber, não estou tendo a intuição... Onde você consegue esta contribuição no material que você tem?*
>
> *Bion: É parcialmente devido à experiência que eu tive que me leva a sentir que estou familiarizado com pessoas que se comportam dessa forma. Portanto, isso depende de duas coisas: parcialmente do que eu sei sobre mim mesmo e o que sou capaz de suportar, tolerar, aguentar; a outra coisa, o que penso que sei sobre a raça humana.*

Retornando para a Supervisão 12, vale a pena registrar como mais uma vez Bion está definindo o caminho a ser seguido pelo grupo. Em vez de privilegiar o que foi descrito como a psicopatologia da analisanda – o privilegiado pelo grupo, que é feito tradicionalmente pela abordagem psicanalítica – (crise de pânico, filicídio, negação de perdas, luto não elaborado), Bion prefere abordar o que aparece à sua intuição como a experiência emocional não contida pela analisanda: a manifestação conjunta de dois sentimentos desagradáveis, o de ser só e dependente. Fá-lo identificando-os como sentimentos sempre presentes no ser humano, desde "a idade zero". Estes sentimentos criam em nós a necessidade de vivermos com um *self* desagradável. No caso da analisanda, ela busca evitar e evadir-se deste *self*. E Bion propõe que estes estados mentais são

---

5 Supervisão S6 (Brasília, 1975), gentilmente cedida por Gisèle de Mattos Brito, dos arquivos de José Américo Junqueira de Mattos, que a transcreveu e traduziu de gravação magnética. [N.T.]

"um passo no caminho do conhecimento de si mesmo" e "algo a que o analista tenta introduzir o paciente".

No verbete *dependent* em *A Key to "A Memoir of the Future"*, podemos identificar o ponto inicial dos passos que está seguindo: *O problema do analista é intuir a época e a qualidade do que está observando*.[6]

É impressionante a liberdade dos pensamentos que emergem das observações de Bion, assim como também a amplitude com que o tema se expande: de um material clínico singelo para um intuir dificuldades fundamentais na analisanda, que também constituem dificuldades fundamentais do ser humano. Diz: "O ser humano é um animal muito imperfeito", aguardando desenvolvimento, perturbado pela consciência da capacidade para pensar e pela premonição de que podemos pensar com clareza. Qualifica estas condições como "uma espécie de fatalidade ('curse') sob a qual vivemos" e oferece vislumbres de expansões ainda maiores pelo impulso de conhecer: "um passo no caminho . . . útil para conhecer a si mesmo . . . que só significa uma aspiração na direção do conhecer o que é a Verdade". E aponta que a dificuldade de conhecer está relacionada com algo ainda mais básico, com nossa capacidade para sentir: "Eu penso que a dificuldade é como harmonizar ou como casar nossa habilidade para pensar com nossa habilidade para sentir". Assim, além de enfatizar o valor insubstituível de conhecer, ele também aponta os limites do seu alcance: as distorções, pelas emoções, nos processos de pensamento que criam o domínio do alucinatório. Na dimensão do conhecimento, a tarefa é de favorecer pensamentos a ganhar clareza, como um passo para a aproximação com a realidade (Verdade). Neste sentido, Bion oferece uma nova visão de transferência, "uma espécie de

---

6 Tradução do autor. No original: *The problem of the analyst is to intuit the date of the quality he is observing.*

caminho no processo do conhecimento, em que o paciente pode chegar, a saber, quem ele ou ela, eles próprios são. É uma espécie de relacionamento em trânsito. É uma espécie de transferência". E vai além, elaborando coloquialmente estas ideias, apontando diferenças para identificá-las em manifestações de pensamentos, em uma espécie de escala progressiva que inevitavelmente nos lembra da Grade: (1) registros sem condições de serem pensados; (2) impulsos que passam diretamente para ação; (3) pensamentos não claros, distorcidos por sentimentos (alucinose); (4) pensamentos claros, produtos de elaboração de experiências emocionais e, finalmente, (5) pensamento científico.

Mas havia algo que não queria calar e, pouco a pouco, ganham destaque novas elaborações sobre o que Bion identificara de início, no material clínico, como uma manifestação da mente primordial. Além de aprofundar observações sobre os sentimentos de "ser só e dependente", ele enfatiza a presença de estados de terror como uma condição básica da mente e aponta duas outras conjecturas. Primeiro, sobre o medo de uma força fundamental que "*urge* para existir" e que se impõe a nós, quer o desejemos ou não, causando-nos medo de que possa nos escravizar; em seguida, pela existência de uma "forma de moral inata" (*inborn moral statement*): "Nascemos com um sentimento de culpa, nascemos com isto que um dia se tornará em uma forma de consciência". São conjecturas que deixam entrever ideias sobre a programação genética que carregamos enquanto humanos e sobre a existência de uma mente primordial criada ainda no período pré-natal.

Sobre a hipótese de carregarmos uma herança filogenética que programa as forças fundamentais que conduzem a vida, tanto para uma tendência à complexização como para o seu fim, estamos em terreno bastante conhecido desde Freud. Bion nada acrescenta a esta hipótese; como sempre, sua atenção está focalizada no que está ao alcance direto do par analítico. Mas sobre os estados mentais primordiais, o que surge nesta supervisão é extremamente original e instigante. Possivelmente seja o momento de que temos registro, em todas as manifestações de Bion sobre esta ideia, em que estas hipóteses surgem de forma tão clara e explícita. Por sua importância, sobre isto nos deteremos a seguir.

Algumas observações sobre as conjecturas de Bion sobre os estados mentais primordiais

Nesta supervisão, as referências a estas três manifestações (ser só e dependente, *urge* para existir e consciência moral primitiva) permitem a identificação de complexidades epistemológicas, partindo de conceitos e modelos usados por Bion. "*urge* para existir" é qualificado como "impulso", o que sugere uma força próxima aos instintos. "Ser só e dependente", assim como culpa, voracidade e sexo surgem como "sentimentos" [*feelings*] e estados de mente, elementos "fundamentais" presentes desde "a idade zero". Mesmo sem explicitações, ele sugere que estas são manifestações de registros precoces, pré-mentais, de proto-experiências, produto da interação entre sensações somáticas e as determinações da programação genética.

Estas diferentes condições que Bion descreve (estados mentais, impulsos, sentimentos), não apenas mostram a complexidade de identificar experiências a este nível, mas nos fazem lembrar de sua advertência em *Transformações*: "*Não distingo estes termos porque não há distinção que seja suficientemente precisa, ao referir-se a impulsos, emoções e instintos*" (Bion, 1965, p. 67, grifo nosso). Esta complexidade não acontece somente na dimensão conceitual. Também não há distinção que seja suficientemente precisa quando o analista apreende manifestações do nível primordial. Estados de terror e a experiência de *algo* que *urge* para existir estão sempre presentes. Dessa forma, o isolamento dessas diferentes condições fica ainda mais artificial do que o habitual em fenômenos mentais. A impressão é de que, apesar de Bion mostrar-se confiante em suas observações, ele mesmo sentia-se sem elementos para oferecer pensamentos mais organizados sobre elas: "Eu me sinto bastante seguro de que sei sobre o que ela está falando, mas eu acho muito difícil descrever".

Nestes quase quarenta anos que se seguiram a essas formulações, surgiram muitas informações sobre vida pré-natal, tanto na Medicina como na Psicanálise. Entretanto, continua a existir uma penetração limitada deste conhecimento entre os analistas. Este não é o lugar adequado para examinar a condição presente destas ideias e vou me limitar a um exame sumário de como Bion as formulou.

Ser só e dependente – Embora aparecendo também em outras supervisões (por exemplo, A7), Bion expõe esta ideia mais explicitamente na presente supervisão e no verbete *dependent* em *A Key to "A memoir of the future"* (Bion & Bion, 1981, p. 25). Suas afirmações aqui soam enfáticas: "A mim parece que mesmo um bebê – embora ele não possa verbalizar isto – sente-se dependente e só." Estas experiências são apresentadas como "sentimentos desagradáveis" [*unpleasant feelings*] com os quais sempre convivemos, nos quais o desagradável está em ser incompleto, ser "dependente de pessoas e coisas" e, ao mesmo tempo, "só" [*all-alone*].

Urge *para existir* – Esta é uma ideia também encontrada em outras supervisões (por exemplo, A35), assim como em *Uma memória do futuro* (Bion, 1977b, p. 36). Na presente supervisão, Bion a descreve como um "impulso" e o identifica como "o *self* do qual ela está tão ansiosa para fugir". Em *A Key to "A Memoir of the Future"*, no verbete *Exist*, Bion oferece uma descrição sintética e quase conceitual: "*O impulso para existir é postulado mesmo como um urgir ao qual o indivíduo é um 'escravo'. Provoca rebelião contra esta dominação. Esta rebelião encontra expressão extrema em autoassassinato"* (Bion & Bion, 1981, p. 31, grifo nosso).[7] Observamos aqui a mesma referência que encontramos na manifestação da consciência moral primitiva: a forma dramática na qual este impulso pode encontrar saída por meio do suicídio. É outra indicação de como estes movimentos da mente primordial são apreendidos com pouca discriminação.

Não é possível deixar de correlacionar este conceito de *"urge para existir"* com a ideia de instintos, como raízes biológicas da mente. Entretanto, a diferença entre as aproximações de Freud e de Bion é que a de que com Freud o conceito surge em uma perspectiva de causalidade e como parte de uma estrutura (o id). Já com Bion, o conceito está em um nível psicológico e a experiência apreendida pela pessoa surge com uma condição descritiva. É significativo notar que ambos os autores parecem conscientes de estarem lidando com uma parte somática da personalidade.

Consciência moral primitiva – De todas as manifestações da mente primordial, a ideia da "existência de culpa . . . que um dia se torna um tipo de consciência" é possivelmente, aquela que Bion mais desenvolveu.[8] Sua característica básica é estar sempre pronta a dizer *o que não devemos fazer*, mas nunca o que devemos. Encontramos Bion tentando dar forma a esta "condição moral inata"

---

7 No original: The impulse to exist is postulated even as an urge to which the individual is a "slave". It provokes rebellion against its dominance. Such a rebellion finds extreme expression in self-murder. [N.T.]
8 Para mais elementos, ver Supervisões A5, A6, A36, A43, S17 e S34. Na obra de Bion, ver Evidence (1976c) e "Seminários em Nova York" (1977) e "Seminários em São Paulo" (1978), em *Bion in New York and* São Paulo.
Para uma aproximação mais aprofundada, ver Junqueira de Mattos, J. A. e Braga, J. C. "Consciência moral primitiva: um vislumbre da mente primordial", *Revista Brasileira de Psicanálise*, 43(3), 2009.

[*inborn moral statement*] sob diferentes nomes, em diferentes momentos: terror sem nome, medo subtalâmico, medo talâmico, antes de nomeá-la consciência moral primitiva [*primitive conscience*]. É de se notar que suas tentativas iniciais enfatizavam a parte mais evidente da manifestação, o estado de terror, enquanto na formulação "consciência moral primitiva" o terror surge associado e encobrindo um sentimento primordial de culpa.

Sua descrição soa mais como uma afirmação do que como uma conjectura: "parece existir uma forma de moral inata. . . . a Igreja Católica Romana fala sobre o pecado original. Eu penso que é isto que ela quer dizer. Nascemos com um sentimento de culpa, nascemos com isto que um dia se tornará em uma forma de consciência".

Em todas as manifestações da mente primordial, encontramos estados de terror requerendo mais explorações. Há sugestões na obra de Bion (por exemplo em *A Key to "A Memoir of the Future"*[9]) de estados de terror, tanto como manifestação isolada quanto como parte integrante de estados primordiais da mente. Nas manifestações do "*urge* para existir", o terror está associado com a captura do indivíduo por este impulso; nas duas outras manifestações ("ser só e dependente" e "consciência moral primitiva"), parece ser tratado como parte integrante da própria manifestação.

Algumas questões importantes para o trabalho clínico

Na prática clínica, o contato com o que é sugestivo de estados primordiais da mente traz a forte impressão de que as experiências emocionais vividas na relação analítica podem ser simbolicamente elaboradas e representadas – mas não o conteúdo primordial que as acompanham. Como remanescentes fetais, falta-lhes a condição

---

9 Ver os verbetes *Terror* e *Thalamus*.

de representabilidade para ser integrada aos sistemas consciente/inconsciente da mente. Manifestam-se como somatizações, atuações e alucinações e não alcançam simbolização. A conjectura é de que continuam a ser parte de nossa personalidade somática, sem discriminação entre mente e corpo. Na prática, observamos que não respondem a nossas ferramentas analíticas.

Em diversas supervisões em 1978, em São Paulo, Bion fez observações sobre como ele lidaria com o surgimento de manifestações que ele identificaria como estados primordiais da mente. De um ponto de vista técnico, é como se Bion tivesse conhecimento da amplitude da mente e de seus diferentes âmbitos e que podia seguir suas experiências, da mesma forma que um músico que sabe a importância da clave para identificar a nota musical. Se o observado está na clave da mente primordial, o vivenciado precisaria ser reconhecido e tratado diferentemente do que se estivesse nas claves da mente simbólica, do alucinatório ou do ser ou tornar-se a realidade. Ou, como frisado acima, nas palavras de Bion, "o problema do analista é intuir a época e a qualidade do que ele está observando" (Bion & Bion, 1981, p. 25).

Em uma situação clínica, a identificação destes estados primordiais da mente pavimenta o caminho para sua aproximação com a mente simbólica: "A vantagem da discussão analítica é que o paciente tem a chance de ser conscientizado de sentimentos que realmente nunca foram conscientes". Entretanto, na prática, as compreensões de Bion parecem deixá-lo cauteloso e conduziam-no a avaliar cuidadosamente a condição dos analisandos para estabelecer contato com estes estados de mente. Em diferentes momentos, ele teceu considerações sobre a sensibilidade desta situação, como na seguinte passagem:

> *Pergunta: ... como colocar isto em palavras? Em qual língua você falaria e como o faria?*

Bion: Esse é o problema prático para analistas praticantes. Penso que devemos todos considerar o que diríamos à paciente, se estivéssemos tratando essa paciente, se quiséssemos dizer à paciente o que pensamos que estava acontecendo e se queremos que a paciente seja capaz de nos entender. Não adianta dizer algo que o paciente não pode ouvir ou não pode entender. Não adianta fazer esse tipo de barulho. O que devemos fazer com nossas cordas vocais, nosso aparelho de fonação, para que a paciente seja capaz de entender o que vimos, a partir do que ela disse. Agora, esta é uma situação em movimento, não é um problema fechado. Depende de nós encontrarmos uma linguagem ou meio de comunicação que seja apropriado para ajudar a paciente a entender o que vimos ou o que observamos. (Bion, 1975c, Supervisão A7)

Parece que nossa limitação atual com os estados mentais primordiais continua a ser a mesma que Bion nos apontou: a consciência de uma parte de nossa personalidade com a qual temos de viver, mas que, de fato, não muda com este conscientizar-se. O que podemos conseguir é *conhecer* sobre estes estados primordiais. É bem mais favorável do que os ignorarmos.

Referências

Bion, W. R. (1965). *Transformations*. London: Maresfield, 1991.

Bion, W. R. (1970). *Attention and Interpretation*. London: Karnac Books, 1993.

Bion, W. R. (1975a). Caesura. In *Two Papers: The Grid and Caesura* (pp. 43-59). Rio de Janeiro: Imago, 1977.

Bion, W. R. (1975b). Supervisão S6, ocorrida em Brasília. Arquivos de Dr. José Américo Junqueira de Mattos.

Bion, W. R. (1975c). Supervisão A7, ocorrida em Brasília. Arquivos de Dr. José Américo Junqueira de Mattos.

Bion, W. R. (1976a). Emotional turbulence. In *Bion, W. R. Clinical Seminars and Other Works* (pp. 295-305). London: Karnac Books, 1987.

Bion, W. R. (1976b). On a quotation from Freud. In *Bion, W. R. Clinical Seminars and Other Works* (pp. 306-311). London: Karnac Books, 1987.

Bion, W. R. (1976c). Evidence. In *Bion, W. R. Clinical Seminars and Other Works* (pp. 312-320). London: Karnac Books, 1987.

Bion, W. R. (1977a). *Seminari italiani*. Roma: Borla, 1985.

Bion, W. R. (1977b). *A Memoir of the Future. Book II. The Past Presented*. Rio de Janeiro: Imago.

Bion, W. R. (1978a). Supervisão A35, ocorrida em São Paulo. Arquivos de Dr. José Américo Junqueira de Mattos.

Bion, W. R. (1978b). *Bion in New York and São Paulo*. Perthshire: Clunie Press.

Bion, W. R. (1979). Making the best of a bad job. In *Bion, W. R. Clinical Seminars and Other Works* (pp. 321-332). London: Karnac Books, 1987.

Bion, W. R. (1990). *A Memoir of the Future*. London: Karnac Books.

Bion, W. R., & Bion, F. (1981). *A Key to "A Memoir of the Future"*. Perthshire: Clunie Press.

Junqueira de Mattos, J. A., & Braga, J. C. (2009). Consciência moral primitiva: um vislumbre da mente primordial. *Revista Brasileira de Psicanálise, 43*(3).

Supervisão A25

No texto a seguir, T é o tradutor; A, o analista; e P1 são os participantes da audiência na ordem em que falaram.

T: O senhor não acha, Dr. Bion, talvez que todos entendendo um pouco de inglês, com diferentes tipos de tempero, todos podem entender algo novo, apesar de talvez não exatamente o que o senhor estava dizendo?

Bion: Talvez, talvez. Mas a língua que é *espontânea* é o tipo de língua que os franceses chamam: *le grands mots* – as palavras indecentes. Se você for surpreendido, se você estiver subitamente assustado, a linguagem que vem naturalmente a você não é uma linguagem educada. [Muitos risos.]

A língua é universal, seja você francês, inglês, português, alemão, ou chinês, ou o que quer que seja. Creio que você pode entender a língua *imediatamente*. Mesmo palavras como "Deus" são usadas com entonação diferente, se você está xingando, da maneira como você as usa quando está rezando, ou quando você está fazendo parte de uma cerimônia religiosa. Portanto, talvez nasça o dia no qual um Congresso Internacional de Psicanálise será conduzido inteiramente com palavras indecentes. [Bion diz isso com um tom de voz risonho.]

Imaginem a surpresa de Freud se ele pudesse voltar e ouvir isso; afinal de contas, esses Congressos Internacionais são quase sempre mal-humorados.

Bem, há algum ponto que alguém quer discutir em particular?

T: É uma paciente que começou análise recentemente com ele (A), faz quinze dias agora. Ela se sente como sendo uma pessoa muito destrutiva em relação às pessoas ao redor dela e em relação ao seu meio ambiente.

Bion: Ela disse isso ou...?

T: Sim. Ela conta para ele que teve várias experiências com outras psicoterapias – outros métodos – e ela sempre foi muito destrutiva, tanto que a situação teve de ser desfeita. No entanto, ela se sentiu bastante positiva em relação a seu novo psicanalista – a relação que ela está começando a estabelecer agora – porque ela tem uma amiga que está fazendo análise com ele, que falou muito bem dele para ela. Ela reclama que tem dificuldade no relacionamento com seu marido e sua mãe, e reclama muito sobre pessoas que sugam sua vida. Ele sente que ela tem uma grande dificuldade em tolerar a vida junto de pessoas que são de certo modo insatisfatórias – mesmo em sua relação com o analista. Apesar de ele (A) já ser idealizado como uma "boa pessoa" por ela – ela aparentemente tem um bom relacionamento com ele –, ela tem dificuldade em aceitar o fato de que ele pode terminar o tratamento se ele não a achar uma paciente "satisfatória". A sessão que ele traz para ilustrar esses pontos foi sua quarta sessão e teve lugar no final da semana no começo de uma série de feriados por causa da Semana Santa.

Bion: É bom estar ciente disso para os nossos propósitos, é preciso sujeitar-se, mais ou menos, aos padrões ordinários de educação e comportamento civilizado – caso contrário, torna-se impossível se fazer análise. Ao mesmo tempo, um tipo de conversa que acontece entre nós e o analisando é muito provocativo, é muito evocativo, está propenso a ser uma experiência emocionalmente excitante. Portanto, o trabalho analítico produz uma tensão. Está propenso a ser uma situação na qual o paciente se sente zangado, hostil, apaixonado, e assim por diante... A mesma coisa se aplica ao analista: a sessão analítica pode ser extremamente irritante. Também pode ser extremamente atraente. Você pode gostar tanto do homem ou da mulher que lhe procura que isso se torna um tipo de provocação – que pode ser um tipo de caso amoroso. Mas não se supõe que você vá ter relações sexuais. Não se supõe que você vá bater no seu analista, ou não se supõe que seu analisando vá bater em você e assim por diante... Portanto, não se supõe que o analisando vai bater em você e assim por diante... na medida em que ambos, o analista e o analisando, tentam cooperar e tentam fazer esse trabalho, essa é uma relação de tentativa para ambos. Se os analistas percebessem isso mais frequentemente, eles não ficariam surpresos de estarem cansados ao final do dia; frequentemente encontramos analistas que pensam que podem atender os pacientes do dia, ir a supervisões, ir a sua própria análise, talvez ir a Congressos Internacionais e ainda se sentir bem! Então, eles surpreendentemente descobrem que estão cansados. Um ator ou uma cantora entenderia que o que ela está atuando ou cantando tem de ser ouvido imediatamente lá na galeria – no fundo do teatro; não somente no começo da peça ou concerto, mas também ao final dele. Isso se aplica a nós. Portanto, se você tomar esse caso, é necessário ser capaz de dizer – o que quer que você tenha de dizer – ao começo da sessão e mesmo ao fim da sessão; ao final da análise tanto quanto no começo da análise. É por isso que é importante ser capaz de perceber que se está gastando energia. Há limites para a quantidade de trabalho que você consegue fazer – se você se submeter a fazer o mesmo tipo de trabalho pelo resto da sua vida.

Bem, gastei bastante tempo nesse assunto, vamos continuar com o caso presente?

T: Quando ela estava indo para a sessão, encontrou uma amiga e disse a essa amiga que, no começo, ela pensou que quatro sessões por dia seriam demais para ela.

A: Quatro sessões por semana!

T: [Ri muito quando percebe seu erro]. Que quatro sessões por semana seriam demais. Mas depois de discutir isso com sua amiga, ela percebeu que quatro sessões eram um número correto – bem certo. Sua amiga – ela estava falando a respeito dessa amiga – estava lhe dizendo que ela não só ia a quatro sessões por semana, mas também passava a maior parte de seu tempo pensando a respeito de sua análise – a paciente acrescentou, dizendo que considerava que essa situação poderia ser parecida com a dela – apesar de ela não ter muita certeza. Ela estava pensando que poderia ser como uma prática budista, ou meditação, o dia todo pensando sobre isso. Ela então conta a ele que isso acontecia com ela. Quando ela chegava em casa, todos os seus filhos e família a envolviam. Ela não queria estar com eles – ela queria estar pensando a respeito da análise. O analista, então, disse a ela que apesar de ela estar aparentemente gostando muito de suas sessões com ele, ela ainda estava infeliz porque eles tinham de terminar; um fim de semana longo estava chegando e ela gostaria de estar com ele o tempo todo – ela não estava satisfeita com o fato de que a análise terminaria num certo ponto. A paciente disse então que...

Bion: Podemos parar por um momento? Qual é a sua impressão sobre isso agora? Você gostaria de atender essa paciente ou não? Essa paciente gostaria de ser atendida pelo analista ou não? Você acha que a paciente queria vir até você? Qual é a sua impressão a respeito disso?

T: Ele (P4) descreve a paciente como alguém que lhe dá a impressão de ser uma pessoa muito passional – ela se joga inteiramente em uma situação. Ela vive essa situação tão intensamente que, no final, ela não consegue mais ser o suficiente para ela – ela não pode dar-lhe tudo o que ela quer, ou dar-lhe em retorno tudo o que ela investe na situação. Talvez seja por isso que ela tem a impressão de ser tão destrutiva em seus relacionamentos.

Bion: Sim. Ela começa com essa ideia de que não aguentaria ter mais do que duas sessões por semana, mas logo tem medo de gostar demais das sessões, ela gosta do seu analista demais. Se ela quer ter quatro sessões por semana, talvez então o analista não queira – ou se o analista a atender quatro vezes por semana, ele pode não querer ter nenhum relacionamento com uma paciente como ela, ele pode não gostar dela. Esse é o problema ao se ter duas pessoas no mesmo consultório, ao mesmo tempo, que podem ter sentimentos bastante fortes. Em termos mais extremos, se ela ama o analista, o analista pode, por outro lado, não a amar; se o analista a odiasse, ela poderia não ser capaz de fazer análise. Resumindo, você mesmo pode pensar sobre as várias combinações de sentimentos que essas duas pessoas podem ter. Portanto, nenhum dos dois, ou ambos, pode não ser capaz de tolerar a conversação analítica. No que concerne a paciente, ela não sabe. Portanto, a paciente não sabe se o analista pode suportá-la – se o analista quer conhecê-la melhor. Mas toda a questão sobre o relacionamento analítico é que se espera que a paciente consiga saber mais sobre quem ela é, quem eles são. Mas é impossível para ela saber mais sobre si mesma sem que o analista também saiba mais sobre ela. Desse modo, é um grande problema se essas duas pessoas podem continuar trabalhando juntas ou não, ou mesmo se elas poderiam estar separadas. Assim, a situação analítica é, por si própria, uma situação assustadora. Eles podem também lidar com situações emocionais, as quais têm uma longa história, ambos na analisanda e no analista. Portanto, potencialmente, essa é uma situação bastante assustadora para ambos; presumivelmente. Mas até onde lhe diz respeito, ela sabe algo sobre suas dificuldades, mas ela não sabe como o analista aceitaria esses problemas.

T: Então, ela continuou dizendo que quando ela chegou em casa, ela tinha muitas coisas sobre o que pensar. O analista, então, fez uma intervenção e disse: "Mas você sabe que não é a mesma coisa quando você pensa sobre a sessão e quando você está comigo na sessão". Ela, então, continuou descrevendo uma situação na qual seus filhos estariam longe de casa durante um tempo, durante o feriado. Mas ela ficaria com seu esposo; ela reclamou porque pensa que essa seria uma situação muito desconfortável.

Bion: Sim. De certa forma, é pior do que análise, porque é a vida real. É pior do que brincar de papai e mamãe, é pior até do que jogar o jogo psicanalítico – porque se você jogar esse jogo, você pode, então, ter filhos. Portanto, não é simplesmente como jogar jogos sexuais com seu irmão ou irmã, porque não termina simplesmente com uma relação sexual. Ela não termina com uma agradável experiência sexual; ela continua porque temos de cuidar de um bebê. O mesmo com a análise. Supondo que essa conversação analítica dê resultados, ela terá de viver com eles. E não é muito melhor se o analista não obtiver resultado; senão, por que estaria a paciente gastando todo esse tempo e dinheiro? Assim, para ela, a perspectiva é bastante assustadora; é assustador... você pode muito bem fazer uma análise e decidir que ela é inofensiva – porque ela não vai funcionar. Mas se a análise funcionar de verdade, ela terá, então, de viver com o resultado. Em certas situações, pode ser como ter de viver com o bebê que é gerado, mas mesmo em análise esse tipo de conversação pode ter um efeito, mas ela terá de suportar o resultado. Teoricamente, esperamos que a paciente passe a se conhecer melhor; na prática, se essas teorias estão corretas, ela não só terá de se conhecer melhor, mas terá de viver com ela mesma – pelo resto da vida. Mas se ela – como todas as pessoas que procuram análise – está disposta a viver a vida, até os dias atuais, tentando ser outra pessoa que não ela mesma – desde o garotinho e a garotinha que tentam ser bons; eles não querem ser malvados, assim eles tentam ser bons – se é que eles sabem o que significa ser bom, mas isso significa de fato não ser quem eles são, porque eles sabem que não são bons, eles sabem que são malcriados, mal-humorados e todas essas outras coisas... Agora, imaginem esse homem ou mulher adulta. Eles têm uma ideia até boa que, nesse momento da vida, não estão satisfeitos consigo mesmos. É por isso que vieram até um analista, porque estão insatisfeitos. Assim se essa conversa caminha para levá-los a ser eles mesmos, então eles podem ficar assustados com essa perspectiva.

T: Ele (A) acrescenta algo que, pensa ele, confirma o que o senhor acabou de dizer. Ele diz que essa paciente tem dificuldades com seu marido – mas tem muitas esperanças em relação a seus filhos. Ela cuida deles e espera que eles cuidem dela posteriormente, mas, entretanto, ele diz que isso já foi resolvido na sessão. Ela tem muito medo quando nota que eles estão crescendo cada vez mais.

Bion: Uma mãe intuitiva não pode considerá-los apenas ficando cada vez maiores fisicamente – porque eles têm caráter e personalidade, seus próprios pensamentos. Agora, o que crescendo e crescendo significa? Pode significar estar ficando cada vez mais agradável, e agradável, mas pode significar estar ficando cada vez mais perversos e perversos, maiores e maiores criminosos. É amedrontador sentir que os filhos têm vontade própria – eles podem se tornar o que quer que eles queiram, ou o que quer que aprendam na escola ou em qualquer outro lugar. Por exemplo, aqui, o que as crianças aprendem quando vão para a escola? É muito comum hoje em dia – e até mesmo não muito tempo atrás – ser capaz de adquirir cigarros quando se é um garoto ou garota na escola. Hoje em dia, você pode também, como foi dito, crescer e crescer. Você pode, hoje em dia – além de adquirir doces e guloseimas –, você pode adquirir cigarros, você pode adquirir haxixe, você pode adquirir maconha, você pode adquirir heroína. Assim – podemos dizer – que uma criança de 6 anos de idade tem uma boa chance de crescer e crescer. Elas têm uma chance muito maior do que eu tive quando era um garoto na escola e, ouso dizer, a mesma coisa se aplica aqui aos seus dias de escola e o que é possível para as crianças de hoje. Portanto, essa ansiedade dessa paciente em relação aos seus filhos crescendo e crescendo não pode ser descartada como uma simples neurose. Então, o que você dirá à paciente? Quem diz que seus filhos estão crescendo e crescendo? Se você dissesse o tipo de coisa que acabei de dizer, você poderia ser acusado de assustá-la extremamente.

T: De...?

Bion: Você poderia ser acusado de assustar a paciente, de lhe contar todas essas histórias aterrorizantes sobre heroína e maconha e todo o resto.

T: Ele (A) gostaria de, talvez, corrigir um significado dizendo: o que ele entende é que ela tem medo que seus filhos cresçam e cresçam – não o crescimento em si –, mas o fato de que eles vão deixá-la; eles podem deixá-la sozinha.

Bion: Mas há várias maneiras de se fazer isso. Eles não têm de deixar o lar fisicamente; você pode dizer, quero dizer... Eu já vi isso em pais que pensam que seus garotinhos ou garotinhas se comportam muito bem, eles são comportados, são educados, e assim por diante... Eles não notam que essas mesmas crianças já saíram de casa. Elas não são crianças agradáveis, como seus pais, que frequentam um analista. De fato, se eles já conversaram com seus amigos, irmãos ou irmãs, na escola, é muito provável que seus irmãos e irmãs pensem que seus pais são simplesmente doidos de gastar seu tempo indo para análise. Conheço analistas que queriam que seus filhos fossem analisados, que os mandou a analistas, o que fez deles motivo de *bullying* na escola. Essas outras crianças não fazem coisas estúpidas e tediosas como ir ao analista. Elas andam de bicicleta e outras coisas do gênero. Portanto, voltando ao assunto dessa paciente, ela pode estar sendo otimista ao dizer: "Eles vão sair de casa". Como que ela sabe que eles já não saíram de casa? Seus corpos ainda estão em casa. Conheço situações nas quais os pais ficam horrorizados ao descobrir que ninguém dormiu na cama. Se os pais perguntarem: "Onde você esteve?", eles não falam. Agora, aqui novamente, o problema é: o que se deve dizer a essa paciente? Eu próprio senti... Penso que diria: "Entendo que suas ansiedades podem ser bastante justificadas. Esse é um assunto sobre o qual não sei nada, porque não conheço seus filhos, eu não sei o que se passa na escola etc... Portanto, você pode estar certa ao ter medo que eles saiam de casa. Não estou muito certo do porquê você pensar que eles sairão de casa no futuro; e por que você não pensa que eles já saíram de casa?" Eu não quero assustar a paciente, mas, por outro lado, não quero que ela pense que não existe nada do qual se ter medo. Quando analisamos um medo de ser roubado ou assassinado – usando um exemplo mais exagerado –, isso não significa que assassinatos e roubos cessarão de existir se você fizer análise. Portanto, quando tentamos usar essa afirmação sobre o medo de que os filhos saiam de casa, usando-o como uma livre associação e, então, dando uma interpretação, não queremos dizer que os filhos não saem de casa, ou que saem, mas que, além disso, há um medo inconsciente para o qual queremos chamar a atenção. Por exemplo: que ela mesma não é mais uma criança, ela saiu de casa; não há nem pai nem mãe porque ela é uma mãe.

Temo que já está tarde, portanto temos de parar.

Comentários sobre a Supervisão A25

Maria Bernadete Amêndola Contart de Assis

Ler uma supervisão realizada por Bion é um privilégio, porque nos possibilita estar em contato com seu pensamento vivo, produzido no calor emocional do acontecimento, o que nos permite acompanhar o fluxo natural de suas associações. Ficamos, assim, diante do pensar espontâneo, nascente do encontro, exatamente aquele que ele próprio valorizou ao longo de toda sua obra, convidando cada analista a estar disponível para o inusitado da relação com o analisando e ser criativo, a partir dessa experiência.

Na presente supervisão, chama atenção o fato de que não há nenhum momento em que Bion se refere a algum conceito teórico ou mesmo a algum tipo de ensinamento técnico, seja para definições ou para discussão. Não obstante, suas perguntas e comentários ao material clínico apresentado permitem identificar algumas de suas principais contribuições à técnica psicanalítica. Observam-se, ao longo de toda a supervisão, *a valorização da dúvida, da indagação, do mistério* presentes no encontro analítico. Pode-se apreciar o *deslocamento do olhar*, da psicodinâmica do paciente, em direção à observação da experiência emocional vivida por ambos, analista e analisando. Quando os participantes falam das "dificuldades" da paciente, Bion muda a perspectiva e fala dos terrores vividos pelo analista. A mudança de foco, na direção do que os analistas experimentam na sala de análise, é perceptível durante toda a supervisão. Vemos aqui o Bion revolucionário, no sentido de sua capacidade para revolver, para "virar de ponta cabeça" conceitos que, de tão repetidos e aparentemente "consistentes", correm riscos de se tornar sem sentido e gasto. Ele toma tais conceitos e os areja, lança nova luz, pensa sob outro vértice. Pode-se observar a atitude de Bion de levar os participantes do grupo a pensarem a si mesmos na relação com o analisando, atitude que vai configurando um movimento de desconstrução de ideias já estabelecidas.

Grotstein (2007) resume bem este legado de Bion nas seguintes palavras:

> *Bion levou a Psicanálise positivista de Freud e Klein para as novas e inexploradas esferas da incerteza: da estreiteza e prisão da linguagem verbal para uma esfera além e anterior à linguagem. Aqui se experimenta o terror de O, a Verdade Absoluta sobre uma Realidade Última, infinita, indizível, em constante evolução, incerta e impessoal que suplanta o suposto terror das pulsões positivistas. Nascemos como prisioneiros inevitáveis da qualidade do continente materno – e paterno – que (quem) inicialmente contem nosso terror cru de O. (p. 44)*

Este é o deslocamento do olhar que vale apreciar na leitura da supervisão, uma vez que é fonte inesgotável de desenvolvimentos na teoria e técnica psicanalíticas. Logo no início vemos um exemplo disso. O analista que apresenta o caso diz que "ela (a paciente) se mostrou para o analista como sendo uma pessoa muito destrutiva em relação às pessoas ao redor dela e em relação ao seu meio ambiente". Imediatamente Bion questiona: "Ela disse isso ou..." A pergunta dele é aparentemente simples e de esclarecimento, no entanto, já se apresenta de imediato a condição de indagação, uma espécie de atitude de pesquisa constante, que nos coloca abertos a todas as possibilidades, em lugar de precipitadamente nos aprisionarmos em um único vértice. Se tomarmos isso como uma espécie de "recomendação técnica"[1] teremos a sugestão de nos perguntarmos sempre, antes de afirmar algo sobre o paciente: Quem disse? Para quem disse? Por que disse? Como disse? Quando disse? e por aí vai. Investigar, colocar-se no lugar de quem pergunta e não no lugar de quem responde; colocar-se no lugar de um construtor de ideias durante o encontro com o paciente e não no lugar de quem já tem conceitos preestabelecidos ou constituídos previamente, tais são as "recomendações" implícitas na pergunta inicial.

Estar na sessão em atitude de observação e indagação constantes, deixando-se levar pelo desconhecido, é uma "recomendação" implícita, correspondente à de Freud (1912-1971) quando ele fala sobre os perigos da posição do analista de buscar algo, em contraposição ao se deixar surpreender.

> *Casos que são dedicados, desde o princípio, a propósitos científicos, sofrem em seu resultado; enquanto os casos mais bem-sucedidos são aqueles em que se avança, por assim dizer, sem qualquer intuito em vista, em que se permite ser tomado de surpresa por qualquer nova reviravolta neles, e sempre os enfrenta com liberalidade, sem quaisquer pressuposições. (Freud, 1971, p. 114)*

---

1 Uso aqui o termo "recomendações" como uma referência ao texto de Freud "Recomendações aos médicos que exercem a Psicanálise" (1912/1976).

Encontramos em Bion (1977):

> *Pois consideremos o seguinte: se a mente do analista fica ocupada com aquilo que é ou não dito; ou com aquilo que ele espera ou não espera, isto significa que o analista não está permitindo que a experiência irrompa, especialmente no aspecto que vai além do som da voz do paciente ou da visão de suas atitudes. Os sons que o paciente emite; ou espetáculo que ele apresenta, relata, relaciona-se com O desde que O evolua no domínio de K. (Bion, 1977, p. 41)*

Na sequência da supervisão, após a descrição do analista sobre suas impressões da analisanda, Bion diz: "Não sei se a paciente é assim ou não..." e passa a discorrer sobre o fato de que a experiência do encontro analítico é evocativa, provocativa, excitante e aterrorizante, *para ambos*, analista e analisando! Desta forma, ele recoloca o analista no lugar de quem vê, ouve e interpreta para o lugar de quem primeiramente *sente*.

> *Ao mesmo tempo, um tipo de conversa que acontece entre nós e o analisando é muito provocativo, é muito evocativo, está propenso a ser uma experiência emocionalmente excitante. Portanto, o trabalho analítico produz uma tensão. Está propenso a ser uma situação na qual o paciente se sente zangado, hostil, apaixonado, e assim por diante... A mesma coisa se aplica ao analista: a sessão analítica pode ser extremamente irritante. Também pode ser extremamente atraente.*

E mais adiante, "Assim, na medida em que ambos, o analista e o analisando, tentam cooperar e tentam fazer esse trabalho, essa é uma relação de tentativa para ambos". É clara aqui a ideia contida no seu artigo "Making the best of a bad job" (1987).

> *Quando dois caracteres ou personalidades se encontram, cria-se uma tempestade emocional. Se eles têm um contato suficiente para estarem seguros um do outro, ou mesmo se não estão seguros, um estado emocional se produz pela conjunção destes dois indivíduos, destas duas personalidades. A perturbação resultante é quase como algo que pudesse ser olhado necessariamente como uma melhoria no estado geral se eles nunca tivessem se encontrado. Mas, já que eles se encontraram, e desde que essa tempestade emocional ocorreu, as duas partes devem decidir "Como tornar proveitoso um mau negócio". É o que isto significa, em análise. (p. 136)*

Estamos diante de um olhar para o encontro analítico, que contempla toda a profundidade do que acontece com o analista durante esse trabalho. Onde ele é tocado? Quais fantasias/medos/angústias são ativados no analista durante uma sessão de análise? Bion chama atenção para o fato de que, mergulhado em toda a experiência que acontece no encontro, o analista tem por função dizer algo que seja audível ao analisando, desde o início ao final da sessão. Durante a supervisão, ele ressalta, várias vezes, a intensidade das emoções que são vividas pelo analista. Por exemplo, pode parecer óbvio que o analista queira atender o paciente quatro sessões semanais. O medo ou a resistência a esse número de sessões seria uma espécie de prerrogativa do paciente. Bion desconstrói isso quando diz:

> *Se ela (a paciente) quer ter quatro sessões por semana, talvez então o analista não queira – ou se o analista a*

> *atender quatro vezes por semana, o analista pode não querer ter nenhum relacionamento com uma paciente como ela, ele pode não gostar dela. Esse é o problema ao se ter duas pessoas no mesmo consultório, ao mesmo tempo, que podem ter sentimentos bastante fortes.*

E, mais adiante, no mesmo parágrafo: "Portanto, nenhum dos dois, ou ambos, pode não ser capaz de tolerar a conversação analítica". Ele fala, de forma categórica, que a situação analítica pode ser assustadora para ambos. O analista é colocado no campo emocional de forma clara, não somente no sentido de constituição do campo, mas de forma ainda mais radical, como alguém que sofre a emoção produzida no encontro e tem, por função, fazer algo com essa experiência. Algo que seja significativo para o analisando.

Considerações como estas oferecem continência e nomeação para o que os analistas vivem na sala de análise. Cada um que ousa ser analista sabe bem que há pertinência e verdade em colocações como estas. O imprevisível, o inusitado, o misterioso, o angustiante, o excitante, o depressivo e o assustador – todos esses elementos marcam presença na sala de análise. Uma vez nomeados, podem ter acolhida teórica, o que amplia a condição técnica do analista. Tal como o analisando pode ter uma experiência emocional de acolhimento quando se sente compreendido por seu analista, também o analista pode ter tal experiência quando é compreendido por um supervisor, ou seja, quando sua experiência pode ser nomeada e significada. O analista fala das emoções e dificuldades da analisanda; Bion fala das emoções e dificuldades dos analistas. Ao deslocar o foco, ele desconstrói, reorganiza e acolhe.

Após a continuidade da exposição do material clínico, Bion faz mais uma intervenção repleta de perguntas:

Podemos parar por um momento? Qual é a sua impressão sobre isso agora? Você gostaria de atender essa paciente ou não? Essa paciente gostaria de ser atendida pelo analista ou não? Você acha que a paciente ia querer vir até você? Qual é sua impressão a respeito disso?

Podemos observar Bion lançando "um facho de intensa escuridão" (Grotestein, 2007/2010) sobre o material clínico. Aprendemos com Freud – e radicalizamos isso com Bion – que para ver melhor, é preciso obscurecer o campo do já conhecido. A cada sessão, renovamos o estado de disponibilidade para o encontro, o que requer despojamento de tudo o que já sabemos. A novidade é o estímulo principal. Lançar-se ao incalculável do encontro com o outro é uma "recomendação". Lembro-me de um belo trecho de uma entrevista de Elizabeth Roudinesco com o filósofo Jacques Derrida, que diz:

> *O outro, a chegada do outro é sempre incalculável. . . . Uma vez aceito seu princípio e entregue à exposição do outro – portanto ao acontecimento que vem nos afetar, esse afeto que é aquilo pelo que se define a vida. Nesse momento, é preciso se arranjar para inventar o advento de um discurso capaz de apreender isso.* (Derrida & Roudinesco, 2001/2004, p. 76)

Em Bion, vê-se a invenção constante de um discurso que é vivo e espontâneo; vê-se a ruptura com o estabelecido; vê-se a condição de ampliação do pensar sobre o ser analista. Bion chama atenção para os riscos das cronificações, que podem nos transformar em prisioneiros, nos engessando em conceitos saturados, que conduzem a repetições e automatismos, pertencentes ao campo da não vida. Em contraposição a isso, ele nos convida a uma disciplina rigorosa de exercício de liberdade, em que a renúncia ao sensório e a introdução do "facho de intensa escuridão", abrem caminhos à intuição. Bion, que serviu na guerra, certamente conheceu os perigos de ser prisioneiro e nos ofereceu, generosamente, caminhos para a liberdade. Isso está presente nessa supervisão.

Gostaria de destacar outro ponto desta supervisão, a saber, a reflexão que Bion faz sobre os efeitos – e os riscos – potenciais de uma análise.

> *Assim, para ela [a paciente], a perspectiva é bastante assustadora . . .; é assustador. . . . Você pode muito bem fazer uma análise e decidir que ela é inofensiva – porque ela não vai funcionar. Mas se a análise funcionar de verdade, ela terá, então, de viver com o resultado. Em certas situações, pode ser como ter que viver com um bebê que é gerado, mas mesmo em análise esse tipo de conversação pode ter um efeito, mas ela terá de suportar o resultado. Teoricamente esperamos que a paciente passe a se conhecer melhor; na prática, se essas teorias estão corretas, ela não só terá de se conhecer melhor, mas terá de viver com ela mesma pelo resto da vida.*

O pensamento aqui se radicaliza e, assim, pode-se ver melhor. A analogia feita com a experiência de ter filhos conduz a reflexão ao extremo, ou seja, pensamentos produzidos na análise tem potencial para gerarem novidades tão grandiosas e permanentes como ter filhos. A presença disso no mito de Édipo é evidente: uma vez conhecida a verdade, não adianta se cegar. Édipo terá de conviver, para sempre, com esse conhecimento de si mesmo.

O risco da busca pela verdade foi ressaltado por Bion em diversas oportunidades. Essa supervisão é um exemplo disso: a utilização do termo "assustador" é frequente em sua fala. Ser si mesmo, apropriar-se da história pessoal e responsabilizar-se por ela pode ser aterrorizante. Evidencia-se assim a ideia a que me referi no início, citando Grotstein (2007/2010), de que Bion vai para muito além dos conflitos que as pulsões podem impor ao Homem; ele introduz a experiência do terror de estar vivo.

> Eles [os pacientes] têm uma ideia até boa que, nesse momento da vida não estão satisfeitos consigo mesmos. É por isso que vieram até o analista, porque estão insatisfeitos. Portanto, essa conversa culminará em eles se tornando eles mesmos. Assim eles podem ter medo dessa perspectiva.

Este tipo de ponderação produz amplitude na condição de acolhimento do analista, uma vez que o coloca em contato não com "as resistências" do paciente em relação a trazer à tona seus conflitos ou lembranças, mas com uma questão ainda mais profunda e crucial, que é o medo do resultado da análise.

A mudança de perspectiva é interessante, como se o olhar se movimentasse do passado para o futuro, ou seja, o conceito de resistência remete ao medo de que algo do passado seja revelado, enquanto o medo de tornar-se si mesmo projeta para o futuro, para a condição (ou não) de sustentação de um conhecimento de si e uma responsabilidade por esse conhecimento "nascido". Veja que não se trata de uma *revelação*, mas de um *nascimento*. O inconsciente de que se trata não é o reprimido, mas o infinito, com todas as possibilidades por nascer. Ogden (2005) refere-se a isso da seguinte forma:

> *A psicanálise – significativamente moldada por Bion no último quarto de século – passou a dar grande valor à capacidade do analista e do analisando de não saber. Nesse estado de espírito, somos capazes de nos maravilhar com o mistério, com a total imprevisibilidade e com o poder do inconsciente que pode ser sentido, mas nunca conhecido. O inconsciente é uma imanência, não um oráculo. (p. 25)*

Encontra-se assim mais uma característica de sua obra: apontar para o futuro, para a expansão da condição de pensar não o que passou, mas o que está no presente com vistas a expandir as condições de apreensão do que virá.

Antonino Ferro (2011), com base em tais ideias, se expressa nas seguintes palavras: "Falo de uma análise que olhe para a frente, para o futuro e não para o passado, não para os conteúdos, mas para a transformação dos aparatos para pensar (pouco me importa sobre o quê)". E mais adiante: "Portanto a análise leva ao desenvolvimento da mente, da capacidade de sonhar, de sentir, de pensar" (pp. 20-21).

Na minha leitura da supervisão, sublinho a *desconstrução* de conceitos preestabelecidos. Mais uma manifestação disso é quando Bion faz considerações sobre o medo que a paciente tem de que os filhos cresçam. Sobre esse ponto, ele diz que a ansiedade da paciente diante do crescimento dos filhos "não pode ser descartada como uma simples neurose". Há aqui um movimento de questionamento sobre as ansiedades que são intrínsecas à vida ou à experiência de ser mãe e, assim sendo, não podem ser consideradas patológicas. O medo é inerente a ter filhos, a estar em análise, a estar vivo. Da mesma forma, as emoções vividas pelo analista na sessão, são intrínsecas ao encontro. Ao significar a experiência emocional vivida, o analista colabora com o paciente para que ele possa estar acordado para a experiência emocional implicada no viver, e amplie assim sua capacidade para sonhá-la. Ogden é um autor que usa estas ideias de Bion com muita propriedade. Em suas palavras (Ogden, 2005):

> *Estar vivo para viver a própria experiência é, em minha concepção, sinônimo de ser capaz de sonhar nossa experiência emocional vivida. Estou aqui utilizando o termo sonhar de um modo que é proposto pelo trabalho de Bion (1962a). Na medida em que somos capazes de sonhar nossa experiência, somos capazes de gerar uma resposta emocional a ela, aprender com ela e ser mudado por ela. (p. 23)*
>
> *Dessa perspectiva, o objetivo primordial da psicanálise não é o de facilitar a resolução do conflito inconsciente e, sim, facilitar o crescimento do continente-conteúdo. Em outras palavras, a tarefa do analista é criar condições no setting analítico que permitam o mútuo crescimento do continente (a capacidade de sonhar) e do contido (pensamentos e sentimentos derivados da experiência vivida). (p. 104)*

Tal "recomendação" está longe da busca pela eliminação de conflitos. O modelo médico já não se apresenta. Trata-se de estar em contato íntimo com o paciente (cópula) e gerar conhecimentos transformadores (filhos) com os quais o paciente conviverá para o resto da vida. Segundo Chuster et al. (2011), utilizando o modelo de especialidades médicas, pode-se dizer que, em Bion, encontramos o analista "obstetra", ou seja, aquele que promove nascimentos.

Ao final da supervisão, Bion questiona sobre o medo da paciente de que os filhos saiam de casa, com a pergunta: "Portanto, voltando ao assunto dessa paciente, ela pode estar sendo otimista ao dizer: 'Eles vão sair de casa'. Como ela sabe que eles já não saíram de casa?". A pergunta encaminha para a procura de qual o medo daquela mulher naquele momento da sessão. Ele sugere que seja o medo de que ela mesma não é mais uma criança, que sendo mãe, há a orfandade, não há pai nem mãe; há ela como mãe, geradora de filhos (no mais amplo sentido que se possa pensar esse termo).

Gostaria de encerrar meus comentários inspirada nessa fala final de Bion, usando-a para uma reflexão sobre o que sua teoria promoveu em nós analistas: a partir de suas considerações teórico-clínicas, temos a oportunidade de constatar que nos tornamos pai/mãe em cada sessão, com cada paciente, no sentido de que geramos sentimentos/ideias com nossos analisandos. A cada sessão, cumprindo as recomendações do sem memória, sem desejo e sem compreensão (Bion, 1977/2006), estamos órfãos de teorias previamente construídas e somos convidados por ele a nos darmos conta de que não somos mais crianças a buscar preceitos a serem seguidos; estamos sós, convocados a ser si mesmo [*at-one-ment*] e criar na sessão. Como diz Ogden (2005): "É responsabilidade do analista reinventar a psicanálise para cada paciente e continuar a reinventá-la durante o curso da análise" (p. 22).

Sair do conhecido, do já estabelecido e criar, inventar, é talvez a grande recomendação de Bion nessa supervisão e em toda sua obra.

Referências

Bion, W. R. (1977). Attention and interpretation. In *Seven Servents* (pp. 1-130). New York: Jason Aronson.

Bion, W. R. (1979). Como tornar proveitoso um mau negócio. *Revista Brasileira de Psicanálise, 13*(4), 467-477.

Bion, W. R. (1987). Making the best of a bad job. In C. Mawson (Ed.), *The Complete Works of W. R. Bion* (Vol 10, pp. 136-145). London: Karnac Books, 2014.

Chuster, A. et al. (2011). *O objeto psicanalítico: fundamentos de uma mudança de paradigma na Psicanálise.* Porto Alegre: Editora do Autor.

Derrida, J., & Roudinesco, E. (2001/2004). *De que amanhã... Diálogo.* Rio de Janeiro: Jorge Zahar.

Ferro, A. (2011). *Evitar as emoções, viver as emoções.* Porto Alegre: Artmed. (Obra publicada originalmente em 2007).

Freud, S. (1971). Recommendations to physicians practising psychoanalysis. In *The Standard Edition of the Complete Psychological Works of Sigmund Freud* (Vol. 12). London: Hogarth.

Grotstein, J. S. (2007). *A Beam of Intense Darkness, Wilfred Bions' Legacy to Psychoanalysis.* London: Karnac Books.

Ogden, T. H. (2005). *This Art of Psychoanalysis: Dreaming Undreamt Dreams and Interrupted Cries.* New York: The New Library of Psychoanalysis.

Supervisão A30

No texto a seguir, T é o tradutor; A, o analista; P1, P2 e P3 são os participantes da audiência na ordem em que falaram.

T: O paciente está fazendo análise há, aproximadamente, quatro anos. O fato extraordinário que ele está trazendo agora é que, nos últimos dois anos, o paciente tem dormido muito no divã. Ele está escrevendo um artigo a respeito disso para apresentar à Sociedade e vai mostrar aqui um extrato de seu trabalho. Depois que o paciente começou a dormir durante a sessão, ele sentiu uma grande dificuldade em estabelecer contato com ele, porque ele interrompeu o que estava sendo dito a ele, pelo analista, acerca de seu sono caindo no sono. Ele disse que o paciente tinha vivido grandes expectativas em sua relação com o analista e, portanto, ele esperava muito de sua análise, que ainda não acontecera. De tal modo que ele, o analista, teve a impressão que o sono era uma resposta por não haver uma solução idealizada para os seus problemas, para os quais o paciente tinha tido esperanças de encontrar na análise.

Bion: Alguém tem alguma pergunta que gostaria de fazer? Eu tenho uma pergunta que gostaria de fazer imediatamente. Eu gostaria de perguntar ao analista: o que o fez pensar que o paciente estava dormindo?

T: Ele (A) disse que pôde notar que ele estava dormindo pela expressão corporal do paciente, pelo relaxamento dos músculos e pelo fato de que, algumas vezes, ele roncava.

Bion: Alguma outra coisa?

T: A respeito do fato de notar que ele estava dormindo, ele não tem mais nenhuma observação para nos trazer. Mas ele se lembrou de algo que gostaria de acrescentar, que, enquanto estavam trabalhando essa situação – o analista e o analisando –, foi decidido que o paciente se sentaria na cadeira, para que ficasse mais difícil de dormir. No entanto, mesmo assim, ele caiu no sono!! O analista teve a impressão de que se tratava de um sono inevitável – que ele não conseguia evitar cair no sono.

P1: Um pouco antes de cair no sono – essa é a pergunta dele – o que aconteceu? Qual era o assunto que estava sendo discutido, ou o que estava ocorrendo entre o paciente e o analista um pouco antes de ele cair no sono? Qual era o ponto principal do material?

T: Ele (A) responde dizendo que o paciente tinha uma reclamação, quando ele veio fazer análise pela primeira vez, sobre ter dificuldade em permanecer acordado, ou de prestar atenção ao seu trabalho. Ele era muito ambicioso, ele queria tirar tudo que pudesse de seu trabalho, ele esforçava-se muito no que fazia. Ele trouxe essa grande expectativa de trabalho para a análise e acreditou que ela, de alguma forma, alteraria isso. Que a análise resolveria seu problema, que ela permitiria a ele superar seus problemas de permanecer acordado e de preencher suas ambições no trabalho.

Bion: Nós temos aqui uma oportunidade de discutir essa questão, porque isso aqui, neste grupo, não é análise. Portanto, eu posso fazer outra pergunta da mesma forma: como você sabe que ele está acordado? Você me disse algo a respeito de como você sabe que ele está dormindo; agora quero fazer outra pergunta: como você sabe que ele está acordado? Lembre-se que não vou fazer perguntas fáceis. Não estou dizendo que são perguntas fáceis, absolutamente. Apesar de que se elas fossem fáceis, não haveria propósito em discuti-las aqui.

Alguém gostaria de ousar alguma sugestão?

T: Ele (P2) está perguntando o que o paciente realmente disse ao analista, qual era seu objetivo ao procurar a análise? O que ele, realmente, disse ao analista a respeito de suas expectativas da análise? O analisando disse ao seu analista com essas palavras: ele sentiu inibição para o trabalho e ambição (sic) em relação com as mulheres. Ele era casado, mas sentia grande dificuldade em estabelecer contato com sua mulher, com outras mulheres.

Ele (A) está tentando responder sua pergunta sobre como ele pôde saber que o paciente estava acordado, e ele está dizendo que teve a impressão que seu paciente não conseguia tolerar a frustração de seu analista não preencher às suas ambições e de não corresponder às suas expectativas, apesar de analista e analisando terem discutido bastante a respeito de sua dificuldade em aceitar o que a análise tinha realmente a oferecer, que ele havia idealizado a análise e, então, estava frustrado em não encontrar o que esperava. A despeito das tentativas de clarear e interpretar isto, o paciente sempre levantava a mesma pergunta e ele insistia em suas fantasias. Desta forma, sentiu que estas discussões tinham uma característica de sonho.

Bion: Quais fantasias?

T: As fantasias de esperar encontrar uma cura, ou de resolver seu problema em análise, de ganhar poder, de recuperar seu... de eliminar sua inibição no trabalho – de ser capaz de trabalhar de novo, mais uma vez.

Bion: Por que ele pensou que o analista poderia fazer isso?

[P2]: Ele se mostrou agressivo em sua conduta, palavras ou algum tipo de comportamento? Quando ele se sentiu frustrado e desapontado, ele ficou com raiva? Foi aí que ele caiu no sono?

Bion: Como foi que o analista o frustrou?

A: Quando ele (A) não preenchia as expectativas do paciente – quando não fazia parte dos sonhos do paciente.

P1: O paciente falou algo a respeito de sonhar, ou do ato de dormir?

A: Não, não.

Bion: Não vejo como o analista o frustrou. O analista, entendo eu, colocou-se disponível. Ele disse que estaria naquele escritório, naquele consultório em certas horas, e era lá que ele estava. Portanto, de que maneira pode ele dizer que o analista o frustrou?

T: O cliente teve expectativas explícitas. Ele (A) confirma que eles falaram explicitamente acerca do que ele encontrou, do que ele estava longamente esperando – que ele não recebeu o que ele estava esperando.

Bion: Sim, mas como que isso pode ser culpa do analista? Se ele não consegue encontrar o que está procurando, por que não vai procurar outro?

T: Ele disse que essa questão já foi trabalhada na análise. Ele, analista, perguntou por que ele estava lá. Algumas vezes a questão de encontrar uma religião também foi abordada.

Ele (A) teve o sentimento – depois de certo tempo – de que o paciente era capaz de entender alguns aspectos a respeito da realidade da situação analítica, que ela podia também ser uma situação que poderia ajudar como paciente, mas então, a inveja apareceu.

Ele não conseguia tolerar o sentimento que a análise pudesse efetivamente fazê-lo... fazer a ele algum bem.

Sua expressão era muito explícita, ele costumava dizer ao analista, por exemplo: "Eu não consigo tolerar o fato de você saber algo que eu não sei". O sono interveio; e nessa fase ele dormia muito.

Bion: Eu ainda não consigo ver qual é a dificuldade, por que se ele não consegue tolerar isso, por que ele vem à análise?

T: Essa é uma questão que ele (A) gostaria de trazer aqui, por que ele frequentemente teve o sentimento que seu trabalho com este paciente era sem significado. Ele tem agora muitos anos de experiência como analista e, com este cliente, ele está constantemente preocupado se deve continuar ou não o vendo. Entretanto, apesar de todas essas preocupações, ele observou que o paciente sempre veio às sessões no horário correto.

Bion: Qual é a sua queixa? Que o analista está lá ou que o analista não está lá? O que o analista supostamente deve fazer? Ele supostamente espera que o analista esteja lá, ou supostamente que o analista não esteja lá? O que está frustrando ele, sua presença ou sua ausência?

T: Algumas vezes ele abordou estes pontos que estão bem próximos dos que você mencionou aqui. Por exemplo: (A) mostrou ao paciente que ele aparentemente já sabia muitas respostas sobre as quais constantemente perguntava ao analista. Que ele (A) tinha a impressão que o paciente estava fazendo perguntas ao analista com o propósito de evitar que chegassem a algum lugar.

Bion: Ainda há o problema do porquê o analisando procurou o analista? Se ele diz que está frustrado, ele está frustrado porque o analista está lá, ou ele está frustrado porque o analista não está lá?

T: Toda vez que era discutida a questão relativa ao porquê de o paciente continuar fazendo análise, o paciente mencionava que estava se sentindo melhor, que ele estava se beneficiando da análise.

Bion: Certo.

T: Apesar de suas manifestações explícitas e reações ao trabalho...

Bion: Quais?

T: Do paciente... eram sempre negativas, ele estava em conflito, infeliz, insatisfeito. [Aqui, T está dizendo ao Bion suas impressões].

T: Eu não entendi. Pensei que tinha traduzido errado. Ele (A) disse que o paciente considerou a situação analítica valiosa – apesar de, na maior parte do tempo, exprimir sentimentos negativos em relação ao analista. Ele também teve a impressão que nos últimos encontros...

Bion: Quem teve a impressão?

T: O analista teve a impressão nos últimos encontros com o cliente que sua expressão era de aceitação – de uma forma mais realística de enxergar, com mais respeito em relação a atividade analítica.

Bion: Como ele mostrou isso?

T: Desculpe-me?

Bion: Como ele mostrou isso?

T: Ele disse que é difícil explicar porque é um sentimento que ele tem quando compara como o paciente se comportava antes e a maneira na qual o cliente está abertamente falando a respeito dele.

Bion: Bem, se o analista acha difícil e ele, como nos disse, tem muita experiência, bem, o que ele espera que o paciente encontre?

T: Estou tendo dificuldade em traduzir e ele (A) disse que talvez o senhor, Dr. Bion, pudesse ajudar expandindo essa questão.

Bion: O ponto sobre o qual eu gostaria de ter mais elucidação é: qual é este estado de mente no qual ele diz se encontrar quando afirma que está acordado? E qual é esse estado de mente no qual ele afirma estar quando está dormindo? Onde ele pensa que está quando está acordado?

T: Você está fazendo essa pergunta a ele (A)?

Bion: A qualquer um, qualquer um! Nós podemos unir nossa combinada sabedoria para esclarecermos esse problema.

T: (P2) quer saber do analista se quando ele está completamente acordado, onde ele está? Ele estaria em seu consultório, em sua própria casa, no cemitério, agora, neste momento, ou antes? Ele (P2) gostaria de perguntar-lhe (A): como esse paciente usa a associação livre?

Bion: Ele não usa. Ele confunde associações livres com teorias psicanalíticas.[1] Um psicanalista pode entender o que o paciente diz, ou faz, como uma associação livre e, então, ele pode tentar interpretar isso – mas isso não tem nada a ver com o paciente. Onde o paciente arrumou essa ideia de que o analista é um psicanalista? De onde ele tirou essa ideia?

T: (P2) pergunta a ele (A), o paciente quer que ele seja um psicanalista?

P2: Estou perguntando a ele (A). O paciente diz que quer que ele seja um psicanalista. Ele disse isso. Ele disse ao paciente que ele é um psicanalista.

P3: Quem disse isso?

P2: Agora?

Bion: Sim!

T: O paciente lia sobre Freud, ele estava curioso a respeito do assunto, ele então, veio até o Instituto de Psicanálise e os mandaram

---

[1] O tradutor e transcritor entende que Bion está afirmando que o paciente está confundindo associações livres com ideias ou teorias psicanalíticas.

para ele (A) – para ser psicanalisado. Mas por causa de toda leitura, ele deduziu que seria capaz de colocar em prática todas suas ambições sobre trabalho, produção, mulheres.

Bion: Bem, eu poderia apenas dizer: ele lê e acredita em tudo que ouve e lê? Novamente, parece-me um estado particular de mente no qual ele aparentemente está acordado e em controle de todas as suas faculdades mentais. De onde ele tira essa ideia? De livros, ele acredita em tudo que lê nos livros? Ele acredita em tudo que os Institutos dizem a ele? Se não, por que ele está fazendo uma exceção nesse caso? Eu me pego voltando a mesma pergunta. Que estado de mente peculiar é esse no qual ele supostamente está acordado para ter o controle de todas as suas faculdades mentais?

P2: Eu gostaria de pensar que estou seguindo-o mesmo que o estado de mente seja alegria, ou tristeza, ou raiva ou algo do tipo – um estado de mente afetivo.

Bion: Não, creio que o problema é: nós falamos sobre essas coisas como ir dormir e acordar muitas e muitas vezes, e quando o assunto é psicanálise nós temos a chance de saber o que essas palavras significam, se é que significam algo. Portanto, eu pergunto: qual é a experiência do analista que o faz pensar que o paciente está acordado? O que o analista está experienciando que o faz pensar que o paciente está dormindo? De acordo com esta linguagem, linguagem articulada parece ser bastante simples: ele está dormindo, ele está acordado! Agora, quando olhamos isso mais de perto nos perguntamos: a quê essas diferentes palavras estão se referindo?

T: Eles (A, P1 e P2) estão discutindo. Ele está se referindo a sua pergunta, o que ele, analista, estaria sentindo que o faria considerar que o paciente está acordado ou não. Ele (A) responde, então, que tem a impressão que o paciente não consegue suportar alguns aspectos da realidade, que talvez ele gostaria de alcançar um estado no qual ele estaria em ambas as situações: acordado e dormindo.

Bion: Sim, eu concordo bastante, isso tudo é teoria! Mas o que estou perguntando é: *quais são os fatos?* Não estou preocupado com a teoria! Eu já ouvi tantas teorias, que já estou doente até a morte delas. Essa história é uma história muito antiga. Freud ficou bastante impressionado porque Charcot disse: "Fatos. Observe o que é fatual, observação" [Ver obituário de Charcot. Standard Edition, Vol. III (pp. 11-23)]. Todos os cientistas, sempre, atribuem muita importância a observação. Portanto eu, do mesmo modo, digo: o que estamos observando? Você nos deu uma descrição do ocorrido. O paciente ronca e assim por diante... Mas ainda há a pergunta sobre o que é *sono*? Eu poderia fazer assim, eu poderia dizer ao paciente: "Onde você estava na noite passada? O que você viu?" Ele poderia me dar a seguinte resposta: "Em lugar nenhum. Eu fui para a cama. Eu fui dormir". Isto é tão simples! Isso não responde a minha pergunta. Eu ainda gostaria de saber: onde ele foi e o que ele viu. Agora, eu tenho quase certeza que, depois de um tempo, o paciente diria: "Ah, você quer saber o que eu sonhei". Eu diria: "Não, eu não quero saber sobre isso". O que eu quero saber é aonde ele estava? Ele não foi dormir porque *dormir* não é lugar algum.[2] O que eu quero saber é: onde ele estava e o que ele viu lá. A mesma coisa se ele estiver no estado que chamamos de acordado. Se isso é verdade, se todos os seus sentidos estão funcionando, de onde, então, ele tirou essa ideia de que há alguém, ou algo, chamado psicanalista que vai ajudá-lo? O que é esse analista – que ele sabe – que vai ajudá-lo, esteja ele acordado ou dormindo! De acordo com seu comportamento, parece-me que ele acredita que essa pessoa chamada psicanalista pode ajudá-lo se ele estiver presente fisicamente e ausente mentalmente. Eu iria querer saber o

---

2 Bion faz uma piada aqui, um trocadilho com a palavra *go*, que não só é usada para se referir a "cair no sono", mas também para movimento em direção a um destino físico. Sono não é um lugar, mas um estado de mente (Junqueira, 2015, comunicação pessoal).

que ele viu e ouviu quando estava acordado, e saber o que ele viu e ouviu quando estava dormindo. É claro que ainda há o problema: o que... deve fazer um ser humano comum quando esse paciente está acordado ou dormindo? Vamos levar em consideração essa posição na qual ele aparentemente dormiu. Muito bem, o que você deve, então, fazer? Se você fosse o analista, o que faria?

T: Eu diria a ele: "Você parece estar dormindo. Você tem a aparência de quem está dormindo".

Bion: Você diria isso em um tom de voz normal, ou em algum outro? Esses são problemas práticos, para os quais qualquer analista tem de estar preparado. Essa é a dificuldade. Em qual língua deve-se falar com uma pessoa que se comporta como se estivesse, e presumivelmente está, dormindo? Se você o acordar, da forma como sabemos, ele estaria, então, em outro estado de mente. Você confrontaria, então, outro problema: qual estado de mente ele está quando está acordado? Não acredito que essas perguntas serão, algum dia, respondidas, a não ser pelo psicanalista. Penso que se não as respondermos, ninguém será capaz de respondê-las.

T: Ele [A] tem a impressão de que a linguagem do sono deve ser o sonho.

Bion: Bem, você recomendaria que o analista dormisse?

[A]: Sim, eu temia isso.

Bion: Se esse é o caso, poderíamos dizer: assim seria muito mais fácil de entender! Se esse problema fosse uma doença física, ela poderia ser contagiosa ou infecciosa. Mas não é uma doença física, não até onde sabemos. Mas penso que você está certo, que estaríamos propensos a pensar que se o paciente dormiu, faríamos o mesmo! Mas isso também é válido se o paciente permanece acordado, porque você pode ter pacientes que vêm e se comportam da mesma forma, hora após hora, dia após dia, semana após semana, durante meses. Os pacientes chegam e dizem: "Estou completamente horrível. Estou cansado até a morte de mim mesmo". Eles estão sempre dizendo isso. Pelo que eu sei, eles estão preparados para dizer isso hora após hora, sem a menor dificuldade. O analista, penso eu, deve prestar atenção a isso, talvez durante seis meses, talvez por mais tempo. Portanto, a questão é a qual estado de mente esse paciente se encontra quando ele está acordado, e qual estado de mente ele se encontra quando está dormindo, é uma questão muito importante.

Temo termos de deixar o assunto por aqui, pelos menos por enquanto – mas isso não resolve o problema!

Comentários sobre a Supervisão A30

Antonio Sapienza

Os comentários serão divididos inicialmente em três partes e se concentrarão sobre a dinâmica da supervisão enquanto *grupo de trabalho de discussão*. As funções do supervisor serão realçadas em cada um dos três momentos selecionados. Primeiro momento, a abordagem inicial consistiu na escolha pelo supervisor visando ao conflito manifesto descrito em termos de *linguagem corporal*. O supervisor sinaliza com suficiente propriedade a situação dinâmica de supervisão em base psicanalítica, cuja abordagem básica se diferencia de grupo de terapia psicanalítica. Seleciono um breve conjunto de perguntas feitas pelo supervisor ao apresentador ao longo da reunião: [a] "o que o fez pensar que o paciente estava dormindo?", [b] "como você sabe que o paciente está acordado?", [c] "por que o paciente crê que o analista possa curá-lo?", [d] "Qual é a culpa do analista?", [e] "O que o frustra? A presença ou a ausência do analista?"; e então [f] "Quais são os fatos clínicos?". Este parágrafo é finalizado com a seguinte observação de Bion: "Quando o assunto é psicanálise, temos a chance de saber o que significam as palavras *dormir e acordar*". Esta formulação destacou a oscilação entre os estados de consciência experimentados pelo paciente: "sono" ↔ "acordado".

Segundo momento, Bion sutilmente propõe ampliar o exame do *conflito macroscópico*, ao usar suas funções de continente com *rêverie*, para evidenciar *níveis microscópicos* de fatores relacionados à investigação do tema "sono" ↔ "acordado". A direção de investigação busca ultrapassar resistências aos pontos de mudança catastrófica, cuja instalação será acompanhada de turbulência e ansiedade mental, equivalentes a *"dores de crescimento"*. São introduzidas questões de natureza regressiva relacionadas aos momentos do atendimento clínico no face a face que se alternam com o uso esporádico do divã. É interessante enfatizar a distinção entre "explicação" e "exploração" no modelo analítico da mente; o *grupo-de-trabalho em discussão* busca cultivar conjunção fértil e crescimento mental. Bion, em diálogo com o apresentador, demonstra suas qualidades de "trabalho de sonho-alfa", permitindo aproximações a estados mentais do analisando, desde letargia até níveis de ansiedades primitivas. "O paciente pode estar fisicamente presente e mentalmente ausente; assim sendo, com qual tonalidade de voz você vai acordá-lo?".

Terceiro momento, Bion entra em confronto benigno com os participantes da experiência de supervisão, geram-se estados de fragmentação grupal; assim esta evolução mobiliza forças emocionais e há progressivo conhecimento de fatores *embrionários* relacionados à transição entre os estados de consciência "sono" ↔ "acordado". Necessitamos também reconhecer e apreciar as qualidades do supervisor Bion como *"guardião do setting"*, quando ele enfatiza o respeito ao *timing* e a correspondente elaboração do grupo de trabalho, sinalizando o desfecho da reunião dentro do tempo disponível. "Estou apreensivo que nós tenhamos de parar por aqui, de qualquer modo – mas isto não elimina o problema!".

Agora este escrito focalizará de modo mais circunscrito a oscilação entre dois estados de consciência: "sono" ←→ "acordada". Bion denotará estes estados de mente com as respectivas siglas em inglês: S (*sleep* – adormecida) e W (*awake* – acordada). O analista deverá ter a atenção voltada para que o diálogo com o paciente se faça em estado de consciência acordada (W).

Na ocasião dos comentários feitos em setembro de 2005, enfatizei de início *condições neuropsiquiátricas* como um possível *vértice científico*, verificando prováveis desordens fenomenológicas (drogas, amência etc.) para remover certos fatores estranhos que pudessem se infiltrar na relação transferencial com o analista por meio de bizarras e maciças identificações projetivas, tais como estupor, catalepsia, narcolepsia e letargia.

Desde o início da sessão relatada, há uma camada que evidencia perda de vitalidade do paciente como "tédio da vida". Por meio da evolução desta supervisão, Bion clarificará a possível progressão e penetração da experiência emocional, caso o analista consiga atravessar esta superfície lisa, comparável à massa de águas paradas, com desvelamento possível de violenta turbulência emocional subjacente.

Naquela ocasião, expus duas analogias desde o *vértice estético*. A primeira analogia é de natureza cinematográfica, exposta pelo diretor e cineasta David Lynch no filme *Cidade dos sonhos* [*Mulholland drive*] (2001), suspense de base surrealista que manifesta tramas complexas, em que os protagonistas vivem estados de mente em agitado transe, envolvidos por situações predominantemente confusionais e violentas, nem bem acordados e nem tendo bons sonhos. A segunda analogia é de natureza literária, trata-se do livro de Umberto Eco *A ilha do dia anterior* [*L' Isola Del Giorno Prima*]. Elementos extraídos destas duas fontes enquanto modelos talvez permitam ao analista estabelecer correlações para aproximação junto à linguagem prevalente de imagens visuais e a linguagem verbal, na prevalência de estados indiferenciados de consciência. O contato com similares obras de arte oferece certo grau de familiarização com ferramentas de natureza ficcional e racional, permitindo para nós, os analistas, abrir nossas mentes na busca de proficiência para compreensão de bizarras comunicações de camadas pré-verbal e não verbal, agora na sessão de análise.

Cuidado específico irá impor as seguintes condições essenciais vigentes na bagagem do analista em toda e cada sessão analítica: (a) *experiência de base experiencial* proporcionada e fundamentada por análise pessoal no uso dessas conjeturas imaginativas e racionais; (b) a qual deverá vir acompanhada de *disciplinada capacidade de observação* e cultivo fora da sessão por meio de capacitação de estados de mente, *com opacificação e esvaziamento de "memórias, desejos, compreensão e teorias"*. Os exercícios de uma grade de construção pessoal (tendo como suporte de partida a "Grade" proposta por Bion inicialmente em 1971) poderão servir como suporte crítico para disponibilizar condições adequadas para o uso de intuição treinada em bases psicanalíticas, agora no decorrer da prática clínica. Nos parágrafos finais, exponho um adendo como apelo ao uso da *grade negativa*, como o reinado de movimentos menos K (−K).

No parágrafo anterior, há um convite para o analista cultivar hábitos mentais que possibilitem alcançar *estados de mente primitiva*, em que estão soterrados resíduos de desastres e traumas arqueológicos. A microscopia detalhada destes níveis catastróficos requer o uso das virtudes de paciência, perseverança e tolerância benigna para que a mudança catastrófica se torne mudança criativa, dependendo dos recursos da parceria analítica. O analista e sua *capacidade negativa*, de *rêverie* e de *continência* serão postos à prova na abordagem de sintomatologia oculta por reminiscências de sonhos interrompidos, frequentemente conglomerados aderidos a estados de alucinose, semelhantes a *pensamentos selvagens*, que emanam da protomente.

Finalmente, estas breves reflexões metodológicas, associadas à aprendizagem de experiências emocionais pelo par analítico, terminarão com as seguintes considerações, valiosas por delinearem nosso trabalho analítico ligado particularmente aos *"refúgios psicóticos"* e *"impasses"* em análise. Nossa geração de analistas deve pesquisar e investigar mais amplamente os fenômenos de *"reversão de perspectiva"*, quando prevalecem vínculos negativos, entretendo circularidades e compulsões a continuada repetição. Essa rigidez leva a fortes manobras defensivas, que visam à manutenção do "perfeito" mundo mental destrutivo. Em outras palavras, as ocultas partes psicóticas da personalidade serão salvaguardadas de conhecimento e realização, mantendo-se enquistadas. Essa busca requererá uma cuidadosa expansão em verificar como a construção mental é feita pelas *soluções da grade negativa*: quando os vínculos negativos astuciosamente prevalecem como *oponentes* às paixões de conhecimento (K), amor (L) e ódio (H).[1]

Referências

Bion, W. R. (1958). On hallucination. In *The complete works of W. R. Bion. Second thoughts* (Vol. 6, pp. 112-130). London: Karnac Books, 2014.

---

1 Mantenho a indicação de estudo dos seguintes textos clássicos de Bion: (a) "Sobre alucinação" (Capítulo 6 em "Second thoughts" [1967] – 1958); (b) "Domesticando pensamentos selvagens" (1963); (c) "Transformações" [1965] – Mudança desde Aprendizagem na direção de Crescimento. Trechos específicos serão selecionados desde o índice remissivo atinentes aos verbetes Hipérbole, Alucinação e Alucinose.

Bion, W. R. (1965). Transformations: change from learning to growth. In *The complete works of W. R. Bion* (Vol. 5, pp. 240-257). London: Karnac Books, 2014.

Bion, W. R. (1997). Taming wild thoughts [II]. In *The complete works of W. R. Bion* (Vol. 10, pp. 169-199). London: Karnac Books, 2014.

Eco, U. (1995). *A ilha do dia anterior*. Rio de Janeiro: Record.

Eco, U. (2006). *The island of the day before*. United States: Mariner Books.

Lynch, D. (Diretor). (2001). *Mulholland drive* [DVD]. USA: Touchstone pictures.

Supervisão A10

No texto a seguir, T é o tradutor e A é o analista da audiência na ordem em que falaram.

Bion: Bem, quem quer...

T: Em vez de começar com um caso, (A) gostaria de trazer um ponto teórico.

Bion: Sim, tudo bem.

T: Sabemos que há diferentes vértices para se observar a experiência humana e esses vértices não necessariamente levam em consideração a existência de algo como a mente. Por exemplo, ele traz as teorias de Pavlov e Skinner, que podem lidar tanto com o comportamento como é observado quanto com os reflexos no nível neurofisiológico, que ignoram a mente. Isso não significa que eles não acreditem que a mente exista, mas que eles não precisam dela para fazer o seu trabalho. E porque, por causa de nós, os analistas, estamos submersos em experiência nas quais necessitamos o modelo de mente, e esquecemos que esse modelo da mente é construído a partir da própria mente. Assim, embora seja uma questão a ser resolvida, se a mente existe ou não, nós necessariamente usamos isto com um ponto de partida para o nosso trabalho. Ao reconhecer isso como um modelo, como um modelo com suas características peculiares, não ficaria mais fácil para nós trabalhar com ele. Por exemplo, (A) tem notado que usualmente muitos analistas pensam que a mente está dentro do crânio, mas lhe parece que o que está dentro do crânio é o cérebro e não a mente, isso é tudo.

Bion: Hum... esse problema tem atraído atenção por centenas de anos pelo menos, portanto temos muitas palavras como: alma, superalma, espírito e, mais recentemente, Freud fala sobre id, ego, superego, os termos linguísticos mais modernos. Penso que as tentativas para mapear aquelas áreas, para identificar onde estão as fronteiras do id, ou dos egos ou dos superegos etc., são muito insatisfatórias. Mas, linguisticamente, é possível fazer essas definições. Agora, as regras de gramática são muito úteis para a comunicação verbal, mas as regras de gramática não são obedecidas pela mente, bem como as leis da física não são obedecidas pelo universo. Esse pequeno pedaço de universo, esse pedacinho de terra que orbita ao redor do Sol, algumas das leis da geofísica parecem estar em conformidade com os fenômenos reais que testemunhamos na terra. Mas todas essas leis são, na verdade, leis da mente. São o tipo de coisa que os seres humanos podem entender, e os seres humanos são uma parte muito pequena da vida animal. Portanto, apesar de pensarmos que somos muito importantes, de fato não há evidência nenhuma que comprove isso. É opinião nossa o fato de que somos *homo sapiens*. Mas se somos ou não sábios é outra questão completamente diferente. Por exemplo, a sociedade humana é obviamente superior, ou melhor que a sociedade das abelhas ou formigas etc.? Como analistas, nós temos uma chance de ter um contato muito próximo com o que, por motivos de conveniência, chamamos de mente. Se você chamasse o seu cachorro, ele viria até você. Se um estranho chamasse o seu cachorro pelo nome, ele não viria. Por que não? Isso pode ser explicado pelas leis das ondas sonoras no ar etc.? Modulações de tom e assim por diante? Não, não pode. Ainda assim não explicaria porque o cão responde a um conjunto de sons e não a outro. Agora, em relação à mente, não há sentido, que eu saiba, que pode detectar sua presença: ela não tem cheiro, gosto, cor, e assim por diante, mas se você colocar duas mentes juntas, a diferença entre as duas pode nos dar uma pista, porque eu digo: "A diferença. A diferença entre o quê?". Eu não sei de fato sobre a existência da mente, ou da alma, ou espírito, o que quer que você queira chamar isso, mas seria muito conveniente, para os propósitos da discussão, supor que podemos falar a respeito disso, e discutir sobre isso se dermos a isso um nome. É claro, isso é um objetivo extremamente limitado, porque mesmo que você leve em consideração esse mundo, ele é uma estrutura insignificante e as criaturas que nele andam, rastejam, são ainda menores. Recentemente, as sondas espaciais foram enviadas para encontrar evidência de vida em outra área restrita, a saber, o sistema solar, que consideramos um espaço muito grande, portanto, talvez possamos ser criaturas tão insignificantes; sermos capazes de explorar o sistema solar é virtualmente explorar nada. Na verdade, precisaríamos ter um astrônomo aqui para nos dar uma escala das coisas. Se levarmos em conta até o nosso sistema de nossa particular nébula aspiral, a qual parece estar em rotação. Se ela está em rotação, deveria ser possível ver uma cruz. Mas nós não conseguimos ver onde é o seu centro, mesmo se ele for localizado por matemática astronômica na posição de Sagitário, não é possível ver a cruz; ela está oculta por poeira cósmica. Mas, grosseiramente falando, matematicamente, o diâmetro dessa aspiral particular parece ser algo do tipo dez elevado a oito milhões de anos-luz, o que é uma distância considerável quando você considera o que é um ano-luz. E agora, para tornar as coisas mais complicadas, eles descobriram o que chamam de buraco negro, e agora eles descobriram dois buracos negros. Nessas áreas em particular, as leis da física não se aplicam. Portanto, nós estamos nos agarrando ao que é concreto e nós estamos falando agora sobre o que gostamos de acreditar ser a alma, ou o espírito, ou a mente. É surpreendente o fato de que se alguém formular uma pergunta bastante simples: qual é a definição da diferença do que é animado e do que é inanimado? Não há uma definição. Deveria haver uma definição com essa diferença entre isso e eu. Mas não há. Da mesma forma em relação ao método científico. Agora, para voltarmos a nossa área particular, penso que tudo o que alguém poderia dizer é que o mais próximo da certeza que algum dia provavelmente poderemos chegar é apenas uma probabilidade. Eu quero definir por um momento essa ideia de probabilidade. Para que algo seja o que chamamos de certo, é necessário que haja evidência. Quando não há evidências suficientes para uma certeza, temos de nos apoiar nas probabilidades. Aquilo que é provável é somente aquilo para o qual não há evidência suficiente; e não obstante como psicanalistas, nós seguimos a ideia de Freud de uma aproximação científica da mente. Eu penso que essa é uma ambição interessante, mas não sei se a ciência vai nos levar muito longe. Eu penso que é uma boa ideia que aspiremos ser científicos, mas gostaria de sugerir que a peculiaridade em ser científico é a de ter um preconceito em favor da verdade. No entanto, nós temos companhia porque há inúmeras pessoas que não são psicanalistas, como os músicos.

T: Ele (A) gostaria de saber o que você pensa sobre esse preconceito que as pessoas têm a respeito da mente; está dentro do cérebro, crânio, ou é a mesma coisa?

Bion: Hum... não. Penso que isso é falacioso. Hum... pois ignora o fato de que houve, novamente, preconceito em favor do diafragma ser a localização do espírito ou alma. É bastante razoável, é bastante plausível, pois ele se move para cima e para baixo, e quando se move para cima e para baixo, você normalmente está sentindo raiva, ou medo, portanto se causado por [aqui, Bion faz sons ofegantes] essa coisa se movendo para cima e para baixo. Mas da mesma forma com o baço. O diafragma se move para cima e para baixo e parece estar misturado com a respiração. Bem, talvez a respiração seja o espírito. É gasosa, não é sólida. Mas acredita-se, mesmo nos dias atuais, que o baço tenha algo a ver com o sangue, e o sangue também circula e parece estar muito intimamente ligado à vida. Se o sangue para de circular, parece que paramos de pensar porque estamos mortos. Ou se o sistema reticular endotelial não estiver funcionando, mais uma vez há problema na produção de células de sangue. Portanto, há muito que ser dito em se pensar que a alma reside no baço. Agora, e o coração? As pessoas dizem que uma ou outra pessoa não tem coração, não tem sentimento humano. Portanto, mais uma vez, há uma certa plausibilidade *nessa* localização. Tudo isso é centrada na suposição de que exista algo como uma alma ou um espírito. É curioso o quanto essa ideia é durável, o quão robusta ela é. Ela dura há séculos e há até mesmo muita evidência de que as pessoas se comportam... quando alguém morre e é enterrado, eles precisam do mesmo tipo de equipamento das pessoas vivas. Quem morre vive no céu ou no inferno. São providenciados móveis funerários para ele, e até o paganismo está na moda hoje. Portanto, a religião está tendo de se adaptar aos tempos, como dizem. Tem de se atualizar. Até psicanalistas tem de se atualizar. Apesar de tudo, há a crença numa alma ou espírito. Eu não sei qual é a evidência. Eu não sei por que pensamos que algumas peças musicais são sons que não queremos ouvir de novo e outras peças musicais perduram. Hamlet, Macbeth, mesmo peças terríveis como "Timon of Athens" ainda são lidas. Vocês acham que há alguma história de algum caso, algum caso psicanalítico, que será lido daqui 10 anos? Eu duvido. Mas isso parece-me depender muito do fato de alguém conseguir chegar perto do que chamam, por falta de uma palavra melhor, o espírito do homem. Há algum caso clínico que provavelmente será lido da mesma forma que o caso histórico de Shakespeare é lido? Ou Racine, Molière? Essa é uma das razões pela qual penso que nós, analistas, precisaremos encontrar algum método de comunicação. Se conseguíssemos, talvez seríamos capazes de nos comunicar com nós mesmos. Eu posso ser capaz de saber que eu tenho sabedoria aqui [Bion provavelmente apontou sua cabeça], mas se tenho uma dor no meu pé, eu não posso me comunicar com o meu pé. Portanto, apesar de eu provavelmente ser capaz de pensar em algum lugar aqui em cima, eu não consigo de fato aumentar minha experiência ou sabedoria ouvindo o conhecimento ou sabedoria ou experiência da minha hipocondria, as coisas que estão abaixo do nível de "condria". Mesmo do modo como é, hipocondríaco ou hipocondria é dito como se fosse coisa inferior. A mesma coisa com a psicose: nós temos a tendência a pensar que é inferior ser o que chamamos de psicótico. Mas suspeito que o elogio é devolvido pela nossa psicose. Ela não quer saber muito sobre o que chamamos de inteligência, e qualquer coisa entre as duas cai na proibição do meio excluído, o espartilho (o cinto/cinturão?), a hipótese do tipo espartilho ou os matemáticos Brawer ou Hating, ambos os quais se preocuparam com o intuicionismo. Sim. Sim, uma escola de pensamento conhecida como Intuicionismo Matemático. Os intuicionistas matemáticos conceitualizados por Kant mas que existem de verdade hoje em dia.

T: Ele (A) gostaria de dar ênfase especial a um certo ponto, apesar de ele sentir que já foi respondido. Ele tem visto coisas que dão a ele a profunda crença que a mente precisa de um lugar para se alojar – um lugar como, por exemplo, o cérebro, ou o diafragma, ou o coração – e que isso nos chama a atenção para essas áreas no corpo. Mas é só então que essas áreas se tornam propícias para as pessoas fazerem a projeção de coisas como: pensar que a mente está lá. E que a experiência humana, usando a metáfora, vai além do uso de uma frase que pode ser dita: "Eu tenho um coração cheio de coisas – eu tenho uma cabeça cheia de coisas" e que isso pode trazer uma dor de cabeça.

Bion: Penso que uma quantidade maior de experiência deve ser obtida a respeito da enxaqueca, que é um tipo particular de dor de cabeça, que estão intimamente ligadas a padrões que são observáveis pelos olhos durante um ataque de enxaqueca. Qual você pensa seria a importância dessa localização?

T: Com um pouco mais de entendimento científico, o homem teve vergonha de atribuir certas áreas do corpo, como o coração ou o diafragma, como o ponto central do que é fundamental. Gradualmente o sistema nervoso é conhecido – principalmente o córtex – como uma área de integração, e agora se tornou uma área que é bastante propensa a receber essas atribuições, mas atribuições mitológicas, que agora tem base científica, base analógica. E nós estamos agora tanto sob influência dessa mitologia que, às vezes, é difícil separar o cérebro da mente e, se isto for assim, algumas vezes é como se permanecêssemos com o behaviourismo ou skinnerismo ou qualquer outra teoria.

T: Ele (A) diz que o cérebro tem importância para a mente como se... como o baço tem importância para a mente. Nós temos de fazer essa distinção para funcionar como psicanalistas, mas que a mente não deve ser prisioneira de tal conceito.

Bion: Mas ela sempre é! Assim que você tem uma teoria, digamos uma teoria psicanalítica, assim que você pensa que conseguirá enxergar algo bem claramente, isso se torna um sistema no qual sentimos: até aqui e nada além. Eu não quero que ninguém perturbe minhas ideias sobre psicanálise. Assim dessa forma, eu não quero criar espaço para desenvolvimento; mas como eu sou um bom analista, eu faço com que seja possível que os meus pacientes se saiam melhor do que eu. Portanto, toda vez que tenho sucesso com um paciente, eu me torno mais e mais obsoleto.

T: Obsoleto?

Bion: Sim. Portanto, de certa forma, se estamos lidando com algo que desenvolve, isto ainda está desenvolvendo. Se o espírito do homem é capaz de desenvolvimento, é capaz de progresso além da selvageria, brutalidade, estupro, assassinato, roubo, nós temos de dar espaço para que essa coisa que está se desenvolvendo tenha chance de se desenvolver. Em algum momento, o bebê tem de sair de dentro da mãe porque não há espaço no qual ele possa crescer. Mas eu penso que a mesma coisa se aplica à mente. Eu ainda penso que existe uma mente, e que ela ainda está se desenvolvendo e que ela precisa de espaço suficiente no qual possa se desenvolver dentro do sistema no qual ela vive, no presente. Para que dessa forma ela possa romper este sistema. Mas, é claro, as pessoas têm medo disso: "Doutor, estou enlouquecendo" ou "Eu vou ter um colapso" e daí por diante. Eles querem que vocês interrompam a grávida ideia de se tornar maduros.

Bem, teremos de parar agora.

Comentários sobre a Supervisão A10

Luiz Carlos Uchôa Junqueira Filho

Na Supervisão A10, Bion é confrontado não com um estímulo clínico, mas sim com um estímulo teórico: o "caso" da psicanálise, ou seja, o fato de que essa disciplina tem como premissa (ou modelo) fundamental o fato de que seus sujeitos possuem uma mente. Como dado adicional ao estímulo, surge a ponderação de que esse modelo é construído pela própria mente, numa espécie de procedimento especular.

Todos nós que acompanhamos as conferências e supervisões de Bion, sabemos que seu "método" consistia na busca de metáforas, mitos e novos vértices de observação, visando abstrações ampliadas que englobem e elucidem uma ampla gama de situações humanas reais. Foi assim, portanto, que ele "reagiu" à crença de que os humanos possuem uma mente. Ele passou a questionar a evidência da asserção aparentemente inquestionável de que as mentes existem, notando que elas não deveriam ser confundidas com o cérebro, produzindo pensamentos que, fenomenologicamente, ele mesmo chamaria de "conjecturas imaginativas", mas que, operacionalmente, poderíamos chamar de *rêverie*.

Num primeiro ciclo de associações/construções, Bion pondera que tanto as nomeações de fenômenos e coisas quanto as regras gramaticais ou as leis da física são "fabricações humanas", dando a entender que, como ele afirma reiteradamente em seus textos, elas não garantem possuir qualquer correspondência com a realidade de coisas-em-si. Mais ainda, deixa entrever que talvez não passem de meras "ações entre amigos", uma espécie de ação corporativa arquitetada para facilitar a comunicação dentro da espécie humana. Em resumo, o rótulo de *homo sapiens* ("Aqueles que possuem o conhecimento") não passaria de uma autocondecoração vaidosa.

A seguir, Bion alude à diferença epistemológica essencial entre realidade sensorial e realidade psíquica, assinalando a dificuldade de estabelecermos a existência de uma entidade como "a mente" que não pode ser cheirada, tocada, enxergada etc. Sua existência é inferida a partir das diferenças entre personalidades, das vivências de amor e ódio, bem como da constatação surpreendente de que a dor psíquica, diferentemente da dor física, é passível de ser "transferida" de um ser para outro.

A reboque de sua função-α, Bion evoca a "peregrinação" que a curiosidade humana enceta em busca de uma possível localização da mente em algum órgão do corpo humano. Seu *rêverie* transita na busca de significados do termo grego *hypokhondria*: seguindo a etimologia, trata-se da região abaixo da cartilagem do esterno associada com a melancolia, portanto, com uma depressão espiritual a qual, no entanto, dependendo do vértice de observação, poderá ter até um significado positivo.

Bion, aparentemente, não tenta estabelecer qualquer diferença sofisticada entre *mente, espírito* e *psique*. Em *All my sins remembered* (1985), ele escreve:

> *E agora eu pertencia supostamente ao serviço psiquiátrico – lidando com a psique. Não exatamente a alma – esta estava a cargo do Departamento do Capelão – só me ocupava da psique, se estão me entendendo (já que eu não me entendo). (Bion, 1985, p. 47)*

Para acentuar o relativismo ontogênico das questões humanas, Bion procede a um "salto cósmico", mostrando a insignificância de nosso espaço mental diante da infinitude do espaço astronômico: foi este tipo de constatação que lhe permitiu sugerir que a antinomia metapsicológica essencial seria aquela entre finito e infinito, mais do que aquela entre consciente e inconsciente como preconizada por Freud.

Mas, retornando às vicissitudes de nossa área particular, ele passa a produzir cogitações sobre a eventual cientificidade da Psicanálise, de como na falta de evidências empíricas palpáveis, ficamos restritos ao campo das "probabilidades" e não das "certezas". Isto apesar de precisarmos sempre sustentar um preconceito a favor da "verdade". Ao mencionar que nós psicanalistas estaríamos acompanhados em nossa carência de cientificidade por outros campos da expressividade como a música, Bion antecipa-se a uma recente formulação de George Steiner que encerra seu belo livro *The poetry of thought*, sugerindo que as epistemologias pós-linguísticas estão ancoradas em gêneros híbridos como a música, a dança, a mímica e as artes figurativas e abstratas.

Aprofundando a questão da localização corporal da mente, Bion enveréda pela percepção de que a parte psicótica da personalidade estaria mais vinculada à intuição do que a inteligência, citando pontualmente Heyting e Brouwer. Como bem nos explica Pierre-Henri Castel em seu texto "Bion, epistèmologue", Bion aprofundou a noção de "intuição" [Einsicht] de Freud a partir do conceito central de

Poincaré, o de "intuição-invenção", permitindo-lhe a elaboração do conceito de "fato-selecionado". Além do mais, a partir do conceito de diagonalização de Cantor, Castel nos sugere que na Grade de Bion, o elemento diagonal-tipo seria o elemento-β, ou seja, o excesso de tudo aquilo que a Grade alfabetiza ou torna pensável.

O último ponto que Bion discute é a questão do espaço interno que o ser humano precisa "produzir" para garantir o desenvolvimento mental. Um empecilho para isto é que, no fundo, a obtenção deste espaço só é possível por meio da vivência de mudanças catastróficas que sempre ameaçam o *self* com o enlouquecimento. Além de reafirmar sua crença na existência de uma mente, ele assinala que, ao mesmo tempo em que seu crescimento tem de ocorrer no interior do sistema em que ela vive no presente, é preciso que ela o rompa (*break out*) em busca do novo.

Em certo momento de sua trilogia *Uma memória do futuro*, Bion indaga se a mudança catastrófica representaria uma ruptura (*break-out*), uma domesticação (*break-in*), uma erupção (*break-up*), um colapso (*break-down*), ou uma desobstrução (*breakthrough*). Talvez tenhamos de admitir que o crescimento mental seja um processo multifacetado englobando todas as conotações implícitas no verbo *to break*, como as de quebra, fissura, pausa, infração, penetração, desbravamento e assim por diante.

Concluirei dizendo que, apesar de que estas foram as *minhas* associações em resposta a esta Supervisão de Bion, cada leitor terá a oportunidade de desenvolver as suas, numa espiral interminável de criatividade e desenvolvimento.

Referências

Bion, W. R. (1985). *All my sins remembered*. Abingdon: Fleetwood Press.

Bion, W. R. (1991). *A memoir of the future*. London: Karnac Books.

Castel, P. H. (2008). Bion epistèmologue, envoi to *La preuve & autres texts*. Paris: Editions d'Ithaque.

Poincaré, H. (1914). *Science and method*. London: Thomas Nelson and Sons.

Steiner, G. (2011). *The poetry of thought*. New York: New Directions Books.

Supervisão A3

No texto a seguir, T é o tradutor; A, o analista; P1 são os participantes da audiência na ordem em que falaram.

A: Aqui está uma situação que eu gostaria de trazer, começar a saber, o que o senhor pensa a respeito. Durante a sessão do dia anterior, tinha uma planta em meu consultório com muitas folhas. Uma folha estava seca, torcida e parecia doente. Quando o paciente saiu, eu removi a folha. No dia seguinte, o paciente notou e me perguntou "onde está a folha?". Eu respondi "você está tentando descobrir se eu posso reter e ouvir aquilo que você me diz e conservar dentro de mim em vez de transformar isto em sentimentos e ações que eu não posso manter e guardar dentro de mim".

Bem, eu senti que minha resposta foi uma coisa evasiva. Eu *tinha* arrancado a folha e ele foi capaz de notar que ela não estava mais lá. Assim, em certo sentido, eu senti que talvez minha resposta seria uma mentira.

Bion: O único ponto importante sobre isso, penso eu, é: alguém deu ao paciente uma interpretação correta? Em outras palavras, alguém interpretou corretamente *os fatos* que estão disponíveis na sessão? Às vezes, quando você dá uma interpretação que você acha que é correta, você sente: "Sim, é isso mesmo", para você mesmo. O paciente pode também sentir: "Sim, é isso mesmo", ele pode dizer: "Sim" ou ele pode não notar e continuar em frente. Penso que é normalmente possível notar quando parece que o paciente não notou e continua em frente. E que ele não notou de fato, ele mudou, e está agora falando sobre algo diferente. Isto depende muito do que ele diz – mas se é o que eu acabei de descrever –, então a interpretação é tão correta quanto qualquer outra interpretação poderá ser, pois o assunto está fechado e ele vai para o próximo imediatamente. Agora, a situação que você está descrevendo é uma dessas situações na qual – quando você deu a interpretação – você pode sentir: "Não, não está correta". É como estar fazendo um desenho – você consegue ver o que você desenhou, as linhas e tudo mais – e você consegue ver que não ficou bom, que está errado. Você pode não saber fazer melhor, mas você sabe que aquele está errado – você tenta fazer um melhor. Mas o mesmo acontece em análise, apenas não podemos ver por escrito a interpretação que acabamos de dar – ela é muito rápida, é dita ao ar, não deixa nenhuma marca! Desse modo, você só pode sentir "que não estava correto". O paciente pode concordar: "Sim, está correto!", mas você pode ouvir pelo seu tom de voz, que não significou muito – ou porque a interpretação não foi ouvida, ou porque, de fato, a interpretação estava errada e o paciente só estava simplesmente sendo bastante educado. Mas isso é uma questão de "feeling" no consultório. Agora, o fato de você se sentir culpado é como quaisquer outros desses fatos dos quais você tem medo, ou ansiedade, ou preocupação, se o paciente vai fazer algo estúpido, e assim por diante... Tudo isso na verdade não importa! É como, como eu disse, o general que sente que a situação é desesperadora, mas ele não pode demonstrar, não se espera que ele vá fugir. Portanto, o que você sente – seja medo ou culpa ou carinho pelo paciente – é um assunto sem qualquer importância, de nenhuma forma. O que o analista sente em uma sessão, ou pensa, não tem importância. A única coisa que é importante em análise é o que o paciente pensa e sente. Assim, de qualquer modo, o que quer que seja que você está sentindo – seja se sentindo mal, ou como eu disse, culpado, ou doente, ou com uma dor de cabeça – não tem importância alguma, porque na sessão você tem aquele trabalho para fazer. Seja como for que você se sente – se você está se sentindo mal, fisicamente mal, ou mentalmente perturbado, ou ansioso –, esses são problemas sobre os quais você pode tratar com o seu médico, ou com o seu analista – não têm relação alguma com o paciente. Portanto, a questão que você mencionou não tem importância – a única coisa que tem alguma importância é: que você deve dar a próxima interpretação corretamente – se você puder fazê-lo... Mas se você está, como eu disse, se sentindo culpado ou com medo, então diga isso ao seu analista e lá espere que ele possa analisar isso...

Obviamente, se você está na minha posição, você não tem um analista para ir – você simplesmente tem de suportar isso. Se eu tenho uma dor de dente, eu ainda tenho de dar as interpretações corretas. Eu tenho de ir ao dentista às vezes. Não é bom dizer: "Desculpe, eu estou com dor de dente", ao paciente, isso não é problema dele. Portanto, a coisa mais importante é reconhecer que no seu consultório, quando você está com o paciente, o que é importante é a dor dele, o sentimento dele de culpa, ou o sentimento dele de medo, ou suas ideias. Essas são as únicas coisas que importam. Portanto, o que você está falando é a respeito de uma interrupção do seu diálogo. Você e o paciente têm algum trabalho para fazer.

Eu poderia colocar isso dessa forma: que a sua consciência é como uma criança pequena, que vem até o consultório e interrompe – é uma interrupção. Se eu estou analisando alguém, se as condições existissem para que eu o analisasse e você me dissesse esta história, eu poderia dizer-lhe algo do tipo: "Nossa conversa foi interrompida, alguém interferiu com o intercurso entre você e eu".

T: Se eu não entendi corretamente, o senhor diria isso como uma interpretação?

Bion: Eu diria, eu já disse isso a pacientes. Tive um paciente que estava dizendo: "Sim, eu estava viajando na estrada e quero lhe contar a respeito desse fato que... hum... hum... bem, o que eu quero dizer... me esqueço do que quero dizer agora..." Digamos: "você foi interrompido". Eu diria: "Você estava dizendo que estava andando na estrada, você estava me dizendo algo e nós fomos interrompidos e eu não sei qual era a história". Em outras oportunidades, o paciente diz: "Eu estava viajando na estrada e hum... um carro se aproximou e derrubou outra pessoa que estava na estrada... meu filho pequeno voltou da escola e ele teve notas muito ruins". Agora, isso é diferente. Eu poderia dizer ao paciente: "Você estava me contando uma história sobre andar numa estrada, um carro veio e derrubou o paciente; eu nunca ouvi o que aconteceu. O que aconteceu, agora mesmo, foi que você, em vez de me contar o resto da história fez isso. [Aqui, Bion ou fez um gesto de separação ou de união das duas histórias.] Essa é uma história diferente, esse garoto tirou notas ruins na escola, mas isso não se conecta aqui. Parece que são duas diferentes histórias. Eu não sei o começo desta, eu não sei o fim desta outra. Você estava falando comigo e subitamente aquilo aconteceu. Desse modo, você descarrilou, você saiu da rota. Você foi incapaz de continuar no seu caminho e tomou um caminho diferente. Se você estivesse andando, eu diria: Você estava andando pela rua e de repente moveu-se em direção a outra rua." Esse é um tipo diferente de interrupção, mas é um tipo peculiar de distúrbio – você pode mostrar ao paciente que isso está acontecendo no consultório. Às vezes, o analista pode ser enganado a respeito disso – bem, na verdade, bem frequentemente – mas eu quero chamar a atenção a um tipo peculiar de interferência. Em vez de interpretar o que os meus sentidos me dizem, sobre o que está acontecendo no consultório...

Às vezes é possível escutar uma interpretação desse tipo: "... você está me dizendo que você está andando por uma estrada abaixo; eu penso que esta é uma situação edipiana". Essa é uma situação na qual o analista foi interrompido – ele foi interrompido por sua consciência psicanalítica. Em vez de interpretar o que está acontecendo – o que de fato tem uma base que você estava falando –, o que você pode ouvir e ver, que o paciente pode também confirmar – porque é o que você ouve e vê. Você foi interrompido por uma afirmação psicanalítica, o paciente não pode fazer nada a respeito porque o paciente não sabe o que uma situação edipiana é, ou o que isso tem a ver com estar andando estrada abaixo. Mas é muito fácil que pessoas educadas psicanaliticamente sejam interrompidas em suas observações sobre o paciente. A verdadeira questão o tempo todo é: é essa observação precisa? Eu a coloquei em palavras as quais o paciente consegue entender? Essa é a única questão quando você é o analista que está analisando um paciente.

Eu espero que isso tenha respondido as suas perguntas!

T: Ela (P1) gostaria agora de apresentar um caso, apesar de nós só termos trinta minutos.

P1: Apenas algumas poucas coisas. Nenhuma outra pessoa quer apresentar, não? Você quer?

T: Ela (P1) gostaria de trazer à tona a seguinte questão: está relacionada ao especial relacionamento que ela tem experimentado com um de seus clientes – uma mulher. Ela nos traz uma característica do relacionamento especial que ela sente entre ela mesma e a cliente e da cliente em relação a ela – é um tipo de desafio no qual o amor vem e a prova do amor... uma esperança de preenchimento acompanhada de desespero, porque ódio também está presente. Portanto, ela (A) selecionou material de uma sessão e, como ela pensa que isso vem à tona bem claramente, ela gostaria de trazer isso para nós. Foi uma sessão que aconteceu ontem, e a analista chegou atrasada.

T: A cliente chega, se deita no divã, suas primeiras palavras são: "Minha vida é tão confusa que quando eu chego aqui"... e ela interrompe. Ela faz uma pausa: "Eu me sinto confusa quando há uma multidão de pessoas querendo a mesma coisa que eu quero". Ela faz uma pausa e depois continua: "Os lugares que tenho visitado procurando emprego estão tão cheios de pessoas que eu acabo desistindo".

Bion: Sim.

T: Há competição demais.

Bion: Quem pensa que é um relacionamento especial?

T: Ela (A) diz, ela mesma sente baseada em material prévio. O que ela vai trazer após essa introdução inicial está relacionando com a impressão de que a paciente está competindo com ela, porque ela estava atrasada – por causa de questões da sua vida pessoal.

Bion: Há duas histórias diferentes aqui. Uma delas é a de que existe um relacionamento especial. A outra é que não existe absolutamente nada de especial. Há muitas pessoas, ou coisas, que são competitivas – não é nada tão especial que você poderia dizer que as duas pessoas são casadas, uma com a outra para o resto da vida. O casamento é muito mais do que um casamento psicanalítico, o qual é apenas uma relação temporária. O analista atende outros pacientes e tem outras coisas para fazer e, em consequência, às vezes está atrasado – o que mostra que o analista tem feito ou tem atendido alguma outra pessoa. O paciente também sabe que eles têm outras coisas para fazer, além de vir para a análise – outras pessoas para ver e com quem falar. Assim, o analista sabe que ele ou ela não vão se casar com o paciente e diz: "Vamos viver juntos pelo resto da vida". O paciente sabe que não está dizendo: "Eu desejo ser analisado por você para sempre". O paciente também quer se curado; isso quer dizer poder ir, ser capaz de se distanciar, fazer outras coisas.

Então, é uma relação exatamente igual a qualquer outro relacionamento? Não, não é! É uma relação peculiar, é um relacionamento especial e é por isso que usamos – se quisermos falar a respeito dele – palavras longas como psicanálise, chamamos isto de "psicanálise". É um relacionamento especial. Há sentimentos de *amor* e ódio. Mas existem também outras relações, nas quais o analista e o analisando têm sentimentos de amor e ódio. A relação analítica é peculiar; é, portanto, especial nesse sentido. O analista não conversa com todo mundo, faz comentários pessoais, como faz quando ele ou ela fala com um paciente.

É bastante importante porque você pode deparar-se com uma situação muito equivocada, penso eu, na qual – eu conheço duas pessoas, ambas já fizeram análise – elas seguem interpretando o comportamento uma da outra. Mas a conversa analítica é, em minha opinião, bastante útil para os propósitos de psicanálise – não é adequado no casamento, e não é útil em uma loja. Em outras palavras, a conversa analítica, com esses comentários pessoais peculiares que são feitos – que chamamos de interpretação –, é melhor se confinada às situações nas quais *as condições mínimas necessárias* existem. Portanto, desse ponto de vista, em análise, nós tentamos ter um mínimo dessas condições necessárias; tudo o que é importante, as condições mínimas necessárias! No casamento, as condições mínimas necessárias para análise não existem, nem as condições mínimas necessárias para casamento existem se ele é interrompido: se o relacionamento de casamento é interrompido pela análise. Do mesmo modo, se uma análise é interrompida por um caso amoroso, ou um caso de ódio, o qual seria mais apropriado se você estivesse brigando com alguém ou se você estivesse cortejando alguém. Do mesmo modo, a psicanálise não é verdadeiramente um confessionário.

Se um paciente quer confessar os seus pecados, ele não recebe absolvição do analista. O analista interpreta essas confissões. Caso contrário, o que deveria ser uma sessão psicanalítica se torna uma confissão, ou uma sessão psicanalítica se torna uma experiência sexual, e assim por diante... toda uma lista – essas são interferências. A culpa do paciente, seus crimes, suas falhas, seus erros, eles são bem úteis de se conhecer, mas há outras coisas na vida, além dos crimes e erros do paciente. Então, se toda a análise for tomada pela confissão desses vários crimes, falhas, erros, isso significa que não há tempo disponível para a discussão de toda uma área do pensamento e atividade humana.

Se fosse medicina física, o paciente poderia dizer: "Eu tenho um inchaço em meu joelho" e o médico poderia examiná-lo e olhá-lo, e daí por diante, e isso seria tudo. Mas o médico não está tratando aquele inchaço no joelho. Ele fechou sua visão dessa maneira e está olhando o paciente por meio de um microscópio. O que nós devemos estar fazendo é examinar o paciente, examinar o peito do paciente, ou se o paciente estava tendo dificuldade com esses músculos aqui [Bion indicou seus músculos faciais].

...e foi tratado como se fosse o único problema. O analista tem de estar aberto a personalidade completa. Portanto, com a história que foi contada, digamos: "Tudo bem, você tem um inchaço em seu joelho. Eu vou precisar examiná-lo. Você poderia tirar a roupa para que eu possa examinar o seu corpo por completo". Da mesma forma com a mente: "Você poderia me dizer o máximo possível a respeito de si mesmo, pois quero examinar a sua mente por completo. É bastante importante que você me conte a suas infidelidades, seus pecados, seus crimes etc. – nós vamos manter isso em mente –, mas quero saber outras coisas também".

Agora eu não diria isso ao paciente, mas se o paciente veio me ver, então trata-se de uma questão bastante óbvia. Mas, muito frequentemente, o que é óbvio é muito fácil de não ser percebido: o paciente ainda existe. Desse modo, ele deve ter feito algo certo entre o nascimento e o agora, ou ele teria morrido há muito tempo. Portanto, assim como os seus crimes, pecados ou erros, e assim por diante... eu gostaria de ouvir o que ele fez certo, porque eu ainda gostaria de saber, e ele também, como é que ele ainda pode estar vivo. Afinal, se alguém vive até a idade de – digamos – três, ou trinta, ou sessenta, ele deve saber como continuar vivo neste mundo. Por essa razão, eu gostaria de saber a respeito disso; pois, se ele conseguiu viver até os trinta, ele pode viver mais outros trinta. Se ele sabe o que fez certo, entre zero e trinta, então ele provavelmente sabe como se comportar entre trinta e sessenta, ou entre trinta e noventa.

Freud descreve isso como atenção flutuante penso eu – algo assim. Para o analista, isso significa que a mente de alguém está completamente aberta, até onde é possível – você não quer ter um tipo de mente bitolada. Ela necessita ser completamente aberta, para que, quando o paciente disser algo, ele possa comunicar algo. Mas, novamente, se ele pode fazer isso lá, novamente, ele pode estar pronto para fazer isso aqui. Em outras palavras, se possível, você deve ser suficientemente flexível para entreter novas ideias ou novas impressões.

Portanto, é perfeitamente verdadeiro que pode ser um relacionamento especial, mas não se importe, é algo completamente em aberto também. O paciente pode não gostar disso porque o paciente, então, pensa: "Há muitas pessoas que eu quero ver e fazer, mas também o analista. O analista não está verdadeiramente dedicado a mim". É sempre uma história especial – um relacionamento especial dessa forma. Afinal de contas, por que o analisando vem até você? Por que não todas as outras pessoas possíveis: dentista, médico, psicanalista, outro psicanalista, e assim por diante... Por que para você? Não é bom perguntar-lhe isso porque ele provavelmente não sabe. Eles provavelmente não sabem como chegaram até você – exceto que um amigo lhes contou, ou algo desse tipo. Mas essas são racionalizações.

Desculpe, chegamos ao final do tempo aqui.

Comentários sobre a Supervisão A3

Maria Cecília Andreucci Pereira Gomes

> *Como a pessoa conhece o rubor tão invisível, o ruído tão inaudível, a dor tão impalpável, que a sua intensidade, pura intensidade é tão intensa que não pode ser tolerada, mas deve ser destruída ainda que isso envolva o assassinato do indivíduo "anatômico"?*
>
> Bion (1991, pp. 51-52)

Entre os diferentes rumos que poderia ter tomado ao tecer ideias sobre a supervisão A3, de Bion, optei primeiramente por basear-me em como sinto, vivo, e tento aplicar à minha prática clínica, seus princípios, e como os assimilei através dos anos.

Em 1978, eu estava em formação na Sociedade Brasileira de Psicanálise de São Paulo. Lembro-me claramente quando Bion foi convidado para dar uma série de conferências. Lembro-me a forte impressão que ele me causou, independentemente do valor de suas teorias. Eu era uma jovem candidata no primeiro ano do instituto e levei material clínico para uma das sessões dessas supervisões.

Lembro-me daquela apresentação sobre um paciente muito instável, que havia tentado o suicídio várias vezes. Houve uma reação no grupo quando disse que o paciente havia me emocionado, fazendo-me sentir dor, medo e compaixão, quer seja pelas sessões que ele havia perdido, quer seja pela sua depressão, seu nível de ansiedade, violência, desespero e culpa. Um colega mais velho do grupo, de uma sociedade diferente, disse algo semelhante a: "Bem, se a analista foi tocada emocionalmente, ela sentiu, a analista morreu".

Contrastando, Bion voltou a falar-nos sobre o paciente, demostrando sua capacidade para conter, fazendo-me sentir aceita, compreendida e respeitada. Ele estimulou minha curiosidade para "investigar com ele".

Respondeu ao comentário do analista que havia feito a intervenção nas seguintes palavras, aproximadamente: "Ninguém aqui sabe melhor do que a própria analista o que aconteceu na sessão". A partir daquele momento, pelo menos para mim, aquele não era mais "o misterioso Bion", mas um mestre, sugerindo que eu examinasse minha experiência e inexperiência com ele, abrindo a oportunidade de ampliar minha compreensão. Esqueci o resto do grupo e fiquei completamente absorta pelo que Bion estava dizendo. Essa experiência emocional, que aconteceu há muitos anos, teve um profundo efeito em minha personalidade, e ainda está viva em minha lembrança.

Baseando-me nesta breve introdução, inicio meus comentários, expressando a curiosidade e o respeito que as teorias de Bion sempre provocam em mim. Mas não somente suas teorias, como também sua personalidade, são capazes de despertar-me emoções. Certa vez, durante uma discussão em Los Angeles, ele se expressou afirmativamente ao responder à pergunta: "Nosso medo pode ser tão grande quanto o do paciente?". E Bion respondeu:

Certamente o é. A única esperança é que talvez sejamos capazes de aguentar o estresse que isto gera, nada pode demonstrar isto a não ser tentar. Em análise, o importante não é o que o analista ou analisando pode fazer, mas o que os dois podem fazer onde a unidade biológica é dois e não um. (Bion, 1978, p. 44)

Essa curiosidade sobre Bion fez-me voltar atrás no tempo para ouvir a "voz da memória" que ele, quando adulto, ainda carregava na criança-que-havia-dentro-dele. Em seu livro *The long week-end* (Bion, 2014, p. 14), ele descreve vários episódios de sua primeira infância. Citarei alguns exemplos:

Eu sempre fazia esta pergunta – e outras tais como "A calda dourada é realmente de ouro?" – com minha mãe, e mais tarde com meu pai, mas nunca me senti satisfeito por nenhum dos dois. Eu concluí que minha mãe realmente não sabia; embora ela fizesse um grande esforço, ela parecia tão intrigada quanto eu. Com meu pai era mais complicado; ele começava, mas parecia cansar quando eu não entendia a explicação.
Em uma sala ensolarada eu mostrei a meu pai um vaso com flores amarelas, para ele admirar a habilidade com a qual eu as tinha arrumado.
"Sim", ele disse, "muito bom."
"Mas olhe, papai."
"Eu não estou mentindo, papai. Eu mesmo o fiz."
Aquilo fazia com que ele parasse. Ele ficava preocupado.
"Por que você fala isso?"
"O quê, papai?"

> "Eu nunca esperei que você mentisse."
> "Bem, eu não estava", eu respondi, ficando com medo que Arf Arfer[1] aparecesse. Arf Arfer era muito amedrontador". (Bion, 2014, p. 14)

Naquela idade, Bion lembrou-se, ele nunca dirigia perguntas aos seus pais. A raça superior não se comportava dessa maneira.

> "Ele só tem quatro anos" – dizia minha mãe. "Talvez será diferente quando ele for para a escola na Inglaterra; muita coisa pode acontecer em quatro anos". (Bion, 2014, p. 26)
> Dois longos anos de "sombras da noite roubam o céu"; minha mãe sentia isso. Eu sentia isso.
> Minha mãe acariciava minha cabeça com o que parecia uma nova ternura...
> "Mãe, você não está triste, está?"
> "Claro que não! Por que estaria triste?"
> "Bem, por que ela estaria triste? Eu poderia pensar. Era ridículo. Triste? Claro que não." Mas ela estava. (Bion, 2014, p. 28)
> A criança sabe o que é ter emoções – coisas para as quais nós damos nomes como medo, depressão, amor, ódio, mas ela não sabe como nomeá-las. Durante a fase em que a criança está adquirindo a fala articulada, ela esquece como é sentir-se criança. Portanto, nós, quando chegamos nesse estágio de sermos capazes de articular a

---

1 Arf Arfer, um personagem imaginário criado em sua mente na infância, que era aterrorizador e persecutório, sendo baseado nas transformações do que os adultos são capazes. [N.T.]

> *fala, quase nos esquecemos de como é nos sentirmos humanos. Nós passamos muitos dos anos mais impressionáveis aprendendo como sermos iguais aos outros, não como sermos nós mesmos. (Bion, 1980, p. 13)*

Bion na supervisão A3 enfatiza:

> *A coisa mais importante a reconhecer é que em seu consultório, quando você está com um paciente, a única coisa importante é a dor dele, seus sentimentos de culpa, seus sentimentos de medo ou suas ideias. Estas são as únicas coisas que importam.*

O aspecto principal do trabalho clínico de Bion é a fenomenologia que ocorre na sessão. Com isso, ele quer dizer os elementos que fazem a sessão: o clima emocional e as impressões sobre a mesma, o estado de saúde emocional do paciente, seus pensamentos, sentimentos e desejos. Ele dá ênfase especial à necessidade do analista ter contato com sua própria saúde mental e lidar com isso.

A investigação clínica de Bion nos processos psíquicos internos da dupla analítica é baseada em teorias cujas fontes são as experiências pessoais do paciente e o conhecimento adquirido por meio da psicanálise. Isso involve abstrações de conceitos tomados da filosofia, matemática, lógica, história, arte e religião. Por meio deles, Bion constrói modelos, ou se utiliza dos mitos, em seu esforço para estabelecer aproximações da realidade psíquica do paciente. Ele propõe que a psicanálise poderia também ser entendida e aplicada por meio dos vértices da matemática, ciência, estética, arte e experiências religiosas ou místicas.

Com sua vasta cultura e aguda intuição, ele respeita os pacientes, usando uma linguagem acessível, capaz de causar um enorme impacto sobre eles, colocando-os em contato com a atividade de suas próprias mentes. Bion era mais consciente da realidade externa do que Klein, talvez devido a sua própria história de infância, ou mais tarde com seu trabalho com grupos. Ele tentava entender como seria a mãe real e sua capacidade de *rêverie*, e como também seria o pai real.

Para Bion, a situação analítica é essencialmente um processo de união, uma interação permanente entre duas personalidades – similar ao vínculo entre a criança e sua mãe – e o efeito recíproco de uma sobre a outra.

Desde que ele considerou que a análise poderia acontecer em diferentes vértices, abriu espaço para a utilização de três dimensões da "atitude analítica": a dimensão do domínio dos sentidos,[2] a dimensão do mito[3] e a dimensão da paixão.[4]

De acordo com Bion, existem dois princípios básicos operando. Funcionam como bússolas, guiando o analista e o paciente no caos que deverão encontrar e atravessar, incluindo as rápidas transformações envolvendo fortes experiências emocionais. Esses princípios são: (1) a procura da verdade e (2) o crescimento mental.

Na supervisão A3, Bion assinala:

> *A situação que você está descrevendo é um momento tal como quando você dá uma interpretação correta (mas você pode) sentir algo como, "não, não está certo". É como*

---

2 Os elementos em psicanálise podem ser percebidos sensorialmente, ou seja, vendo, escutando etc.
3 Pessoal, não sensorial, trabalhado pelo próprio analista.
4 Emoção sentida intensamente e calorosamente, mas sem violência, entre a mente do analista e a do paciente.

quando você desenha alguma coisa – você pode ver o que desenhou, as linhas e tudo mais – você pode ver que não ficou bom, que está errado. Você pode não saber como fazer melhor, mas você sabe que aquele está errado – você tenta fazer outro melhor.

Observo, neste excerto, as premissas fundamentais de Bion, que assinalam a importância do analista estar verdadeiramente em contato com ambos, o paciente e ele mesmo. Saber quando está errado, saber como aceitar o fato de que ele está errado, tentar reformular e, de uma forma geral, lidar com seu próprio narcisismo.

Para Bion, a mente só pode evoluir por meio de sua exposição à verdade, incluindo processos pelos quais a verdade evolui e pelos quais a mente pode ficar bloqueada. Na supervisão A3, ele cita o seguinte:

A mesma coisa acontece em análise, pois não podemos ver a interpretação que demos escrita no papel – é muito rápida, é dita no ar, não deixa marcas! Portanto você só pode concordar que, "sim está correto".
Escutando seu próprio tom de voz, você pode notar que o que [o paciente] disse não significa muito – ou porque a interpretação não foi ouvida ou porque, na realidade, estava errada. Mas isso é uma questão de feeling no consultório.

Nesta curta asserção, Bion refere-se não apenas ao movimento característico da experiência emocional analítica, em um clima de consistência e contenção, ele também se refere como a mente do analista opera, semelhante a um teclado sonoro, com sua habilidade em distinguir entre as diferentes nuances emocionais do paciente, incluindo sentimentos, reações e transformações relacionadas às formulações do analista. Ele considera como é difícil mover-se do caos à forma, ou seja, da posição esquizoparanoide para a posição depressiva. É um processo que implica sentimentos dolorosos, demandando mudanças no paciente. Bion as chamou de "mudanças catastróficas".

Bion supôs que essa linearidade seja a racionalização de um sentimento persecutório, uma "constelação paranoica", construída pela mente como uma defesa para impedir que a depressão inunde a personalidade.

Outro aspecto importante na prática clínica de Bion foi sua constatação de que uma pessoa só pode compreender uma constelação emocional depois que se configure novos padrões. Com a presença de um padrão diferente, um novo ângulo se abre na percepção da personalidade; o analisando é capaz de "compreender com clareza" que seu sistema de percepção anterior estava distorcido. Com essa abordagem, Bion se refere à necessidade da distância discriminativa.

Uma paciente minha, com o predomínio da área psicótica em sua personalidade, certa vez me disse que, quando ela sentia grande ansiedade e desespero, não podia entender o que eu estava dizendo a ela naquele momento. Ela afirmou com ódio: "Você não sabe como é estar no olho do furacão".

De acordo com Bion, só quando uma nova organização emocional surge da desorganização, ou quando surge uma nova constelação emocional ou um novo padrão, a verdade pode emergir e com ela o despertar da esperança (J. Symington & N. Symington, 1977).

Outro aspecto da prática clínica de Bion seria acompanhar o que acontece na sessão: ele considerava um passo importante quando o analista fosse capaz de observar no paciente a mudança de um padrão anterior para um novo padrão, quando o paciente está mudando do padrão que evita a dor mental para o padrão de ser capaz de encará-la. Bion diz que não consegue compreender porque isso acontece.

É importante observar que o pensamento de Bion difere do de Freud nesse ponto. A aceitação da dor mental é contrária à busca do princípio do prazer, e esse modo de pensar é o ponto central na teoria do desenvolvimento bioniana.

Certa vez, ele disse que o desenvolvimento consiste em uma mudança na categoria motivacional de um desejo por prazer imediato, evitando a dor mental, para uma categoria que implica a emergência da verdade e o desejo de crescimento emocional. Para Freud, o prazer só poderia ser renunciado adiando-o em favor de uma modificação da realidade, em que um objetivo alternativo está em vista, a saber, a realização de um "quantum" de prazer adiado. (J. Symington & N. Symington, 1997)

Na supervisão A3, a cisão ou corte que Bion sugere parece ser uma tentativa para introduzir a possibilidade de mudar a compulsão para repetir o mesmo padrão. Ele adiciona uma nova dimensão ao processo psicanalítico, a saber, a análise não deveria ser restrita somente ao nível do inconsciente. O nível consciente também pode ser focado, à medida que a comunicação entre esses dois níveis da mente do analisando (e do analista) progridem.

Seguindo Bion, poderemos fazer uso de uma analogia para nos referirmos ao inconsciente: seria como se fosse uma criança pequena que chega ao consultório do analista e interrompe o diálogo. Podemos dizer: nossa conversação foi interrompida.

Nessa supervisão, Bion refere-se ao analista sugerindo que, em momentos específicos, ele poderia dizer ao paciente que ele estaria andando em uma rua e, de repente, ele se dirige para outra rua. Eu entendo que o uso que Bion propõe por meio desta analogia teria a função de fazer com que a paciente tenha consciência do que se passa no consultório da analista. Ele enfatiza que algumas vezes a analista pode estar errada, mas apontar para esse tipo de mudança ou interferência é importante.

Bion perguntou: "Por que uma pessoa não sabe alguma coisa que está acontecendo com ela?" Este seria outro ponto significativo nas suas investigações, e parece que ele iniciou essa pergunta quando ainda era criança, na Índia.

Era um traço da sua personalidade. Desde sua infância, ele era curioso sobre a experiência emocional. Quando sua mãe estava deprimida, ele talvez perguntasse, "Por quê?" "Para quê?" "Mãe, você não está triste, está?" (Bion, 1982, p. 21) conforme vimos nas citações às quais nos referimos acima.

Bion postulava que a essência dos vínculos (elos) entre os seres humanos é de três tipos: Amor (±L), Ódio (±H) e Conhecimento (±K).[5] Atividades emocionais que podem ser bloqueadas, mas sempre permanecem ativas, sendo que a personalidade fica com medo das suas reações. Ele também afirma que o medo é uma passividade, e passividades são consequências de atividades.

O vínculo K, como os vínculos L e H, é fundamental, pois avalia a forma como os pacientes se relacionam com suas verdades, falsidades, falsificações e mentiras, em uma relação analítica. Entretanto, se o paciente adquire compreensão somente por meio do nível K, o conhecimento é intelectualizado, não acontece crescimento emocional verdadeiro.

De acordo com Bion, essa reversão ocorre para escapar de realizações dolorosas. Seria diferente a relação do analista com a

---

5   No original: Love (±L), Hatred (±H), and Knowledge (±K). [N.T.]

pessoa que tem um conhecimento intelectualizado sobre ela mesma, da relação da pessoa que o experiencia. Nas próprias palavras de Bion, "mesmo no domínio da curiosidade mental, tentar saber alguma coisa sobre o universo no qual vivemos, aquele buraco pode ficar bloqueado por respostas precoces e prematuras" (Bion, 1978, p. 22).

Penso que, na supervisão A3, quando o primeiro analista, que não apresentou material, interveio com um fragmento clínico seu, e a segunda analista, que apresentou o material, fez uma interpretação, ambos bloquearam a investigação, preenchendo o "buraco do não conhecimento", com interpretações saturadas. Em relação ao fragmento clínico, a primeira analista reagiu às associações da paciente de uma maneira surpreendente, tirando "a folha doente da planta" depois da sessão. Este gesto ocasionou algo na mente da paciente, e a sessão seguinte serviu para levantar conjecturas no nosso grupo de discussão.

Na supervisão do material clínico em questão, a segunda analista apresentou os seguintes traços de caráter da personalidade da paciente: "relação especial com muitos desafios, amor, ódio, desespero".

A analista chegou tarde para a sessão devido a problemas pessoais. Com pensamentos interrompidos, a paciente fala de uma maneira característica, sobre confusão, desorganização e falta de espaço para ela.

Baseada em sessões anteriores, a analista tomou a seguinte direção para dizer alguma coisa para a paciente, interpretando que a confusão era uma defesa contra sentimentos de competição (rivalidade e inveja) em relação a ela, analista.

A interpretação parece, para mim, ser conhecimento saturado, porque a questão seria: O que a paciente queria realmente comunicar com as sentenças interrompidas? A paciente sentiu-se rejeitada porque a analista chegou tarde? Ela se sentiu perseguida, abandonada, odiosa? Qual era a constelação emocional prevalescente naquele momento quando a analista interferiu? Ela estava "acusando" a paciente de competir "porque" ela, analista, havia chegado tarde, estabelescendo assim com esta interpretação uma relação causal que paralizou a investigação? Ou será que com essa interpretação, a analista, não estaria se autodefendendo do seu próprio mundo interno, uma constelação paranoide da própria analista, semelhante ao fragmento clínico apresentado pela primeira analista, quando esta arrancou abruptamente "a folha seca e doente da planta", fato mencionado pela paciente na sessão seguinte.

Em resposta a uma questão feita a Bion (1986) em "Conferências em Nova York", ele disse que entendia alguns pontos na teoria kleiniana de uma maneira diferente, pois Klein enfatiza que os pacientes têm fantasias onipotentes, por meio das quais cindem suas personalidades e as projetam no seio.

Bion, nestas conferências, considera que não está tão seguro de que essas fantasias sejam somente onipotentes, pois já experimentou situações nas quais os pacientes geraram nele, Bion, sentimentos. Propõe que esses sentimentos possam ser uma dificuldade da mente do analista, porém, isso poderia ou não ser verdade, pois o paciente pode fazer algo para o analista e o analista pode fazer algo para o paciente. "Não é só uma fantasia onipotente", adverte, e por meio dessa abordagem, ele abre à investigação o universo das diferentes áreas da comunicação humana, desde as mais primitivas às mais desenvolvidas, que teriam muitas vezes mão dupla na relação analista/paciente.

Bion também nos alerta nessas conferências para a necessidade da tolerância e paciência por parte do analista, até que surja a possibilidade de emergir um padrão ou um fato selecionado, o qual ele comunica ao paciente fazendo uso de uma fórmula acessível que o analisando seja capaz de receber.

Em *Four discussions with W. R. Bion*, ele diz: "o importante é o quanto a pessoa tem o suficiente respeito pela realidade, pelos fatos, para permitir-se observá-los" (Bion, 1978, p. 31). Em outras palavras, muitas coisas dependem de se ter a capacidade de levar a experiência ao final ou não.

Essa abordagem é também salientada na supervisão A3, quando ele enfatiza a capacidade do analista para observar e investigar não somente os aspectos patológicos do paciente, mas também seus aspectos vitais. Na supervisão, ele diz:

> *Mas frequentemente o que é óbvio e muito fácil de esquecer é que o paciente existe. Portanto, eles devem ter feito alguma coisa certa entre seu nascimento e agora, ou eles teriam morrido há muito tempo... Frequentemente, ao lado de crimes, pecados ou erros etc.... eu gostaria de ouvir o que eles fizeram direito. Pois eu ainda me surpreendo, e eles também, como eles permaneceram vivos.*

Bion também enfatiza, nessas discussões, o fato de que o analista tenha uma personalidade que não seja incompatível com a tentativa de ir à busca da verdade e falar de uma forma verdadeira. Isso é um tanto misterioso – "o analista está tentando ajudar o paciente a ousar ser ele mesmo, ousar ter o suficiente respeito pela sua personalidade de ser aquela pessoa".

> *A experiência analítica, apesar de ter uma aparência de conforto... é de fato uma tempestade, uma experiência emocional para as duas pessoas. Se você é um oficial em uma batalha, você supõe que seja o suficientemente sadio para ter medo, mas você também supõe ser capaz de pensar. (Bion, 1980, p. 14)*

Em resumo, poderíamos dizer que o foco fundamental do trabalho de Bion seria até onde os seres humanos vão se reconciliar com o fato de que a verdade importa.

Podemos acreditar em todos os tipos de coisas porque nos agrada fazer isso, mas isso não significa que o universo vá obedecer e se adaptar às nossas crenças particulares, credos ou capacidades. Aplicando isso à teoria psicanalítica, Bion está constantemente nos lembrando que, na prática, nós nunca nos deparamos com as amplas generalizações afirmadas em nossas teorias, mas em vez disso, com exemplos particulares e específicos. É isso que importa, porque eles são a vida real do momento particular e a única coisa em que vale a pena prestar atenção.

Referências

Bion, W. R. (1978). *Four discussions with W. R. Bion*. Pertshire: Clunie Press.

Bion, W. R. (1980). *Bion in New York and São Paulo*. London: Clunie Press.

Bion, W. R. (1982). *The long weekend 1897-1919*: Part of a Life. Abington: Fleetwood Press.

Bion, W. R. (1991). *A memoir of the future*. London: Karnac Books.

Bion, W. R. (2014). *The long weekend 1897-1919: Part of Life* (Vol. 1). London: Karnac Books.

Symington, J., & Symington, N. (1997). *The clinical thinking of Wilfred Bion*. London: Routledge.

Supervisão A45

No texto a seguir, T é o tradutor; A, o analista; P1 são os participantes da audiência na ordem em que falaram.

T: O caso foi apresentado ao senhor três anos atrás.

Bion: Ah, sim!

T: Ela procurou análise em 1971 com a seguinte reclamação: "Tenho a sensação de que estou caindo dentro de um buraco, um buraco muito fundo, do qual não serei capaz de sair".

Bion: [Interrompendo pergunta] Quem diz isso? O analista?

A: A cliente.

Bion: Oh, a paciente! Entendi. Sim.

T: [Continuando as queixas da paciente e a sua razão pela procura da análise] "Então há um grito muito forte, ou um aperto de mão muito forte, e eu recobro minha consciência". Ela tinha 36 anos de idade naquela época. Ela não estava muito bem vestida, estava deselegante, muito alta, de um modo que poderíamos descrever, aproximadamente, como uma mulher com um jeito masculino.

Ele (A) quer trazer a sessão de hoje, falar a respeito e trazer novamente, ou lembrar-nos de que na supervisão anterior, Dr. Bion havia sugerido o problema da dupla linguagem: a linguagem verbal e a linguagem da doença.

Nos últimos três meses, essa senhora – após cinco anos de tratamento no qual sempre se deitou no divã – começou a sentar-se no divã. Ela se senta no divã dessa forma. [O analista mostra a posição na qual o analisando senta]. Depois de um longo suspiro, hoje, ela disse: "Não posso mais suportar, estou enlouquecendo e a loucura é... a loucura que eu não posso mais falar com pessoas loucas. Minha mãe é louca, porque ela não consegue suportar nenhuma mudança em sua vida". A paciente, então, descreve uma sequência de reclamações como: a perda de um inquilino, a perda de uma empregada, problemas com sua empregada, doença de um filho, doença de um irmão. Ela, então, diz à mãe – que fala a respeito de todas essas reclamações no telefone: "Pare!" E a mãe responde: "Filha, cada dia é um dia diferente". A paciente continua: "Sinto-me muito preocupada quando noto que as duas pessoas que me prendem a esse mundo são você e meu filho". Ela tem um filho de 8 anos de idade. Ela, então, olha fixamente para o analista e diz: "Como posso suportar isso, se meu marido diminuiu a quantidade de dinheiro que me dá e sugeriu que interrompesse a análise?"

Bion: Parece-me, para resumir isso, que poderíamos dizer que um dos fatos é indiscutível: as pessoas morrem, mas a doença *não morre*, nem a doença mental. Portanto, essa paciente pode ser alguém que é, ela mesma, uma mãe e tem a carga de manter bebês vivos – bebês de todas as idades. Mas, de certo modo, poderíamos dizer que as coisas que são realmente imortais são as *doenças*. Se o paciente morrer, isso não tem muita importância, pois a doença simplesmente se move para outro paciente; essa é uma das características assustadoras a respeito das epidemias como a Peste

Negra – que é como nos referimos a ela na Inglaterra – tuberculose e muitas outras. Elas são *imortais*, elas sempre conseguem encontrar uma vítima fresca ou pessoa na qual continua vivendo! A mesma coisa se aplica em relação à doença mental. Se essa paciente crescer e se tornar uma mãe, a mãe pode, então, decrescer e se tornar um bebê; mas ela pode ser um bebê muito pior do que foi o seu bebê – o seu bebê que agora se tornou uma mãe. Qual é a posição do analista? O que o analista faz quando ouve duas histórias: uma que lhe é contada verbalmente pela paciente e outra que lhe é contada fisicamente, se ele usar seus olhos. Podemos fazer a mesma coisa aqui: podemos ouvir o que nos é dito e podemos ver o que o analista encenou para nós. Qual história devemos ouvir? A que nossos olhos nos contam, ou a que nossos ouvidos nos contam? Podemos imaginar, de certa forma – essa coisa que sugeri anteriormente –, que é: podemos usar o analista para fazer o papel dos nossos sentidos para nós. Portanto, ele pode nos trazer a informação. Ele pode ser nossos sentidos, os quais tornam essa experiência disponível para nós. Agora, qual é a nossa interpretação do que nossos sentidos, ou do que o analista – que faz o papel dos nossos sentidos aqui – nos diz? Alguém tem alguma sugestão a respeito disso? Podemos fazer sugestões que o analista pode passar para a paciente, se ele quiser. Alguém tem alguma sugestão até aqui?

T: (P1) gostaria de fazer uma pergunta para o analista (A). Por que você trouxe *esse* caso? Ele pergunta para ele. Foi pela dificuldade do caso, você pensou que ele era um caso complicado? Qual foi o seu critério ao selecioná-lo? Respondendo a primeira pergunta, ele (A) não tem nenhum caso fácil. O que ele está estudando nessa pessoa são, por exemplo, as transformações, as mudanças pelas quais sua aparência física passou. Em seis anos, ela se transformou em uma mulher mais feminina. Ela conseguiu emagrecer, veste-se de forma elegante. Ela reclamou de uma variação no ritmo de seu batimento cardíaco, ela estava sob os cuidados de um cardiologista, a variação foi causada por uma arritmia emocional. Ela sofreu algum tipo de estagnação emocional, que acompanhou seu desenvolvimento físico.

Bion: O que eu poderia dizer ao analista – ou o que eu poderia dizer para os meus próprios sentidos – se eu estivesse analisando a paciente, seria: retorne ao coração, pergunte-lhe o que ele viu. Agora, não é bom falar dessa forma, porque não é senso comum e eu não sei se ele (A) poderia fazer alguma coisa. Eu não sei se eu poderia fazer alguma coisa, não nesse... não nesse estado de mente, não nesse estado de mente no qual me encontro quando estou acordado e meus sentidos estão ativos.

T: Meus sentidos estão?

Bion: Ativos. Mas se eu pudesse fazer o que chamamos de ir dormir e se eu pudesse me colocar em um estado de mente no qual me encontro quando estou dormindo – não o estado de mente no qual me encontro quando estou acordado –, eu poderia, então, perguntar ao meu coração: "Onde você esteve? O que você viu?" Mas o problema é: estou acordado. Ensinaram-me uma imensidão de coisas a respeito de anatomia e fisiologia, tudo isso, o que torna impossível para mim perguntar para o meu próprio coração o que ele viu, ou aonde ele foi quando eu estava dormindo na cama. Agora, mesmo que o meu coração – ou o que quer que seja, eu não sei – me levasse a ter imagens pictóricas, algo que chamamos de sonhos, mesmo assim, tenho de traduzir ou interpretar esses *sonhos* quando estou em um estado de mente bastante diferente, quando estou completamente acordado. O que eu digo, no sentido de interpretações, é o que uma pessoa que está acordada tipicamente diz à luz do dia. Dessa forma, penso que é mais fácil dizer – como Freud diz – que você pode interpretar sonhos, ou que você deve tentar interpretar sonhos. Mesmo assim, há dúvidas se ele pode nos dizer muito, por exemplo, o que ele diz no sétimo capítulo de *Interpretação de sonhos*, se você procurar lá! Há muitos sonhos. Há muitos sonhos sobre os quais Freud fala, mas ele os descarta – como vocês sabem – como não propriamente interpretados. Portanto, o problema ainda é: o que vemos e ouvimos quando estamos no estado de mente em que nos encontramos quando estamos dormindo, e o que vemos e ouvimos quando estamos no estado de mente em que nos encontramos quando estamos acordados. Pode essa atividade – que chamamos de psicanálise – nos levar para mais perto de um estado de harmonização, ou casamento entre estes dois estados da mente? Poderíamos atingir... nós podemos, em qualquer caso, viver tempo suficiente para conseguir atingir aquele grau de *síntese* no qual conseguimos estar casados com nós mesmos? Digamos: se pudéssemos dizer que eu mesmo sou o meu coração e supondo que meu coração tem um ritmo diferente de mim mesmo – no sentido ordinário do termo – nesse *self*, dentro desse estado de mente? Os médicos não nos dizem muito. Eles dizem: você pode ir em frente, fazer um eletrocardiograma, mas depois alguém tem de interpretar o eletrocardiograma. Mas isso é útil? Quando o que você realmente tem de interpretar é o que o seu coração está lhe dizendo? Se você considera um poeta como Sir Philip Sidney, ele pode dizer: "Meu verdadeiro amor tem meu coração e eu o dele. Nunca houve uma barganha melhor". Mas e em relação a nós? Nós podemos dizer que o que chamamos de coração e mente realmente estão trabalhando em harmonia? Porque se nossos corações e mentes estão trabalhando em harmonia, eles podem, então, ser capazes de nos dizer muito mais do que se fossem, separadamente, apenas nossas mentes, ou apenas nossos corações. Resumindo, se conhecêssemos a nós mesmos, poderíamos saber um pouquinho mais a respeito de um sujeito que não é nós – como o paciente que vem até nós a procura de ajuda.

T: Ele (P1) gostaria de perguntar como você consegue sentir esse sujeito nessa paciente – sobre a qual estamos discutindo agora.

Bion: Eu não penso que você possa senti-lo. Isso leva tempo. Penso que é, sem dúvida, um transtorno muito grande, o fato de que psiquiatras, psicanalistas, médicos, cirurgiões – o fato de todos nós acreditarmos que sabemos muito, já que sabemos, não há nada como o tanto que não sabemos. Agora, ninguém pode ser um colega mais bem instruído para o analista do que o *paciente*! Ninguém!

T: Usando um modelo, que o senhor já usou, a respeito da vasodilatação... do aumento dos vasos sanguíneos, se for esse o caso, pode-se usar o modelo em outra direção, na qual há a constrição dos vasos, de modo que ele bombeia mais sangue para dentro do coração.

Bion: Bem, podemos continuar esse modelo, por exemplo: se um trombo se forma, o corpo, então – o que quer que isso seja –, sabe como encontrar um desvio. Se o seu sangue não consegue ir daqui até aqui, ele então será... o corpo vai produzir uma circulação colateral. Isso significa que temos de estar em uma condição na qual temos *respeito* por nossos corpos. A teoria analítica pressupõe, verdadeiramente, respeito pelo indivíduo; considera-se que psicanalistas tem de ter um respeito pela mente humana, mas ter respeito pelo indivíduo humano significa o indivíduo por completo, seu corpo e sua mente. É realmente útil falar sobre um corpo e uma mente. Tais coisas não existem. Esse é apenas um método conveniente de se falar sobre eles, mas há um *self* que é ambos: corpo e mente. O primeiro, a primeira lição que realmente precisamos aprender é: como respeitar o indivíduo, particularmente a *si próprio*. Não é útil, por exemplo: inundar nosso canal alimentar com álcool, porque isso não interrompe o canal alimentar. Portanto, o que poderia ser vinho – o que poderia ser algo que é estimulante para ambos, corpo e mente, para a pessoa – torna-se um veneno. A *quantidade* o torna tóxico. E em relação à psicanálise? Ela é nociva, ou inofensiva? Você já encontrou algum paciente para o qual a análise em *excesso* foi prejudicial para sua saúde? É possível ter treinamento analítico em excesso? É possível que tenhamos tanto respeito pela mente humana que nos esquecemos do corpo humano? Apesar de ser possível termos tanto respeito pelo corpo que acaba não sendo bom para a mente. Eu conheci situações, por exemplo, na Universidade de Oxford, quando eu era estudante universitário, na qual os atletas estavam tão bem fisicamente que mal conseguiam pensar: eles estavam intoxicados com a saúde física! De modo oposto, pode-se ficar intoxicado com saúde mental! Eu sinto, às vezes – quando olho para esses assuntos muito de perto –, que: não há um tolo tão difícil de se tratar como aquele muito inteligente.

Agora, deixando de lado esses tipos de considerações gerais por um momento, e em relação a essa história que acabou de nos ser contada? E em relação a essa história – a qual nesse instante nós, esse corpo –, nos é contada pelos nossos sentidos, isto é: o analista. A paciente parece falar, parece dizer coisas, mas a paciente parece, também, ser capaz de retratar coisas; a paciente não só invade nossos ouvidos com o que diz, mas também nossa visão: por meio do que podemos ver.

T: Bem, considerando, Dr. Bion, que estamos discutindo a respeito da divisão do corpo e da mente, poderíamos pensar – em relação à paciente –, quando ela apresenta melhoras em sua aparência física, cuidado em relação ao corpo, seu estado, sua saúde mental, se ela, nessa posição, ainda precisaria de um marido para cuidar dela?

Bion: É um fato curioso. Não sabemos como isso surgiu, e realmente parece que não podemos fugir disso: a unidade humana é um casal! É necessário dois para se fazer um. Se você é um homem, você não consegue, verdadeiramente, ser um homem completo sem uma esposa; se você é uma esposa, a esposa não consegue ser uma mulher completa sem um homem. Agora, supondo que o homem tenha uma mente própria, seus próprios pensamentos, seus próprios sentimentos; supondo que isso seja também verdade em relação à mulher, ela tem seus próprios pensamentos, seus próprios sentimentos, ela tem sua própria vontade: como podemos harmonizar esses dois? Ou, como podem esses dois se harmonizarem? Dando uma resposta ridícula – com o propósito de se criar um contraste –, poderíamos nos voltar para as histórias infantis: eles se casaram e viveram felizes para sempre. Ou seria mais preciso dizer: eles se casaram e foi então que seus problemas começaram, foi então que começaram a resolver esses problemas. Agora, de fato, essa introdução da análise é como introduzir a medicina física, ou cirurgia, como um modo de facilitar a vida ou a existência para o ser humano. Se fôssemos religiosos, alguém poderia dizer: "Bem, você precisa passar pela cerimônia do casamento, você precisa ser submetido ao ritual e aos procedimentos a fim de se conseguir a benção de Deus". Esses são apenas alguns exemplos dos tipos de teorias que existem a respeito de como devemos tentar tornar a vida suportável, quando sabemos o que sabemos a respeito do universo no qual vivemos. É claro, nesse caso particular, o objetivo é mais modesto, porque queremos ajudar a paciente a viver com ela ou ele mesmo – porque não há nada que possamos fazer a respeito disso; a paciente é ela ou ele mesmo, mesmo que não saibamos o que é isto, ou mesmo que a pessoa interessada não saiba, verdadeiramente, quem ela ou ele são. Portanto, verdadeiramente, nossa profissão temos de tentar apresentar o paciente a ele ou ela mesmo. No caso que acabamos de ouvir agora, esse sujeito nos conta duas histórias diferentes: uma delas está relacionada com o que a paciente chama de mãe, a outra está relacionada com esse algo que você acabou de nos mostrar. [Dr. Bion faz alguns gestos relativos a postura]. Agora, esses dois sujeitos não estão casados, mas quando a paciente fala a respeito de sua mãe, ou pai, ela está, de fato, falando a respeito de seus ancestrais. Ela não está falando simplesmente a respeito do óvulo ou do espermatozoide; ela está falando a respeito dessas duas pessoas que produziram esses embriões – mas quero sugerir que, de fato, ela não pode falar sobre ela mesma sem reconhecer que: ela mesma é, também, seus ancestrais e os filhos de seus filhos. Esse é o debate; esse é o drama que o analista está observando. Portanto, não é surpreendente que o analista – que está tentando nos contar o que vê – tenha um trabalho muito difícil. Mas ele também tem um trabalho muito difícil, se ele é como um produtor teatral que tem de dizer aos atores no palco: "Não, não! Não é assim que se faz!" e assim por diante... É preferível dessa forma.

Comentários sobre a Supervisão A45

Antônio Carlos Eva

Há alguns anos, estamos mais claramente informados sobre o essencial vindo da pessoa do psicanalista para seu trabalho clínico; para a prática efetiva da psicanálise pessoal e única. Na Supervisão A45, que comentarei, Bion faz explicitamente algumas propostas teóricas de como vê a personalidade. Procura, antes de mais nada, transformar a reunião, percebo isso, em um ensaio para que os presentes, em sua totalidade, comentem o apresentado, podendo assim criar, ali, no momento, um exemplo particular e pessoal, a respeito da pessoa que está em análise, para cada um deles em particular. Dessa forma, o grupo pode desenvolver pensamentos e ideias sobre o paciente e o material apresentado e conhecer/experimentar um exemplo de como a personalidade de cada analista individual pode engajar-se com a pessoa que está sendo analisada.

Convém, penso eu, discriminar a análise clínica em andamento na sala de análise desta troca de ideias a respeito de um estímulo que vem da prática analítica. Esta apresentação é uma oportunidade de confrontarmos como um analista fez e agora nos conta uma versão do que fez e no que resultou, para pensarmos sobre isso.

Bion faz algumas observações iniciais para nos tirar da ingenuidade de que podemos comentar "objetivamente" o que está sendo apresentado, sem "molhar os pés na água". É fácil perceber que quem mais "molha os pés na água" é o próprio Bion ao nos oferecer particularidades de aspectos humanos, gerais, a partir da peculiaridade inicial do analisando, em sua sessão. Suponho que Bion, por mais que nos convide para uma troca de ideias, em que cada um use as suas próprias, visto que elas merecem respeito do começo ao fim, acaba protagonizando os comentários. Isso não invalida a existência de uma experiência emocional no grupo, que se dá fora do senso comum. Não se trata de um assunto comum e corriqueiro. Cabe aqui uma breve referência ao suposto básico de dependência, que me parece interferir drasticamente, como obstáculo, para a formação de um grupo de trabalho, este sim governado por pensamentos pessoais, ali criados. Percebo como essa resistência ao grupo de trabalho inibe o uso livre das capacidades imaginativas dos participantes.

Como considero Bion o último líder com estatura capaz de ser formador de um modo de ver a vida, muito vivo e aguçado, percebo que a sua tarefa de criar um grupo de trabalho é bastante difícil. Aproveitamos, no entanto, seus comentários em busca de colaboração.

Procuro desenvolver agora pensamentos que se iniciam e apoiam em frases que estão no texto da supervisão A45 e que nos levam a examiná-los, cada um à sua maneira, o que em si constitui um exemplo da individualidade e subjetividade humana, muito caras a Bion. Não há dois humanos iguais, a começar pelas impressões digitais; o que dizer, então, a respeito da alma?

Selecionei duas falas de Bion, as quais mais me impressionaram por sua ligação direta e estreita com a personalidade humana.

A – Bion logo ao início da supervisão, Bion propõe ao grupo presente que, no caso relatado, podemos distinguir duas fontes de estímulos provindas do apresentador. Uma delas verbal, por meio da qual nos conta de uma ocorrência psicanalítica; a outra é uma estimulação provocada por um gesto dirigido ao visual dos presentes. É a união e a síntese desses dois elementos oferecidos (um verbal e outro visual) que permitem a rica captação do vivido por dois estímulos diferentes. Bion comenta que essa síntese é rica para apurarmos, no momento, com quem estamos. Se a ideia de síntese prevalecer, teremos de abandonar a proposta de que há um consciente, verbal e acessível, e um inconsciente "por baixo dele", que se expressa indiretamente e que necessita de tradução interpretativa.

Convenhamos que é uma revolução importante sobre o que chamamos personalidade.

A hipótese da apreensão complexa e simultânea impõe ao psicanalista abandonar o verbal consciente como fonte única de trabalho ou foco exclusivo na consciência verbal como a única fonte de dados analíticos. No presente relato, a fonte verbal estará amalgamada com a fonte visual sensorial; esta complexidade amplia e torna possível a apreensão do momento no qual se dá a experiência emocional.

A proposta de Bion de usarmos, no grupo, essas vertentes já reunidas previamente, no meu modo de entender, não prosperou, apesar da ideia contida em sua fala de que seria uma estimulação complexa para o analista e que poderia ser usada, diretamente ou não, com o cliente, na dependência da escolha do analista.

B – Bion, na supervisão, desenvolve a tese de que essas duas fontes de estímulo, quando em harmonia, levam ao casamento de dois estados de mente: primeiro quando dormimos e é quando se apresentam, por exemplo, como relato de um sonho. E, pergunto: quando estamos acordados, o que se passa na experiência do analista para que possa receber as duas fontes, criando uma resposta surpreendente, que vai além dos dois estímulos amalgamados?

Com alguma frequência, posso perceber ideias "novas" que me ocorrem, quer em forma verbal, quer como imagem (visual, no geral), que recebem um tratamento de minha parte. À primeira vista, independentes ou distantes dos estímulos havidos, mas que, com paciência, insaturação e fundamentalmente fé, permitem a abertura de caminhos novos, radicalmente surpreendentes, pois caminham com a experiência emocional presente.

Quero chamar a atenção para a revolução que isto significa para o trabalho psicanalítico, quer na apreensão do que está "vindo", quer do que está sendo produzido "em mim" e que poderá ser publicado na ocasião.

Está governando este escrito a ideia forte de que duas pessoas, na presença um do outro, estão continuamente em mútua influência, não sendo possível que uma delas não viva a experiência emocional do encontro. *O aprender com a experiência* [*Learning from experience*, 1962] dá base e origem a esta vertente que privilegiamos nesta psicanálise.

Parece-me fácil perceber a ruptura que está posição propõe em relação ao modelo de um analista que observa o analisando, sem estar profundamente envolvido no observado. Havendo a ruptura do modelo de observação objetivo, a consequente interpretação objetiva do "outro diante de mim" se torna impossível.

Estes dois modelos de relação bipessoal permitem que nos desloquemos de um modelo ao outro, na dependência de podermos conter ou não o que está presente.

Não é à toa que, nos últimos anos, nossa formação psicanalítica esteja focalizando essencialmente a capacidade de percepção e pensamento do analista. Isso, no passo seguinte, nos obriga a questionar os modelos de psicopatologia psicanalítica, voltados para o intrapsíquico e individuais.

Finalizo este comentário observando que a junção e síntese de duas fontes levanta um problema atual bastante complexo; ele nos faz perguntar como, em estado acordado e lidando com essa complexidade, cada um de nós se percebe. Associo isto com os deveres do psicanalista, que está na experiência emocional da sala de análise, em abandonar, no possível, memória, desejo e compreensão.

Acrescento ainda, a indicação feita por Bion, no comentário, de que a unidade mental é um casal; que se necessita de dois para fazer um humano. Esses dois poderão ser, inicialmente, pensados como dois indivíduos e terminar por pensarmos os dois como funções mentais, contidas em um indivíduo, trabalhando harmonicamente.

Referência

Bion, W. R. (1962). *Learning from experience*. London: Heinemann.

Supervisão S28

Esta é uma supervisão de tamanho duplo. Em outras palavras o mesmo caso será discutido durante cem minutos em vez de cinquenta. No texto abaixo, T é o tradutor; A, o analista; P1, P2 e P3 são os participantes da audiência na ordem em que falaram.

A: A paciente que apresentarei é cega. Ela tem 26 anos de idade – ela não nasceu cega. O problema foi que ela teve câncer e operou os olhos no exterior quando tinha 18 anos de idade. Cinco anos antes de começar a análise, ela teve uma metástase de câncer na medula, ela perdeu toda a sensibilidade em ambos os braços. Assim, ela teve de aprender a lidar com a cegueira e com a perda da sensibilidade em ambos os braços.

Bion: A paciente da qual estamos falando é alguém que tem câncer...

A: A moça é cega. Quando ela tinha 18 anos, ela teve câncer nos olhos. Com 23 anos, ela foi operada e perdeu toda a sensibilidade nos braços. Ela começou a fazer análise dezoito meses atrás. Esta sessão, na qual houve algum tipo de limitação, que eu senti que lidava com os sentidos e o pensamento. Desse modo, eu a anotei e tenho o diálogo aqui comigo. Ela começou bastante feliz e sorrindo, ela me diz que se sente maravilhosa.

Bion: A idade dela agora é...?

A: 26.

Bion: 26. Sim.

A: A última operação foi há dois anos. Ela disse... [Nesse ponto, um dos participantes diz algo. Infelizmente, a voz está baixa demais para ser ouvida. Conclui-se que é alguma dúvida sobre os primeiros sinais da doença – já que o analista depois diz:]

A coisa começou em seus olhos. Cinco anos depois na medula e ela foi operada e perdeu a sensibilidade nos braços. Dezoito, vinte e três e agora vinte e seis. E ela diz: "Bem, sinto-me maravilhosa nos dias de verão... oh, não, não é verão, está muito frio lá fora".

Bem, o que me ocorreu, naquele momento, foi que havia algo por detrás desse fragmento de comentário – algo que refletia seus sentimentos internos, seu estado de mente. Então, eu respondi da seguinte maneira: "Eu vejo que você se sente bastante bem hoje e que você gostaria que eu participasse do seu sentir-se melhor..."

Bion: Poderíamos pausar aqui por um momento e considerar um ou dois pontos a respeito disso. Eu gostaria de checar com você se a impressão que eu tenho está correta ou não. Eu ficaria inclinado a assumir que, provavelmente, essa paciente tem muito pouco tempo de vida. Essa, podemos supor, seria uma condição fatal e o fim anatômico e fisiológico é um do qual não se tem muita dúvida. Poderíamos dizer – de maneira geral, é claro – que: se alguém está vivo, então ele está morrendo. Isso não é, normalmente, uma coisa imediatamente óbvia ou um problema urgente. Mas, neste caso, pensaríamos que os fatos de um desastre iminente de um tipo ou de outro – de paralisia ou ritmo de vida, ou da própria vida – deve parecer ser uma possibilidade bastante iminente. Isso é realmente... é, mais ou menos, o julgamento médico razoável a respeito dessa situação. Assim, qualquer ideia sobre o que é normalmente chamado de "cura" é realmente mais do que usualmente irrelevante.

No entanto, é possível que ela tenha boas razões para procurar a análise e você mesmo pode ter boas razões para analisá-la – tais como as que você mencionou. Você não sabe de forma alguma, é claro, em quais outros aspectos, também, pode-se fazer bom uso de circunstâncias muito adversas em algo proveitoso. Eu não estou certo se estou errado ou não, mas penso que o próprio Freud pensou sobre os sonhos, por exemplo: não há nada, nada particularmente valioso ou bom a respeito dos sonhos, mas é possível fazer um bom uso dessas experiências, de certa forma, adversas e cansativas. Desse modo, de certa forma, esta poderia, novamente, ser considerada outra situação, na qual termos como cura são bastante irrelevantes, mas concebíveis; pode-se fazer bom uso das circunstâncias adversas em boa conta. De alguma forma, parece-me que essa é a visão da análise, a qual frequentemente é perdida de vista. Nós podemos estar bastante errados a respeito disso, mas *nós* iríamos gastar tempo e dinheiro de um modo a usar a oportunidade, por meio da qual acreditamos que vale a pena. Poderia ser um tipo de maneira de pensar, que torna possível fazer o melhor uso do universo no qual vivemos. No entanto, vejamos o que acontece.

A: Bem, depois que eu lhe disse que ela parecia disposta a me deixar participar daquele estado de mente dela, ela disse: "Eu trouxe um presente para você, aqui está". Era um pedaço de chiclete. Então, eu lhe disse: "Isso não é somente uma questão de sentir-se bem, isto é algo bom que lhe pertence e que você gostaria que eu compartilhasse com você, usando neste momento todas as suas capacidades".

Bion: Eu gostaria de dizer, em vista do que você está dizendo, que é possivelmente mais fácil para essa paciente fazer isso em relação a uma pessoa real do que admitir que – caso ela goste ou não, ela está tendo de admitir que – ela está tendo de tornar disponível o seu sistema nervoso central para ser mastigado por um objeto muito hostil dentro dela, como se ela pudesse permitir-se transformá-lo em um presente. Mas, seguindo essa linha de pensamento, nos perguntamos o que é fazer um bom uso da situação, na qual, até onde sabemos – caso ela goste ou não –, é a que está acontecendo com ela. A coisa da qual sua própria vida depende está sendo mastigada. Assim, se isso estiver correto: ela está me oferecendo esse chiclete para mastigá-lo e, se isso estiver correto, ela sente que há um tipo de coisa interna que a está mastigando; o que devemos dizer a essa paciente? Essa é uma situação na qual pode não estar óbvio que você apenas dá a paciente o... o que quer que seja que você pense ser a interpretação... gostaríamos de dar para a paciente a interpretação correta. No entanto, eu lhe interrompi no curso da descrição apenas para mostrar os tipos de efeitos que essa história está criando em mim. Não estou sugerindo que eu saiba qual seria a interpretação.

Bem, vejamos agora como isso se desenvolve e vejamos o que, realmente, pode emergir. Pode ser algo útil.

P1: O que ela disse despertou algo em minha mente...

A: Acerca do chiclete...

P1: Sim, aquele chiclete. Parece-me que ela estava perguntando se pudesse tomar em seu corpo, ou algum sentimento, que estava ocorrendo dentro do corpo dela. Se você puder lidar com isso, ela estará bem.

Bion: Veja, o que isso me sugere é: a possibilidade de que um analista possa ser capaz de interpretar o que está lhe sendo dito – não apenas com o propósito de dar uma interpretação –, mas um analista pode ser capaz de diagnosticar um câncer mais rapidamente do que qualquer cirurgião ou especialista tradicional. Supondo que essas associações livres tivessem tido alguma contraparte – eu não sei quando, vinte anos atrás, antes de qualquer operação – se teria sido possível dizer ao cirurgião: "Essa paciente sua, que está fazendo análise comigo, tem, penso eu, uma doença que vai se transformar em um câncer. Penso que essa paciente deve ser operada fisicamente". Em outras palavras, estaríamos dizendo que, graças à psicanálise, talvez possamos diagnosticar câncer mais cedo do que qualquer outra pessoa, ou qualquer outra coisa, que conhecemos.

Parece, certamente no tempo presente, que ficaríamos muito assustados de fazer isso. Eu deveria odiar dizer: eu tenho uma garota de 15 anos ou de 18 anos, a qual penso que vai ter câncer, e será na região da medula, e eu a aconselhei que ela tinha necessidade dessa operação. Perguntamo-nos se poderemos ser, algum dia, tão pessoalmente científicos sobre nossos temas a ponto de sermos capazes de dizer ao um cirurgião: "Você deveria estar operando essa paciente e a área que você deveria estar operando é essa e essa..."

Eu mesmo não sinto que isso seja completamente irreal e, desse ponto de vista, podemos estar aqui falando a respeito da paciente que pode ser a origem de uma operação cirúrgica daqui a mil anos. Nós podemos, desse modo, estar assentando a base de um diagnóstico médico que nem existe ainda. Isso pode, facilmente, ser uma questão muito importante, que não é de muita importância para você ou para ela. Isso pode ser importante em relação a um acontecimento futuro.

P3: Desse modo, temos de ser médicos *e* psicanalistas. Um tema que certas Sociedades Psicanalíticas consideram essencial; que se deve ser médico para se tornar psicanalista.

Bion: Vejam, mesmo hoje em dia, não penso que prestamos algum serviço ao nosso público quando nos permitimos ser... concordar que somos inferiores ou pessoas sem instrução, porque nós já podemos ser mais bem treinados do que a vasta maioria das pessoas que estão, teoricamente, mais avançadas do que nós. Em resumo, ignorantes e estúpidos como podemos ser – talvez –, eu não penso que há qualquer razão pela qual devamos nos permitir a acreditar que somos inferiores ou estúpidos, como outras pessoas gostariam de querer acreditar. É muito difícil quando somos treinados a conhecer nossas fraquezas, nesse contexto ou em outro contexto, e assim por diante... De fato, realmente, ao final do treinamento, ambas as pessoas já foram informadas a respeito de todo defeito possível [Dr. Bion diz isso em um tom *jovial*] que elas podem ter. Mas pode ser importante da mesma forma salvar de toda essa massa de fracassos, e assim por diante, em nós mesmos – que pode haver algumas características a seu favor.

Eu posso dizer que tentei, ao dizer ao clínico geral, qual era o problema com esse paciente e que ele estava sujeito a morrer em pouco tempo. Foi um fracasso completo. Eu recebi, no final das contas, uma carta dizendo: "Caro Dr. Bion, sinto muito em comunicar-lhe que o senhor estava completamente errado a respeito daquele paciente. Ele morreu de pneumonia". Mas, de fato, o paciente tinha morrido de acordo com o... não exatamente de pneumonia, mas de uma paralisia dos músculos intercostais,[1] a qual eu disse que, provavelmente, duvidariam. Desse modo, o que eu ouvi é que eu estava completamente correto: o paciente tinha morrido exatamente como eu esperava. No entanto, isso pode ser um tipo de olhar para o futuro do que aconteceria se tentássemos avisar as pessoas.

T: Ele (P1) se lembra de uma comunicação particular, revelada por um médico que trabalha com diabéticos. Ele também é um

---

1 Algumas doenças como Duchenne – Erb Paralisia, mielo esclerose leva à paralisia dos músculos intercostais, em decorrência disto, há uma hipoventilação do tecido pulmonar e a consequente pneumonia.

analista – ele apenas atende (como analista) pessoas com diabetes. Então, ele disse a um paciente dele acerca de uma luminária que havia sido fragmentada – houve uma grande explosão e quebrou em pequenas partes brilhantes. Subitamente, o paciente teve uma hemorragia ocular. O diagnóstico do médico foi de que a discussão sobre a luminária foi uma antecipação como um sonho que Freud uma vez mencionou na *Interpretação dos sonhos* a respeito do desenvolvimento de câncer... Este foi um sonho no qual um homem foi mordido por uma cobra.

Bion: Bem, como continuou? (Voltando para o caso em discussão.) Ela...

A: Bem, eu disse a ela, referindo-se à primeira parte, ela começou: "Bem, havia um dia de verão porque o sol estava quente. No entanto, havia um vento muito frio dentro dela". Entretanto, eu disse a ela que... Mas, eu lhe disse que talvez fosse o corpo que acusara uma sensação prazerosa, mas que eu senti que, naquele momento, ela precisava de alguma explicação para ser dividida comigo – dividir aquela sensação comigo. Que ela precisava explicar aquilo mentalmente para ser capaz de dividir aquilo comigo. Ela não podia simplesmente sentir aquilo, que ela precisava de algum tipo de explanação. Ela disse: "Hoje, é exatamente como um dia na Alemanha, quando eu era bastante diferente de quem eu sou hoje!! Até mesmo ontem, eu estava muito zangada porque eu não podia olhar para o jogo de futebol na casa da minha irmã e eu me lembrei dos detalhes de quando estive em Frankfurt".

Bion: Por que Frankfurt?

A: Foi lá onde ela foi operada. Havia um jogo de futebol acontecendo e isso a lembrou dos dias em XXX.

Bion: Sim. É claro! É tentador dizer, em vista do que você já disse, que ela pode sentir-se no verão de sua vida, esse vento muito frio soprando. Isto soa mais como o vento da morte! A temperatura da costa do inverno. Mesmo que os fatos fossem ditos, eles seriam mais importantes do que essa partida de futebol, talvez mais do que sua operação. Qual foi... essa memória de XXX? O que ela fala sobre isso?

A: Ela sentiu isso quando estava olhando para o jogo, tornou-se mais difícil de lembrar. Quanto mais força ela colocava tentando lembrar, mais difícil ficava de lembrar. A única coisa da qual ela conseguia se lembrar era de muitos carros estacionados em cima da calçada do hotel onde elas ficaram – ela e sua irmã –, cujo nome era Vera – igual ao nome de sua irmã. "Eu não consigo me lembrar de mais nada". Essa era a única coisa da qual ela conseguia se lembrar.

Bion: Esse nome Vera pode ser muito significante. Por que ela o mencionaria? Bem... sim. Por que ela deveria mencioná-lo dessa forma? Por que o que importa na análise é: o que essa palavra significa, o fato de ela ser tão significante. Qual impressão você teve a respeito disso?

A: Até onde consigo lembrar, eu não prestei muita atenção a isso, porque ela disse – durante o diálogo – que apenas estava ouvindo o jogo na casa da Vera. Ao fim, ela disse: "O nome do hotel é Vera". Desse modo, naquele momento, eu não o conectei com nada.

Bion: Bem, depende se isto aparecer novamente de uma forma ou outra...

A: Assim, penso que serei capaz de prestar mais atenção de agora em diante do que anteriormente.

Bion: O problema com apenas prestar atenção, principalmente se você presta mais atenção em um ponto, é que você está sujeito a prestar menos atenção *em outros*. *É por* isso, de certa forma, que eu sinto que: memória e desejo têm esse efeito curioso!! Porque elas atraem algo para sua frente – tem-se a ideia e, então, não se pode ver qual é a verdade. Mesmo na análise, pode-se começar a tentar lembrar o que o paciente disse. Mas enquanto você está tentando lembrar-se do que o paciente disse, você está perdendo o que o paciente está dizendo. Esse é um dos problemas a respeito da análise: quanto mais cansado você está, mais você se incomoda com coisas como tentar se lembrar de alguma teoria, ou algo que o paciente disse, e assim por diante... em vez de estar aberto ao *que* está acontecendo. Por exemplo, sobre essa questão da Vera: eu não sei se você pensa qu*e seria t*ípico, mas me ocorre que isso pode, também, ser primavera. Apenas primavera, verão e esse tempo frio, tudo ao mesmo tempo. O frio pode ser qualquer coisa do nascimento à morte, emergindo do calor do útero.

P1: Em português, primavera é pri-ma-ve-ra, que é a prima Vera.

Bion: Sim, sim!! O que podemos dizer à paciente?

P2: Pode ser alguma hostilidade em relação a sua irmã, porque sua irmã é...

P3: Prima.

P2: Sim, prima. Bem, pode ser que a irmã esteja com a prima que vive em um lugar mais distante, um tipo de pessoa... mostrando algum tipo de rivalidade, conflito de rivalidade ou inveja, em relação a sua irmã, falando sobre prima-Vera.

Bion: Seria certamente uma inveja do corpo da irmã, no qual a irmã vive dentro.

A: Ele (P2) está dizendo que durante a indagação ela mencionou que ontem estava zangada porque não conseguia ver o jogo na TV, mas em vez disso, começou a lembrar-se dos detalhes de XXX: que poderiam ser aspectos de uma raiva acontecendo, por detrás do que ela disse no começo. Essa foi toda a rivalidade, significando que, de um modo muito ruim, ela não enxerga bem de maneira alguma.

Bion: Mesmo com o pensamento. É um jogo ou por detrás dele há... poderia ser um tipo de jogo de assassino, um tipo de não futebol, mas a própria guerra. No entanto, a questão nisso: isso é algo que as pessoas apenas podem *sentir* no consultório com a paciente. Essa é a grande vantagem se a paciente, de fato, vem à sessão e se o analista, de fato, vem. Pessoalmente, eu atribuo muito mais importância à *prática* da análise do que à aprendizagem de todas essas teorias – para as quais não há carência de estoques – tantas que podemos ficar completamente vagos em teorias psicanalíticas. Ainda, para usar a expressão popular: "Você não consegue ver a floresta por causa da árvore".

A: Ele está perguntando como pode se conectar com a situação de um professor, como Kant, que ensina uma teoria e se ela é realmente útil?

Bion: Bem, naturalmente sentimos uma necessidade de comunicação. É por isso que, às vezes, cito uma passagem de *The memories of Mark Plank*, na qual ele aponta, ele faz esta descoberta, com a qual estamos bastante familiarizados, que chegou a ele como um grande choque, que você não pode ensinar nada para ninguém – os oponentes nunca são convertidos. A mudança ocorre somente com o tempo, os oponentes morrem e os mais jovens tomam seus lugares. Agora, parece-me que se você está na posição vantajosa do professor, você pode tentar ter filhos que podem manter suas mentes abertas. Enquanto estamos ensinando-os coisas, você pode sempre ser capaz de ensiná-los coisas que os levarão a aprender mais coisas. Em outras palavras, desde que você esteja ensinando algo; não algo que o faça sentir: "Agora podemos ir dormir. Agora sabemos todas as respostas. Agora, eles podem acordar e começar a aprender". Qual matéria você está ensinando a seus alunos? [Esta é uma pergunta que Dr. Bion faz ao P1.]

P1: Introdução aos trabalhos de Freud.

Bion: Bem, em relação a Freud, que era um pensador revolucionário, o revolucionário pensador Freud... agora *padrão* (standard) falante da verdade e da certeza. [Esta última parte da sentença é dita em um tom de voz jovial]. Pelo menos os padrões que eu vi serem agitados e brilhando na minha frente e na frente de outros em Los Angeles. Parecem-me que estão muito frequentemente trazendo os padrões de Freud e Ana Freud... um tipo de: "você pode ir até aqui e não mais".

A: Como isto se relaciona com o seu trabalho?

Bion: Tudo pareceu realmente ser: "até aqui e agora nós começamos a nos mover". Esse foi o ponto de início, não o fim da questão. Isso tudo parece ser "até aqui e agora começamos a nos mover". Freud e os outros foram o ponto inicial e não o final.

A: Indo de volta ao caso... e depois ela mencionou a lembrança dos dias em XXX... Eu disse a ela que lhe era impossível, naquele momento, retornar a sua situação – o estado dela – quando ela vivia em XXX, porque o seu corpo não era mais o mesmo... as suas sensações do presente não parecem estar de acordo com uma teoria que ela tem sobre isso. O que eu pensei foi: ela estava falando sobre ver coisas, olhar para as coisas então hoje ela não pode fazer isso, há uma mudança em seu corpo. Mas ela pode, ao mesmo tempo, sentir prazer ou dor... Portanto, ela é uma mulher diferente. Ao mesmo tempo, ela é a mesma mulher. Veja, eu não disse isso dessa forma, mas penso que pode ser dessa forma. Ela me disse: "Hoje, meus braços, eles não sentem mais nada. Eles não têm nenhuma possibilidade de sentir nada".

Bion: Essa é uma situação que ela está descrevendo. Ela pode, de certa forma, ser uma situação com a qual ela está familiarizada, isto é: de não ser capaz, verdadeiramente, de fazer as coisas.

Porque, para ser capaz de fazer as coisas, você tem de ter braços. A mesma coisa se aplica a um grande número de atividades físicas: como futebol, correr, e assim por diante... Tudo isso é impossível para ela, mas você pode dizer que ela está sentindo, no entanto, como ela se sentiu quando era um bebê, mas pode ter esquecido disso, e era capaz de mover-se com os olhos. Por exemplo: eu posso não ser capaz de me mover, mas consigo ir dali ou dali até lá. [Neste ponto, Dr. Bion provavelmente fez gestos que reforçaram suas declarações a respeito de podermos nos mover ou viajar com nossos olhos.] E uma mulher cega? O que ela pode ver? Milton diz em *Paraíso perdido* (1894, Livro 3, linhas 51-55):

> *Quanto a Ti, luz Celestial,*
> *brilha internamente, e a mente através de todos poderes*
> *irradia, planta ali olhos, para que todo o nevoeiro*
> *limpe e disperse, assim possa eu ver e contar*
> *coisas invisíveis aos olhos mortais.*[2]

Em outras palavras, a questão real é: se não é possível olhar para fora, olhar para dentro, havia um grande número de razões pelas quais ele não podia olhar para fora. Eles tinham acabado de ser derrotados. Toda a causa protestante na Inglaterra tinha fracassado. A realeza Católica tinha sido restaurada. Mas isso não importa. A coisa é que ele encontrou algum método. Na mesma passagem, ele fala sobre: assombrar onde as Musas assombram elas mesmas.

---

2   No original: "So much the rather thou Celestial light / Shine inward, and the mind through all her powers / Irradiate, there plant eyes, all mist from thence / Purge and disperse, that I may see and tell / Of things invisible to mortal sight". Milton, J. (1894). Paradise lost. London: D.D. Cassell & Company. (Illustrated by Gustave Doré. Edited, with notes and a life of Milton, by Robert Vaughan). Traduzido por J. A. Junqueira de Mattos. [N.T.]

T: Assombrar...?

Bion: Um fantasma ou uma visita. Ele visita... em outras palavras, ele se apoia na capacidade – capacidade poética – que lhe dá a mobilidade. Resumindo, ele encontra algum método para continuar a operar. Agora, a questão com ela é: ela encontrou algum método para continuar vivendo uma vida plena – que não é uma vida de sentidos físicos ou capacidades físicas, como movimentar os braços ou pernas, e assim por diante?

Não é possível acreditar que um feto possa acreditar que não pode mover seus braços ou suas pernas ou seus olhos, ou qualquer coisa. Ainda assim, pode ter mobilidade dentro do útero. Não é essa a situação, de qualquer maneira, mas é como uma situação na qual ele não tem capacidade. No entanto, a questão a respeito disso é: qual interpretação deve ser dada a essa mulher que, até onde sabemos, anatômica e fisiologicamente, está, simplesmente, morrendo? De fato, o que ela está dizendo para você? O que, de acordo com as associações dela, ela é capaz de fazer?

Bem, vejamos um pouco mais do que ela disse. Você chegou a esse ponto em que ela não pode mover seus braços ou ela não consegue mais sentir os braços...

P1: Quando o senhor disse que, por meio dos olhos, é possível se mover...

Bion: Sim...

P1: E a paciente replicou – sua paciente – que ela não conseguia sentir... eu estava pensando o contrário, usar os braços e corpo dela, em vez dos olhos.

Bion: Sim. Mas pode haver algum substituto daquele tipo. Mas o que é essa situação agressiva, na qual ela perde a capacidade de enxergar? Perde a capacidade de se movimentar, perde a capacidade de movimentar os braços. Desse modo, digamos o seguinte: o que ela está dizendo que pode fazer?

P3: Sonhar, talvez?

A: Ela trabalhou como repórter em um jornal, ajudando um repórter importante – entrevistando pessoas, movendo-se por todo lado... Mas agora, penso que ela, realmente, sente que não sabe mais fazer isso. Algo aconteceu que está fazendo com que ela perca seu equilíbrio, estabilidade para ficar em pé. Ela vomita tudo o que come, ela suspeita que sua doença está piorando num sentido que ela não entende. Desse modo, ela, nas duas últimas semanas, faltou a todas as sessões. Ela não pôde vir.

Bion: Entendo. Ela vem ou ela é trazida por um...?

A: Ela é trazida por um chofer. Ele a traz para dentro, a senta em uma cadeira. Ela não se deita. Ela se deitou uma vez, mas se sentiu muito desconfortável deitada. Ela ficava sentada. Ela entra e o chofer a pega depois da sessão. É ele quem me paga pessoalmente, porque ela não consegue lidar com dinheiro. Ela simplesmente não consegue segurar as coisas. Ela não sente os dedos sobre o dinheiro. Ela não tem o sentido do tato em seus dedos.

Bion: Mas agora: ela não está vindo mais?

A: Nas últimas duas semanas, não. É uma dúvida que tenho, até onde minha responsabilidade vai. Eu não sei se ela está em um hospital ou outro lugar, porque ela me pediu, pouco antes de começar a faltar às sessões, se eu iria vê-la. Porque ela ia ser submetida a um exame, um exame no cérebro, isto poderia levar alguns dias, ou uma semana. Eu não disse se iria vê-la ou não.

Bion: É possível vê-la? Para você?

A: Sim. Sim. Eu tenho a possibilidade, é somente uma questão de... eu não sei se ela está no hospital ou em casa. Ela não me ligou.

Ela disse que ligaria e eu disse: "Bem, estou à sua disposição. Se você desejar fazer isso, por favor, faça". Ela não ligou.

Bion: Penso que, nesse caso, você está perdendo tempo. Se a paciente não pode fazer nada e se o analista pode, então eu não hesitaria em fazê-lo. Se você pode fazê-lo, faça-o. Muito frequentemente, pode ser muito difícil para o analista atender um paciente. Dependemos de o paciente vir, e assim por diante... ou ser trazido. Se isso não pode ser feito, não se pode fazê-lo por conta própria, então não há nada mais para ser dito. Mas penso que se você puder, se você tivesse tempo e dinheiro, que torna possível fazê-lo, eu não hesitaria em ir.

A: Neste caso, penso que tenho a possibilidade de vê-la.

Bion: Bem, penso que... podemos apenas dizer que ninguém pode dizê-lo como você se sente, ou o que você se sente capaz de fazer. Mas eu não hesitaria em fazê-lo. [Esta passagem é dita de uma forma muito calorosa.] Vejam, muito frequentemente, encontramo-nos numa posição na qual todo mundo pode dizer: "Você está sendo um homem muito tolo... o que o leva a atender uma paciente como aquela?" Isso já me foi dito a respeito de pacientes mentalmente afetados, psicóticos, e assim por diante... E é bastante óbvio, é perigoso e é correr um risco. Bem, ninguém pode dizê-lo quanto risco você se sente preparado para correr, se você pode permitir-se isso ou não. Como você se sente a respeito de vê-la?

A: Hum, eu sinto que, agora, depois de dezoito, quase dezoito meses de trabalho, que eu posso vê-la livremente. Que não sou compelido a fazer isso. Eu não penso que ela interpretaria essa visita, ou visitas, como um resultado da tentativa dela de me controlar. Porque, no começo, ela tentou muito controlar tudo. Ela ligou, tentou várias vezes mudar os horários, foi um tipo de trabalho muito doloroso e muito difícil. Eu disse a ela que tinha minhas limitações, que ela tinha as dela, que tínhamos de trabalhar juntos, porque todos na casa dela fazem tudo o que ela quer, como uma...

Bion: Sim, como um centro de atração talvez, sim. E ela esforçou-se para fazer de você um satélite. Um trabalho muito, muito, muito doloroso a ser feito.

A: Ela sofreu enormemente ao ver o que era a realidade em relação às minhas possibilidades.

Bion: De quem ela é dependente agora?

A: Ela depende do pai e da mãe.

Bion: Dos pais?

A: Sim, ela vive com eles. Ela sempre viveu com eles.

Bion: Então, você teria de visitar a casa dos pais, ou um hospital, ou algo do tipo?

A: Sim, sim. De fato, eu não pude dizer para ela diretamente, hoje, segunda-feira, que eu não iria estar lá para atendê-la, por causa deste encontro com o senhor (Bion). A única coisa que pude fazer foi ligar para sua casa e deixar um recado, porque ela estava doente. Ela não podia sair da cama para ir até o telefone para falar comigo. Desse modo, eu deixei um recado dizendo que eu não seria capaz de atendê-la hoje.

Bion: Lembram de Ernest Jones, quando ele estava morrendo o que ele disse a respeito disso? Vocês não se lembram disso? Bem, ele estava obviamente morrendo e ele sabia disso, e ele disse que esperava que alguém colocasse o diagnóstico no Sputnik e o atirasse para o alto. Você pensaria que ele deveria saber qual seria o diagnóstico. Mas ele não sabia. Nós nos perguntamos isso, com essa garota, se ela sabe qual é o diagnóstico – ou se ela esqueceu tudo isso. Mas qual é a posição dos pais em relação a você ir vê-la, e assim por diante?

A: Ela nunca menciona isso. Aparentemente, eu sou uma pessoa muito especial para ela – a única pessoa, pelo menos é isso que ela me diz – com a qual ela pode conversar. Outras pessoas ela não pode.

Bion: Sim, é bastante possível.

A: Eu consigo acreditar nela, por que ela fala isso.

Bion: É por isso que sentimos que pode haver ainda um tipo de razão para vê-la, mas isso depende inteiramente de como você se sente.

T: Quando o senhor se lembrou da situação de Ernest Jones, o senhor estabeleceu uma comparação com essa paciente?

Bion: Sim, simplesmente pela paciente estar morrendo, e é interessante saber se ela retém algum contato com o fato de estar morrendo, ou se ela se esqueceu disso. Ou o que é, não sabemos, porque Ernest Jones, afinal de contas, ele era um médico muito capaz. Ele não teria a menor dificuldade em diagnosticar a condição se tivesse sido outra pessoa.

P2: Mas por que o senhor está perguntando a respeito dessa paciente e comunicando isto? Quem está em contato, quem tem uma ideia de que ela está morrendo com o médico o tempo todo? Deve o médico ir ou não? Qual é a relação com esse aspecto?

Bion: Bem, porque, simplesmente ele a está analisando, ele parece ser uma pessoa importante para a paciente que está morrendo, só isso.

P2: Mas isso não é uma coisa boa para a paciente, manter-se em contato com sua morte?

Bion: Não, não. De fato, não sabemos se ela ainda está em contato com o fato, ou se ela perdeu contato com tudo, exceto com essa pessoa que é seu analista.

T: Ele gostaria de trazer uma questão. Essa experiência que o senhor teve com Ernest Jones, nós tivemos o mesmo tipo de experiência com uma amiga nossa, uma radiologista, que teve um tumor cerebral e permaneceu consciente durante um tempo bem longo, e nunca considerou diagnosticá-lo. A pergunta é: recentemente, uma analista de São Paulo – ela era uma amiga dela – teve um câncer e, durante muito tempo, ela foi enganada. Ela era uma mulher ativa. Suas duas pernas ficaram paralisadas, ela também teve câncer na medula. Quando alguém lhe disse que ela tinha câncer, ela ficou bastante tranquila.

Bion: Sim, no bom sentido ou...?

T: No bom sentido, ela se preparou para morrer.

Bion: Sim, permitiram-lhe saber a verdade.

T: A questão é: esconder a verdade em um momento como esse é uma recomendação médica, não dizer ao paciente naquele momento. Quando essa mulher soube o que estava acontecendo, ela ficou calma. Antes de saber, ela estava muito nervosa e estava tomando tranquilizantes.

Bion: É muito profunda essa fé em manter as coisas escondidas, ou porque a pessoa é muito idosa ou muito doente, ou jovem demais. Sempre há uma boa razão para não se dizer a verdade. A dificuldade é: a crença analítica de que há muito o que ser dito ao se dizer o que é a verdade. Sempre corremos o risco de vermos pessoas dizendo: "Dizer todas essas coisas horríveis deixa as pessoas tão doentes". Mas o exemplo que você dá parece ser uma demonstração do fato de que se é possível dizer ao paciente a verdade, e talvez seja a melhor coisa a se fazer. Ernest Jones, obviamente, sentiu que era, o que lhe estava sendo dito, que era a verdade. Mas é uma questão difícil quando... o paciente se foi, porque não queremos nos forçar para dentro dos problemas ou dificuldades. Eu não sei se há alguma forma na qual seja possível fazer apenas uma simples inquirição. Se você não o fizer, isso soa como se você estivesse completamente indiferente.

T: Sim.

Bion: Você não pode nem mesmo escrever para ela, porque ela não seria capaz de ver, não é? Você tem um endereço para o qual poderia escrever ou...?

A: Eu tenho um número de telefone. Ela me ligou, não nas duas últimas semanas, mas antes disso ela ligou.

Bion: Sim.

A: A pior coisa nessa situação surgiu quando ela caiu e bateu a cabeça no chão. Daquele momento em diante ela pensou, sentiu, que sua situação, sua saúde, estava decaindo... Em algumas das últimas sessões, ela mencionou, depois da queda, que vir à análise era a única coisa que ela conseguia, realmente, fazer. A maior parte do tempo ela passava deitada. Ela não conseguia se manter em pé. Mas, em algum lugar, ela conseguiu a força para se levantar e vir. Eu consigo acreditar nisso quando a vejo – que isso aconteceu. Eu não acreditei no começo, porque pareceu-me, naquele momento, que era uma manipulação dela, tentando me controlar, mas agora penso que é isso que está acontecendo.

Bion: Obviamente, pode ser que seja assim mesmo. Eu conheci uma paciente que estava obviamente morrendo, sofrendo com uma infecção muito desagradável, por um desenvolvimento de um crescimento parasita. Mas ela... enganou todo mundo com sua insistência, uma insistência muito neurótica, uma espécie de neurose histérica, que ela sofria. Isso era uma infecção não tratada propriamente. Mas foi um surto horrível de infecção que estava irrompendo, visivelmente. Era possível ver quer tinha rompido a pele, e assim por diante... Mas, todo mundo sabia que era fatal, mas ela continuou falando sobre isso, como se fosse um tipo de arma que poderia ser usada para atacar a indiferença, e assim por diante... do resto do mundo.

É, às vezes, quase como a ameaça de suicídio de um paciente que não sabe o que sabemos que é: o quão perigosas essas ameaças de suicídios são. Porque, de fato, eles podem se matar, mas eles não acreditam nisso. Eles acreditam que é uma boa arma para usar, mas não acreditam que ela poderia, realmente, matá-los, ou que poderiam morrer.

A: O que é mais importante: a ameaça do suicídio ou o impulso suicida em si mesmo?

Bion: A ameaça só é efetiva porque é uma ameaça, mas os psicanalistas sabem o quão perigosa ela é. Assim, é uma arma muito boa para ser usada ao se declarar guerra contra psicanalistas. Tudo o que você pode fazer é: salientar o fato de que eles esperam perder a coragem. Eles não acreditam, realmente, que é perigosa como o analista pensa que é. Podemos não estar intimidados, mas isso não quer dizer que não saibamos. No entanto, há mais alguma coisa que você gostaria de falar a respeito dessa paciente?

A: Não, não particularmente.

P1: Eu tenho uma questão. O que poderia estar implícito nessa atitude de ameaçar suicídio, ou mostrar que ele está com uma dor terrível, ou, de outra forma, que o paciente não vencerá ao menos, sentindo dor de qualquer forma... que o paciente está passando por dor, ou outras coisas, ou ameaçando.

P2: Com a intenção de partilhá-la?

P1: É uma forma de informá-lo que *ele* existe. Por exemplo, se você sente dor, então ele existe.

P3: Isso faz com que ele tenha medo de algo.

Bion: Dor fisiológica é tão estranha, porque a dor intensa não indica, realmente, a intensidade da doença. Algo tão incrível e fisiologicamente doloroso pode ser algo de nenhuma importância.

Há uma dor mental para... penso que de alguma forma similar. Pode haver, aparentemente, muito, muito pouca dor mental, que é proporcional à seriedade da doença. Mas sua questão a respeito disso é...

P1: O uso que a paciente pode fazer disso, a função.

P3: Isso serve, realmente, para qual função?

P1: Parece-me que, em vez de amor, a paciente usa ódio com o significado de amor.

Bion: Sim. Eu estava pensando sobre a criança ou bebê, que chora, chora e chora. A situação que é criada para os pais por esse bebê que não pode ser acalmado. Você pode tentar drogá--lo, o que é uma situação muito insatisfatória de se lidar com ele. Mas penso que somos muito desconfiados de uma criança que é realmente psicótica, que faz isso, que é capaz de perturbar a família inteira, muito mesmo, e exaurir completamente a capacidade da mãe de cuidar dela. Parece-me ser uma dessas situações na qual há um tipo de monstro psicológico. Um monstro com o qual não podemos lidar por meios mentais, não mais do que os monstros com os quais podemos lidar por meios cirúrgicos. Há, obviamente, certos monstros que todos conhecem, para os quais vale a pena tentar a intervenção cirúrgica. Alguém já analisou um caso em que o paciente é um dos irmãos gêmeos separados? [Neste ponto, várias pessoas murmuram "não"]. Xifópagos. Eu tive uma experiência lidando com gêmeos idênticos, mas não monstros.[3] Eu não sei exatamente onde um monstro começa e onde ele termina. Os gêmeos idênticos, o espaço entre eles, corre desta forma.[4] Mas eu, certamente, penso que você tem de considerar, quando está tratando gêmeos idênticos,

---

[3] Por exemplo, xifópagos, monstros parasitas etc.
[4] Aqui, Dr. Bion deve ter feito um gesto.

que você tem uma situação notadamente diferente do que, digamos: gêmeos. Eu já tive ambos: os gêmeos univitelinos e gêmeos bivitelinos.[5] Ambos são difíceis, mas é um tipo diferente de dificuldade.

---

5 Gêmeos idênticos são aqueles que têm a mesma placenta – assim derivado do mesmo óvulo – monovular, monozigoto. Gêmeos que não são idênticos, gêmeos comuns, são biovulares.

Comentários sobre a Supervisão S28

Arnaldo Chuster

O caso apresentado é de uma jovem de 26 anos, cega, com doença neoplásica metastática, tudo sugerindo a proximidade de uma situação trágica, um desastre iminente.

No decorrer da supervisão, Bion indaga: "Qual interpretação deve ser dada a uma mulher que, até onde se sabe, está morrendo anatômica e fisiologicamente? O que ela está dizendo? O que dizem as associações?"

Trata-se, no meu entender, de um caso que expõe os limites da atuação do psicanalista. Até onde podemos ir? Quais as nossas fronteiras?

Estas questões precisam, de algum modo, ser respondidas para que nos situemos no campo analítico. Caso contrário, podemos ficar presos a memórias, desejos de cura e necessidade de compreensão.

Na Antiguidade, o significado mais básico da palavra limite ou fronteira era "medição". Neste sentido, podemos dizer que cada coisa apresentava sua própria medida. Por exemplo, pensava-se que quando o comportamento humano ia além dos seus próprios limites (ou medidas), o resultado era uma verdadeira tragédia (como foi mostrado veementemente pelos dramas gregos). A medição era, de fato, considerada essencial à compreensão do que é um *bom objeto*.

A origem da palavra medicina vem de *mederi*, do latim, que significa "medicar", "curar", e deriva da raiz "medir". A teoria médica ancestral dizia que ser saudável era alcançar a medida correta: no corpo e na mente. Do mesmo modo, a sabedoria equivalia a moderação e a modéstia (cuja raiz é também derivada da medida), sugerindo assim que o sábio é aquele que mantém tudo dentro da *medida* certa: o que tem o "modus".

A este propósito gostaria de focar numa frase de Bion que tem a ver com o estabelecimento do campo analítico por meio da busca de "medidas": "pode ser possível transformar circunstâncias muito adversas em um bom negócio", que foi tema de seu último trabalho "Making the best of a bad job" (1979),[1] traduzido para o português por "Como tornar proveitoso um mau negócio". No decorrer de meus comentários vou mencionar alguns trechos deste artigo.

Diversas questões que Bion coloca neste texto me parecem ilustradas pelo caso em questão, um caso em que o objeto em trânsito revela para Bion uma visão de mundo: um tipo de objeto interno que está mastigando a paciente, ou um vento frio como o vento da morte, um objeto interno muito hostil, ou os monstros do bebê que chora para os pais, que não entendem o seu choro.

Podemos conjecturar que a paciente pode não estar separando este objeto interno de seu mundo externo. Isto ocorre em virtude de seu estado físico? Ou o seu estado físico não pode ser separado do psíquico? Onde começa a mente e termina o corpo e vice-versa?

---

[1] Em: Bion, W. R. (1979). *Clinical Seminars and Four Papers*. F. Bion (Ed.). Abingdon: Fleetwood Press, 1987.

Seria seu corpo uma representação dos pais que não a entendem? Ou a mente um corpo em extinção?

Muitas vezes as pessoas se referem ao próprio corpo como uma mente que não funciona bem. Nada para se espantar com isto, afinal, uma das formas do bebê perceber seu corpo é por meio do resultado das falhas da função-alfa, ou seja, os elementos beta.

Percebe-se no pensamento de Bion uma espiral: os elementos que destaca estão interligados, mas tomam direções diferentes, em planos diferentes, numa expansão do pensar. Esta é a compreensão da *transferência* que encontramos no Bion estético, ou que tem sido também chamado de último Bion.

O primeiro aspecto que podemos destacar é o *terror* que um objeto como o que Bion descreve produz. Todo terror é uma ansiedade paranoide cujo efeito é a *paralisia do pensar* e, consequentemente, do agir coerente ao pensar. Lidar com o terror, sobrepujá-lo, conduz, todavia, ao contato com a *realidade* – que pode ser desprazerosa e, por isso, exige *coragem* para lidar com ela. Se falta coragem, podemos apelar para formas de evasão: dormir, tornar-se inconsciente do universo, ficar ignorantes ou idealizar. Todas as formas muito comuns e com as quais estamos habituados.

Mas o que seria um analista corajoso ou o que seria a *coragem* analítica?

Penso que o texto de 1979 descreve isto pela aplicação dos *três princípios de vida* que substituem os dois princípios de funcionamento mental de Freud. São eles:

1) Sentimentos;

2) Pensamentos antecipatórios;

3) Pensamentos + sentimentos + pensamentos (prudência ou previsão na ação).

Estes três princípios enfrentam o extenso problema da idealização e geram expectativas complexas em relação ao trabalho do analista. A idealização pode ser veículo de concepções saturadas, impedindo que as pré-concepções se desenvolvam em novas concepções.

Os três princípios têm a vantagem de não entrar na oposição dor-prazer que costuma estar implícita na questão dos dois princípios. A realidade – o conhecimento da verdade – pode ser estruturante e não destruidor.

O destino da idealização é mencionado quando Bion fala da tendência a objetivar a onipotência na pessoa de um pai ou da mãe, de um deus ou uma deusa. Ele disse: "muitas vezes isso se torna mais fácil por herança física tal como boa aparência. Helena de Troia mobilizou enormes poderes por intermédio de sua beleza, sabemos disto por meio de Homero: 'É este o rosto que lançou ao mar mil navios e queimou as torres sem teto da Hélade?'"

O destino da idealização é levar à desilusão, que vai abrir um campo onde o indivíduo precisa equilibrar-se entre a hostilidade e a compreensão.

Compreensão envolve diferenciar o *self* do objeto, mundo interno do externo, para Bion "espaço mental". Diz ele:

> *Volto agora ao problema da comunicação dentro do* self *(não gosto de termos que indicam "o corpo" e "a mente", por isso utilizo* self *para incluir o que chamo de corpo ou mente e "espaço mental" para posteriores ideias que venham a ser desenvolvidas). Quando estamos engajados na Psicanálise, na qual a observação deve desempenhar uma parte extremamente importante (sempre reconhecida de extrema importância em toda investigação*

científica), não devemos restringir nossa observação a uma esfera demasiado estreita. Então, o que estamos observando? A melhor resposta que conheço foi fornecida pela formulação de Milton na introdução do 3º livro do Paraíso Perdido *(Bion, 1979, p. 250)*:

*Tanto melhor que tu luz celestial
Brilho interior, e a mente através de todos seus poderes
Irradia; lá aonde os olhos falsos, toda névoa vem dali
Purga e dispersa, que eu possa ver e contar
Das coisas invisíveis ao olhar humano*

[Tradução de J. A. Junqueira de Mattos]

Em outras palavras, a questão é: se não é possível olhar para fora, olhar para dentro. Tomar todo material apresentado como um sonho.

Nesta supervisão, o material indica uma paciente que pode estar usando as perdas como prova de onipotência, ou como prova da ação de um objeto onipotente, perante o qual o desamparo está sendo uma contrapartida. O analista pode sentir-se fazendo o papel da contrapartida diante de um caso como este. O que fazer se o problema é físico, limitante e conduz à morte? O que fazer se não há solução alguma?

Onipotência/desamparo é mais do que uma *invariante* importante no campo analítico. Trata-se de uma simetria aberta para construções analíticas.

Ela pode ser confrontada com outra que é a *quantidade* versus a *qualidade*: a qualidade da vida é para ser contrastada com a quantidade da vida. Assim como *essência* e *aparência* necessitam ser confrontadas.

A ideia geral é que o corpo pode trazer compensação ao desprazer da mente; de modo recíproco, a mente pode trazer compreensão ao desprazer do corpo. A suposição básica da psicanálise é que a função da mente pode ser usada para corrigir *soluções enganadoras*... Como são as soluções produzidas por idealização.

Todas essas palavras são da ordem do que Bion chamou de *palavras combinadas*, tal como Eu-Tu (alusão ao texto de Martin Buber).

Podemos dizer que as palavras têm vida própria, possuem um jogo de morte e renascimento. Uma metáfora considerada morta pode ser trazida à vida pela justaposição com outra que faz que uma ideia se torne algo mais além e diverso do que era antes: uma forma de pensamento se cria com a linguagem e uma circularidade aparece: a linguagem pensa, a linguagem nos pensa e nós pensamos por meio dela.

Uma palavra pode ser como uma moeda, ser tão usada que perde o significado de quanto vale. Por isto precisamos manter a linguagem usada nas interpretações em boa forma. Não precisa ser um vocabulário muito extenso, mas o psicanalista precisa conhecê-lo bem. Assim como o músico precisa conhecer bem sua partitura.

Referências

Bion, W. R. (1979). Making the best of a bad job. In F. Bion (Ed.), *Clinical Seminars and Four Papers* (p. 247). Abingdon: Fleetwood Press, 1987.

Supervisão D17

No texto a seguir, A é o analista; P1 são os participantes da audiência na ordem em que falaram.

A: Na última semana, quando nós estávamos falando a respeito do caso do Dr. X, eu me lembrei da minha paciente... eu lhe contei sobre ela. Ela é a paciente que quer um filho e não pode ter filhos.

Bion: Essa é uma das coisas que penso ser uma vantagem sobre falar a respeito destes assuntos todos juntos. Eles tendem a dizer-lhe algo sobre alguma outra pessoa.

A: Sim!

Bion: Porque sempre há essa semelhança entre um ser humano e outro ser humano, de forma que isso sempre pode lhe dizer algo a respeito de outra pessoa.

A: Essa paciente, ela não é mais uma pessoa nova. Ela tem, talvez, 37 ou 38 anos. Ela não está velha demais para ter um filho; mas, de qualquer forma, ela também não é tão jovem. Durante toda sua vida – ela está casada há muitos, muitos anos –, ela tentou ter um bebê. Ela foi a vários médicos. Ela começou a análise comigo há um ano e quatro meses – depois de estar em análise com o Dr. X. Ela é, também, uma paciente muito difícil. Ela tem também um grande grau de atuação – eu não sei se posso chamar isso de atuação.

Bion: Não se preocupe com isso, pois, à medida que o tempo passa, você poderá sentir-se satisfeito com algum tipo de nome, ele pode ser algo que já foi mencionado no dicionário, ou pode não ser; e, quando ele se tornar mais claro, você pode dar-lhe, ou tentar dar-lhe, um nome.

De qualquer forma, ao discutirmos isso aqui dessa forma, a vantagem é: você não está determinado a dizer que você deixará isso dessa forma para sempre. É apenas um palpite ou uma ideia que você pode ter; mas você pode não se apegar a ela, ou você pode – não há como saber.

A: Ela é muito ansiosa; ela mostra que é muito ansiosa. Ela não é capaz, por exemplo, de deitar-se no divã durante todo o tempo. Ela tem de olhar às vezes para mim, ela se move em torno, algumas poucas vezes ela se senta; mas em poucas sessões ela consegue deitar-se e relaxar. Embora não o tempo todo.

Bion: Eu gostaria de abordar um ponto a respeito disso, logo a princípio, o qual me parece ser bastante comum. É o seguinte: a paciente tentou, aparentemente, de tudo. Aparentemente, de acordo com a paciente, ela é casada, já fez análise, já teve todos os tipos de coisas; você não precisa se aprofundar nisso tudo. Quando tudo falhou, a paciente espera que o analista faça algo. Agora, por quê?

Agora, não estou fazendo essa pergunta para que ela seja feita à paciente, ou qualquer coisa desse tipo, mas apenas para chamar atenção a este fato extraordinário de que é *quando tudo falha, que você, supostamente, tem de ajudar.* É nesse momento que o analista tem de, supostamente, fazer algo.

Agora, a primeira coisa que fica clara para mim a respeito disso é: essa paciente não conseguiu nunca ter um intercurso verbal, de forma que não estou surpreso com o fato de ela não poder ter, o que me parece ser, um intercurso sexual. É uma questão de opinião, é claro. Depende do que você mesmo chama de intercurso sexual. Mas, para mim, parece bem claro que se essa paciente não consegue nem mesmo ter um intercurso verbal, não seria surpreendente, então, que ela não conseguisse ser capaz de ter um intercurso sexual. Ou de qualquer forma, apenas para deixar isso um pouco mais claro – eu não sei se deixa ou não –, chamarei isso de um intercurso apaixonado, querendo dizer com isso algo que é mais do que um intercurso simplesmente fisiológico. Agora, eu posso muito bem acreditar que essa paciente possa ser casada, que ela possa estar convencida de que seja exatamente como um casal casado, ou exatamente como uma paciente analítica: ela vem, e assim por diante... Mas isso não é como *ser* ou *tornar-se*!! Em um sentido, poderíamos dizer, se alguém pensou como se fosse, se alguém perguntasse: "Não, você não é exatamente como a sua mãe e seu pai, ou você não é exatamente como mãe e pai, ou você não é exatamente como o papai, mas você pode tornar-se, você pode estar ficando daquela forma". Agora, você não pode simplesmente dizer isso a uma mulher que é casada, e tudo isso; mas secretamente, para você mesmo, você pode dizer que ela não é casada. Ela é exatamente *como* uma mulher casada, ela é exatamente *como* uma mãe de crianças, mas ela não é uma mãe de crianças. Ela pode se tornar uma, mas ela não é uma agora.

Então, eu mencionei isso dessa forma, porque acontece muitas e muitas vezes. As pessoas estão sempre vindo, mas face ao que elas trazem, não há nada que você possa fazer por elas, pois elas já fizeram tudo, elas sabem tudo. Portanto, a questão, de certa forma, é: como ela esta fadada a ir até um analista?

Portanto, pode-se manter essa questão em mente. Quando a paciente vier até você, tudo já foi tentado, de acordo com ela e tudo foi um fracasso. O que surpreende é: ela ainda consegue suportar tentar a análise. Portanto, esse é o tamanho do seu problema.

A: Ela mesma disse algo desse tipo: "Como eu ouso querer fazer análise, mesmo com o propósito de ter um filho".

Bion: Sim! Pode valer a pena chamar a atenção dela para *isso*, para o fato de que *isso* é um problema, para o fato de que há duas pessoas na sala, de modo que ela poderia sentir que gostaria de saber como ela ousa, mas ela também gostaria de saber como o analista ousa ser um analista. Agora, o analista não pode dizer isso a ela, mas é um tipo de ansiedade em que ela tem duas pessoas das quais ela tem medo neste momento: ela mesma e outra pessoa que vai ouvi-la.

De fato, isso nunca foi realmente tão profundo, quando as pessoas se casam, pois quando isso ocorre, elas nunca estiveram, verdadeiramente, casadas anteriormente. Elas podem ter brincado de papai e mamãe, e assim por diante... ou elas podem ter se comportado *exatamente como* pessoas casadas. Mas elas nunca foram pessoas casadas. Portanto, elas são duas pessoas ignorantes que se uniram. É por isso que luas-de-mel, e esse tipo de coisa, são, repetidas vezes, experiências miseráveis!! Teoricamente as pessoas dizem: "Uma ocasião muito feliz, uma lua-de-mel muito feliz!" Mas isso é bobagem! Pois isso depende de esquecermos do quão miserável a experiência é. No entanto, vamos ver um pouco mais do que ela tenta fazer tendo um intercurso verbal. Naturalmente, ela nem se deita no divã!

A: São poucas as vezes em que ela se deita, quando ela se deita, é muito difícil, realmente, realizar a análise. No começo, na sua primeira análise, ela teve uma analista mulher por aproximadamente quatro anos – eu acho –, então ela teve outro analista por alguns anos, dois ou três – eu não sei quanto tempo. Depois disso, ela procurou o Dr. X; ela fez análise com ele por talvez dois anos e, quando ele morreu, ela veio até mim.

Bion: O que você disse a respeito disso, quando ela lhe contou sobre isso? Você se lembra?

A: Eu não me lembro.

Bion: Eu perguntei, pois penso que uma das razões pela quais é útil dizer a um paciente: "Bem, naturalmente você já tentou análise. No entanto, se você quer tentar de novo, nós podemos tentar. Eu tenho horários vagos". E se você já decidiu, nesse ponto, que está disposto a vê-la novamente, você pode dizer: "Bem, podemos combinar outra sessão, posso vê-la amanhã, ou no dia seguinte", ou o que quer que seja. Mas, é claro, você pode, também, querer ser mais cauteloso do que isso. Você pode querer dizer: "Bem, eu não sei se terei um horário, se você quiser me ligar, ou me escrever mais tarde – se você não tiver telefone. Pode ser um grande incômodo me informar e, se eu puder ajudar, posso dizer-lhe que tipo de ajuda eu tenho disponível".

Agora, isso quer dizer que você não está se comprometendo com esse paciente. Lembre-se que isso pode não fazer muita diferença, pois pacientes têm uma forma de não prestar atenção ao que você diz. E se eles querem vir até você, eles vão acreditar, honestamente, que você os prometeu uma vaga. Mas penso que é uma boa coisa estar bem claro em sua própria mente se você não os prometeu nada. Mas se eles quiserem tentar novamente, e se eles não foram decididos até esse ponto, você, então, verá o que é possível. Essa é uma crença e isso lhe dará um pouco de tempo para ver como esse paciente vai.

Se o paciente ainda quer ir até você, isso, por si só, já é algo. Você pode formar sua própria opinião sobre se isso faz desse paciente alguém que você quer mais ou menos ver. No entanto, nesse caso, não precisamos nos preocupar com isso, pois a questão é: não é exatamente a mesma coisa, mas, naturalmente, há a questão a respeito dela querer vir e vê-lo no próximo encontro, ou se você quer vê-la no próximo encontro.

A: Lembro-me de algo que ela disse a respeito da primeira analista, que era uma mulher. Ela disse que ao final daqueles quatro anos, ela percebeu que a relação com essa mulher era muito difícil. Penso que era ligada a ela muito... apaixonadamente. Mas, ao mesmo tempo, falava que ela não era tão boa quanto os outros analistas. Ela foi treinada como terapeuta.

Bion: Sua paciente era?

A: Sim. E ela estava tratando algumas crianças, ela costumava ter supervisão com uma analista, uma médica. Ela, então, começou a ter dúvidas a respeito de sua própria analista. Foi por essa razão que ela mudou da analista mulher para o outro analista, um homem. Ela diz: "O médico dos pequenos grupos". Então, ela estudou medicina para se tornar uma psicanalista. Quando ela terminou a medicina, ela começou a análise com o Dr. X.

Eu estava no exterior e ela telefonou a um amigo meu para me perguntar se eu a tomaria como paciente ao voltar. Eu, então, disse a esse amigo: "Ela mesma poderia tentar falar comigo diretamente". Realmente, ela não tinha meu endereço; ela, então, escreveu para mim. Eu respondi lhe dizendo que poderia lhe ceder uma entrevista quando eu voltasse ao Brasil. Eu lhe disse a data em que estaria no Brasil. Eu não disse se a teria como paciente ou não. Quando cheguei, ela me ligou e pediu uma entrevista. Eu marquei a entrevista, ela estava de férias, ela voltou da sua casa no campo. Eu não me lembro da entrevista, do que ela disse, mas lembro-me que durou apenas alguns minutos. Ela perguntou se eu podia marcar um horário para começar a análise. Eu não sei exatamente o que disse, mas marquei a sessão para começar a análise. Eu fiquei surpreso, pois tive a impressão que foi muito rápido. Ela não podia esperar. Eu tive a impressão que ela não podia esperar. Ela tinha de ver um analista rapidamente, ela estava, realmente, muito ansiosa. Também porque um ou dois meses antes seu pai havia morrido. Foi assim que ela começou a análise.

Bion: Esse é o começo com você?

A: Sim. Então, ela começou comigo. No começo, era muito, muito difícil. Eu pensei durante um longo tempo que era, realmente, muito difícil. Ela estava sempre em dúvida se eu seria ou não tão bom quanto Dr. Z, um analista que trabalhava no exterior. Ela estava sempre comparando: "Eu gostaria de ir para o exterior – minha amiga está lá, outra amiga também está lá. Eu gostaria de ter um analista de lá..."

Bion: Ela sabe como é ir até você. Ela sabe algo sobre isso, pois ela, de fato, veio; mas ela tem de comparar isso com o que ela não fez, e o que você não faz pode sempre ser o que você gosta! Como qualquer pensamento, ou ideia que a paciente transforma em ação. Você, então, pode comparar os fatos atuais, que ela aprende pela primeira vez, com esses outros fatos, que ela não conhece, porque eles não aconteceram – quão melhor seria se ela estivesse, ou se você estivesse no exterior, e assim por diante...

Você pode sempre, ou pelo menos, o seu paciente pode sempre lhe dizer quão insatisfatórios são os fatos, comparados com o que poderia ter acontecido se ela tivesse feito a outra coisa!

Agora, há uma dificuldade, porque o pior tratamento que o analista pode dar a paciente é: morrer. Portanto, um paciente cujo analista morre – aquele analista é odiado por esse paciente por ter morrido. Então, há uma dificuldade: deve ser errado odiar pessoas que estão mortas, e se ela odeia a pessoa que está morta, ela, então, tem medo de ter causado sua morte. Assim, nós voltamos para onde ela não se sente capaz de expressar ódio de nenhuma forma e se ela diz a seu analista o quanto ruim o seu analista é, em seguida ela tem medo de que ele vai morrer. Isso pode ser constrangedor para ela.

Portanto, temos esse negócio curioso, no qual você é comparado com algo que poderia ter acontecido se ela tivesse feito outra coisa diferente.

A partir do momento em que você é um fato, um fato não pode ser tão bom quanto um ideal. Bem, a questão é: o que se pode a uma paciente como essa? Como deixar esse caso claro para a paciente? É claro, você poderia tentar algo assim: "Já que você tem vindo até aqui, você sabe algo sobre como é vir até mim e o quão ruim isso é, e o quão bom seria se você fosse uma pessoa diferente e se eu fosse uma pessoa diferente. Se você não estivesse aqui e eu não estivesse aqui, o quão melhores poderíamos ser. Portanto, há sempre esse problema a respeito da coisa que você não fez comparada à coisa que você fez". Você poderia tentar colocar essa questão para ela, mas isso é simplesmente uma forma de chamar atenção para esse fato, de que os fatos parecem ser muito piores do que... bem, que alguém possa chamar de fatos e os fatos são limitados comparados com o que poderia ter acontecido se fosse uma situação ideal, ou uma situação de um sonho acordado.

Bem, eu não sei exatamente o que vai acontecer depois... mas eu não esperaria que essa paciente esteja disposta a estar satisfeita de qualquer forma. Entretanto quando tudo falhou, até esse momento, eu não vejo por que ela deveria estar satisfeita, quero dizer, o que é uma mera análise, como eu entendo, ou como você entende, ou como você entende, ou como você entende... [Aqui, Dr. Bion está apontando para diferentes participantes]

Então, você pode tentar chamar a atenção dela para o que está acontecendo. Você pode dizer à paciente: "Você agora tem fatos a respeito do que acontece com você se você, de fato, vem até aqui. Você pode perceber quanto insatisfeita você está com os fatos, e assim por diante... o quão ruim são os fatos, comparados a esses outros fatos que poderiam ter acontecido...".

Você não é capaz de saber até que diga e, então, você não se importaria, seja qual for a reação dela. Seja uma ou outra. Mas eu esperaria que ela tivesse mais da mesma coisa. Mas eu esperaria descobertas adicionais a respeito do quão ruim eu sou como analista. Isso eu pensaria, eu estaria bastante certo disso, lembre-se; se por qualquer chance ela decidisse que eu era um bom analista, eu chamaria sua atenção a isso, digamos: "É realmente algo bastante surpreendente o que eu agora pareço para você. Portanto, isso é como se, embora você quisesse pensar que eu sou um bom analista. Eu, de fato... aparentemente, você pensa que eu sou um bom analista também".

Agora, a partir do que ouvi a respeito dessa paciente, eu esperaria que ela ficasse melhor nesse momento por eu dizer isto, pois esperaria que ela se sentisse extremamente invejosa de ambos: de mim, por tê-la tratado tão bem, e dela mesma, por *me* tratar tão bem. Ela teria inveja das duas pessoas.

Ela seria como duas pessoas. Ela seria a pessoa que tem, ao mesmo tempo, inveja de ambos: dela mesma, por ter tanta sorte de vir a um analista tão bom, e do analista, por ele ter tanta sorte de ter uma paciente que pensa que ele é um bom analista.

Portanto, você tem essa coisa peculiar em que eu iria me interrogar – que ela prosseguiria presa a sentimentos de culpa por não amar, ou não gostar de seu analista, ou por não apreciar o fato de ter sido responsável por sua morte. Assim, ela se sentiria culpada por sentir: "Que analista ruim eu fui". Ela se sentiria culpada por sentir que eu fui um bom analista, porque isso é deslealdade. Assim, penso que ela, quase certamente, sentiria que não poderia agir de forma correta, mas ela também está furiosa com a pessoa com a qual ela teve tal experiência tão horrível, pessoa esta que, por acaso, é um analista.

Dessa forma, eu não penso que o analista deve continuar esperando conseguir muita consideração dessa paciente. Afinal de contas, ela ainda *está* viva, ela *já foi* casada e se nada disso é bom o suficiente, por que ela deveria esperar alguma coisa boa, uma conversa entre duas pessoas ser tão boa assim? É, realmente, quase irracional acreditar que a psicanálise vai, realmente, curar, mas ela, surpreendentemente, cura. Surpreendentemente, ela parece ser útil! De forma que a paciente vai descobrir que vale a pena vir novamente à próxima sessão. Ela sentiria raiva a respeito de vir novamente à próxima sessão. É por isso que penso que levará muito tempo para... mas isso depende daquelas coisas que deram errado com ela: o analista morreu e assim por diante... Mas eu não ficaria, de forma alguma, surpreso ao descobrir que você não entrou, de verdade, de forma muito útil na situação.

[Aqui P1 faz uma pergunta, mas a fita está inaudível e não pode ser transcrita, entretanto, de acordo com os comentários de Dr. Bion, tem a ver com uma relação sexual amorosa em oposição a uma relação sexual fisiológica].

É, realmente, bastante fácil e até mesmo crianças têm sucesso na masturbação e em brincadeiras com jogos sexuais, e assim por diante... mas elas não conseguem alcançar o que sabemos que poderia ser possível, a saber: desejo apaixonado. Isso é possível para o analista, mas os pacientes pensam que sabem tudo a respeito disso. Muito frequentemente, um homem comporta-se como se soubesse tudo a respeito de questões sexuais, que ele está pronto para provar isso para todo mundo, e uma garota, da mesma forma, está pronta para provar que ela sabe tudo sobre sexo, mais do que sua mãe jamais soube. Assim, é um pouco chocante quando eles descobrem que não sabem. É terrível ter de admitir para quem quer que seja que saiba.

A: O que o senhor acaba de descrever é mais ou menos como isso: três meses atrás, ela mudou de uma maneira muito curiosa, porque ela me atacou e ela costumava dizer também: "Isto não é análise, você não tem de perguntar coisas, você...". Ela costumava ter preconceitos acerca da análise "... análise tem de ser assim, assim e assim".

Bion: Sim.

A: Ela costumava dizer: "Isto não é análise, o que você está fazendo". Se eu perguntasse algo, se eu observasse algo, ela se queixava que não era uma interpretação real.

Bion: O que você poderia dizer a respeito disso é: "Bem, o que você está me dizendo, é o que você 'sabe' sobre análise. O que eu sei acerca da análise é saber o que você não sabe".

A: Este é o seu conhecimento acerca da análise?

Bion: De acordo com ela!

A: Ela costumava ter a aparência de uma pessoa muito forte, ela sabe o que é o melhor, ela sabe sobre análise, ela sabe sobre tratamento e ela é uma boa aluna, e assim por diante... Mas eu notei que isso era tão superficial que, na verdade, tudo que ela estava trazendo – não foi no começo que eu notei isso. Eu notei que ela nunca foi capaz de dar sua própria opinião.

Bion: Mas essa questão de quem é o melhor, se isto é tudo o que a análise é, não vale a pena entediar-se com isto. Agora a questão é: como colocar isto para o paciente? Como você pode colocar isto claro para ela? Pois, tantas coisas pareceriam estar se juntando com esse tipo de jogo de quem está no topo? Quem é o melhor? Portanto eu penso que isso é um jogo, que você tem de dizer a ela – e, realmente, ninguém mais pode dizer isso, exceto você –, contanto que a paciente venha até você. De forma que você possa sentir, correta ou erroneamente, eu não sei, mas você *pode* sentir qual é a interpretação que lhe parece ser a correta.

A: Eu poderia pegar a algo disso e dar uma interpretação. Um dia, quando eu ouvi o que ela costumava dizer para mim, quando ela se deitava, e eu disse: "Você não gosta da maneira que estou trabalhando", ou algo desse tipo. Lembro-me que um dia eu lhe disse:

"Olhe, você entra dentro de mim e pensa por mim. Isto é como se eu não fosse eu mesmo, porque você diz quem eu sou".

Bion: Bem, duvido que isso a ajudaria tanto quanto chamar-lhe a atenção para o fato de que ela pode estar certa e assim por diante... Mas seria útil se ela lhe desse a evidência do que ela está lhe dizendo. Se está certo o que ela diz para você, você então poderia dizer: "Bem, você não me contou sobre a evidência de como você descobriu isso" e ver qual seria sua resposta para isso. Você diz: "Bem, ainda não sabemos qual é a evidência. Você está dizendo isso porque sente que isso é assim para você. Portanto, isso é o suficiente sem nenhuma evidência". Penso, de fato, que você tem de saber o que a evidência é.

A: Eu não sei, mas eu tive o pressentimento que ela estava fazendo isto – quando ela costumava dizer: "Eu desejo pensar no seu lugar". Mas então houve um passo para a frente, porque pude dizer para ela mais tarde, quando ela costumava dizer alguma coisa que estava vindo dos outros. Que ela sentiu que eles estavam fazendo para ela o que ela desejou fazer para mim: pensar em meu lugar e não me deixar ser eu mesmo. Como resultado, ela nunca entendeu realmente o que ela estava sentindo, mas apenas o que o outro estava sentindo.

Bion: O problema aí é que é bastante difícil colocar isso para ela, e ela provavelmente pensaria que você está apenas tentando ser melhor do que ela. Portanto, de certa forma, é mais simples dizer: "Precisamos da evidência da coisa".

Agora, isso não quer dizer que você está concordando, que ela é melhor, ou que ela sabe mais sobre psicanálise, nem dizendo que você sabe mais sobre psicanálise do que ela. Tudo o que isso quer dizer que, na *sua* opinião, seria útil ter alguns fatos.

Agora, a desvantagem dessa situação seria: a paciente pode não ser capaz de lhe dar fato algum. Por outro lado, se você dá uma interpretação, você, então, tem uma situação na qual a paciente diz algo: você dá uma interpretação; então, você tem outra interpretação... Desse modo, a lacuna fica cada vez maior e pensa-se que o analista está fazendo mais e mais interpretações teóricas... Mas se você mostrar que não se importa com o fato de ela ser uma melhor analista do que você, mas você quer saber quais são os fatos, ela, então, pode decidir contar-lhe quais são os fatos, ou ela terá de mudar suas ideias. Ela terá de revisar sua opinião se não conseguir encontrar nenhum fato que os suporte.

Mas o problema com uma paciente sofisticada como essa é que: ela tem uma experiência muito grande. Assim, esse tipo de paciente provavelmente sabe, não conscientemente, mas, de alguma maneira ou outra, como ser difícil. Agora, se ser difícil é tudo que se requer em análise, tudo bem!! Se ser um parceiro trapalhão é tudo o que se quer em uma relação sexual, tudo bem!! Mas se existe algo como uma relação sexual apaixonada, isto não é tão bom assim!!! Não é bom para ela apenas ser capaz de fazer o que qualquer garoto ou garota consegue fazer em um intercurso.

Isso é bom o bastante para uma criança. Para uma criança, pode ser bom o bastante fazer que seja o mais difícil possível para um pai ou uma mãe. Agora, esta paciente pode ser capaz de saber como fazer o intercurso verbal. Colocando eu mesmo em seu lugar, eu posso imaginar coisas: eu vejo uma cadeira no consultório, um divã no consultório e eu posso ver que você obteve essas coisas. Você quer que eu deite no divã. Bem, eu vou permanecer na cadeira. Nada mais acontece até aqui. Eu posso tentar vir outra vez, eu posso parar as coisas assustadoras de acontecerem, mas isso também significa parar a análise.

Agora, não se quer dizer à paciente que ela deite no divã. Eles sabem que se se deitarem no divã, pode ser mais fácil do que se estiverem sentados, com o analista atrás deles, quando é mais fácil para você fazer o seu trabalho. Eles podem tornar o seu trabalho mais fácil, ou torná-lo mais difícil. Agora, essa paciente sabe o suficiente para tornar isso mais difícil.

Bem, o problema é que o analista tem de fazer algo – tem de dizer algo – e a paciente sabe disso. Assim, tenta-se fazer algum comentário útil ou o que quer que seja possível. Mas, às vezes, é muito útil, talvez, se você fizer algum comentário útil, o paciente irá... Às vezes, ela pode dizer: "Isso é muito útil", e ela dirá algo mais, ou não dirá que é muito útil. Mas os pacientes vão mostrar que é útil ao dizer algo, que é útil para eles mesmos, que dá ao analista algo com o que continuar.

Mas você tem de ser firme com esse tipo de paciente, o tipo de paciente difícil que, ao descobrir o que está lhe ajudando, se preocupa em dizer algo *menos* útil. Portanto, como eu disse, você pode encontrar-se envolvido com esse tipo de fato, no qual você tem mais e mais trabalho com menos e menos fatos com os quais trabalhar. Assim, penso que, de certa forma, você vai aprender depois de algum tempo a não ignorar os fatos à medida que você os aprende; mas na prática efetiva de ser um analista, você sabe quais são *suas condições mínimas de trabalho,* e você pode saber que se você não tiver as *condições mínimas, suas condições mínimas,* você não pode fazer o trabalho.

Agora, mesmo que você não consiga fazer uma lista de quais são as suas condições mínimas, você pode sabê-las. Você pode saber, por exemplo: você tem de ter uma cadeira – isso é razoável o suficiente. Não importa se ela tem um encosto para as costas, ou algo desse tipo, você se deita. Você sabe que quatro horas de trabalho, ou sete horas de trabalho, ou o que quer que seja, é a sua ideia de vida profissional.

Algumas vezes, o paciente pode dizer: "mas, doutor, certamente o senhor poderia me dar mais uma sessão ou poderia me ver no fim de semana". Mas, certamente, uma coisa é se você não se importar em ter um grande pedaço retirado do seu longo tempo analítico. Mas e de seu tempo pessoal? Somente você sabe o quanto mais você deve fazer, assim como com a psicanálise, ninguém pode dizer a você como deve decidir sobre seu precioso tempo. Você pode gradualmente saber o quanto está preparado a ceder do seu tempo no trabalho e o quanto pode dispensar se você está necessitando mais de descanso ou recreação para os seus negócios particulares de sua vida privada. Isto é uma coisa que só o tempo vai lhe mostrar. Mas eu penso que isto deve estar claro para você. Assim, com sua paciente, você deve decidir o quanto você está preparado para tolerar, o quanto de concessões você pode fazer para a paciente.

Agora, quando você tem um paciente que, se você fizer concessões, vai querer mais concessões, você faz mais algumas concessões, e isso cria mais concessões adiante. Mas você tem de ter muito claramente em mente quando pensar que há agora uma razão para ser restrito às mínimas condições para praticar a análise. Você não é outro. Não importa como o outro faz análise, mas importa como você faz.

É algumas vezes difícil nos mantermos nessa posição, porque parece tão fácil de lidar com isso, pensar que são importantes nove horas quando você decide que oito horas são o suficiente.

Bem, se você não acertou isto ainda, então você pode ter uma ideia a respeito, se se discute isso, se deve ser dessa forma ou outra assim por diante...

Comentários sobre a Supervisão D17

Ana Maria Stucchi Vannucchi

Logo na primeira leitura desta supervisão, fui tocada por algumas frases, especialmente essas: "ela *tentou* ter um bebê" e "eu *tentarei* dizer algo a respeito". O analista se refere em seguida à dificuldade de conversar com a paciente, à dificuldade de encontrar as palavras adequadas, à dificuldade de a paciente deitar-se e relaxar. Bion diz que ele não deve se preocupar, pois o analista deve aguardar e, depois de um tempo, encontrará o que dizer a paciente: ele se tornará mais claro, você pode dar-lhe, ou *tentar* dar-lhe, um nome". Em seguida diz: "a paciente *tentou*, aparentemente, de tudo... quando tudo falhou, a paciente *espera* que o analista faça algo, é quando tudo falha que você, *supostamente*, tem de ajudar".

A palavra que me tocou foi *tentar*. Fui ao dicionário da língua portuguesa (Buarque de Holanda, 1975, p. 1366), e lá encontrei inúmeras definições do verbo *tentar*. As definições vão desde verbetes que incluem claramente o desejo e meios para obter o que se deseja até verbetes que colocam o verbo numa situação mais ampla, mais distante de desejar, como pôr em prática, empreender, experimentar, arriscar-se ou aventurar-se, tal como sugere o verso de Camões: "Vistes aquela insana fantasia, de tentarem o mar com vela e remo?" (Camões, 1954, IV, 29).

Então pensei: eu posso *tentar* fazer um comentário. Não sou profunda conhecedora de Bion, mas suas ideias me são muito úteis em minha clínica e em minha vida. Como nos lembra Parthenope Bion Talamo (1987/2000, p. 65) em: "Porque não podemos nos intitular bionianos": "o fundamental seria termos liberdade de sermos nós próprios". Dentro dessa perspectiva, ser eu mesma poderia se aproximar de: "Estou *tentando* ser uma psicanalista!" O *tentar* aparece então como um umbigo dessa leitura que fiz sobre o texto, tal como Freud (1900/1962, p. 119) propunha a expressão "umbigo do sonho", um contato com o desconhecido, o insondável; por outro lado, o contato com o corpo da mãe, que supõe a cesura do nascimento. *Tentar* supõe então um corte com as certezas, um salto no desconhecido?

Tentar ser psicanalista, *tentar* escrever um comentário, arriscar-me, lançar-me, implica para mim a espera de um encontro comigo mesma, com o paciente, com o leitor. Como *tentar* sem ter esperança? Como a esperança se relaciona ao desejar? Como lidar com esse paradoxo? Isso pode redundar em desencontro, mas como não sabemos, *tentamos*.

Isso me levou ao texto de Bion "Notas sobre memória e desejo" (Bion, 1967/1986), que eu sinceramente acho muito prescritivo, em que ele propõe a disciplina de afastar memórias e desejos. Pensei: como ter esperança sem desejar? É possível a esse analista não desejar que a paciente engravide? Por outro lado, seria possível para ele atendê-la em psicanálise se tiver esse desejo no foco de sua atenção? Como observar as vivências da sessão e as possibilidades de expansão se estiver aprisionado por esse desejo? Do meu ponto de vista, todas essas questões se colocam e precisam ser consideradas.

O *tentar* reaparece logo em seguida, agora associado a ousar: "ela ainda consegue suportar *tentar* a análise"; "Ela ousa, mas gostaria de saber como o analista ousa ser analista"; "você já *tentou* fazer análise, se você quer *tentar* de novo, nós podemos *tentar*".

O analista se sente aflito porque a paciente é "ansiosa" e não consegue estar à vontade com ele e nem ele com ela. Tudo indica que ele gostaria de conseguir, gostaria que ela conseguisse, gostaria de ser analista dessa pessoa. Se ela puder receber algo do analista, talvez possa "engravidar"?

O que quero destacar é, a meu ver, a impossibilidade de dissociar inteiramente a esperança do desejo. Encontro em *Cogitações* uma observação de Bion (1992/2000, pp. 308-309) que vai nesse sentido:

> *Temores são tão opacos quanto esperanças. Será que esperança é diferente de desejo? Sim, como os nós, é desejo mais tempo. . . Anseio ardente por satisfação, diferente de procura por satisfação, anuncia a existência de uma vacância (menos) – o nó se parece com uma vacância.*

Acredito que essa formulação me permite iluminar o núcleo do *tentar*: um desejo mitigado no tempo, contido e transformado em esperança/expectação, tal como descreve Hesíodo (1996) em *Os trabalhos e os dias*, ao referir-se à vingança de Zeus sobre Prometeu e sobre os humanos, enviando-lhes Pandora, que abre o jarro/a caixa com os sofrimentos humanos, restando nele apenas a expectação. A tradutora, Mary Lafer, menciona que esse termo comporta mais o sentido amplo de espera (do positivo ou do negativo). Temos então o tentar associado a esperança/expectação.

Bion diz para o analista: "é uma boa coisa estar bem claro em sua própria mente que você não *prometeu* nada... verá o que é possível". Essa passagem me fez lembrar novamente de Freud, do sonho de Irma, sonho inaugural da psicanálise:

> *Eu estava consciente de que as palavras do meu amigo Otto ("está melhor, mas não inteiramente boa"), ou o tom em que as proferiu, me aborreceram. . . . Imaginei ter descoberto nas mesmas uma reprovação, tal como . . . no sentido de que prometera demasiado à paciente e, certa ou erradamente, atribuí o suposto ao fato de Otto estar tomando partido contra mim. . . . O sonho exonerou-me da responsabilidade pelo estado de Irma, indicando que este era devido a outros fatores – produziu uma série de razões. . . . Seu motivo foi um desejo... o desejo de estar inocente com relação à doença de Irma. (Freud, 1900/1972, p. 114, 127, 129)*

Acredito que essa observação de Freud nos permite considerar o analista lidando, a meu ver, com seus *desejos* de que a análise seja útil para a vida do paciente. Nessa supervisão, a meu ver, Bion equipara utilidade para a vida da paciente com a palavra *cura, que habitualmente olhamos com reprovação*: "É quase irracional acreditar que a Psicanálise irá realmente curar, mas ela, surpreendentemente, cura, ela parece ser útil".

A ideia de utilidade da análise para a vida da paciente se associa, a meu ver, com a possibilidade de ela perceber-se, observar-se, entrar em contato com seus sentimentos amorosos (bom analista/boa paciente) e odiosos (matar o analista, mau analista, má paciente), inveja e culpa. Acredito que, para além disso, essa utilidade se relacione à ideia de "sentir que vale a pena voltar para a próxima sessão": isso sugere, na minha opinião, uma pré-concepção de que o encontro será possível. Uma esperança? Seria a esperança uma pré-concepção? Esse termo (esperança) está rondando minha mente o tempo todo em que escrevo esse comentário. Esperança de um encontro útil para a vida da analisanda, mas também para a vida do analista? Esperança de que a vida e o encontro valham a pena?

O segundo ponto que me tocou foi a noção de *paixão* por meio da ideia de "intercurso passional". Se a paciente não pode ter um intercurso verbal, como vai ter um intercurso *passional*? Um intercurso *passional* é mais do que simplesmente uma relação sexual fisiológica, que, aliás, não fertiliza. A ideia da "relação *passional*" nos permite considerar o corpo e a alma como uma unidade indissolúvel e a fertilidade como algo que não é apenas físico, corporal. Aliás, o casamento também. Bion pergunta: "O que é ser casada?" "Você pode secretamente supor que a paciente não é casada", pois, penso eu, casar vai muito além daquilo *que os olhos veem, os ouvidos escutam, e as mãos assinam*. Implica uma dimensão mental, não muito simples de ser alcançada.

O tema da *paixão* e do amor tem surgido aqui e acolá em nossas reuniões. Decidi reler *O banquete* de Platão, onde encontramos formulações muito estimulantes e atuais sobre o assunto. Nesta releitura, depois de passados muitos anos dos meus estudos de Filosofia, notei alguns pontos que antes me passavam despercebidos. O narrador era Apolodoro e o Banquete havia ocorrido na casa de Agatão, muitos anos antes, quando Apolodoro ainda era criança, o que nos coloca em contato com as questões da memória e das transformações nas reconstruções do passado, pois Apolodoro conta a Glauco, algo que ouviu de Fênix, que, por sua vez, ouviu de Aristodemo, amante fervoroso de Sócrates e que depois foi reconfirmado pelo próprio Sócrates.

Chegando à casa de Agatão, estão presentes vários convivas, deitados em longos divãs. Aristodemo é bem recebido e Sócrates se mantém fora da casa, "pensando". Todos discutem o quanto vão beber e decidem deixar a bebida livre e não obrigatória. Em seguida, Erixímaco propõe que façam um Simpósio para celebrar o Amor, um deus pouco louvado, e todos concordam. Vários convivas louvam o

> *amor como um deus muito antigo, honrado e poderoso para a aquisição da virtude e felicidade entre os homens, tanto em sua vida como após a sua morte. . . . Exortam a que se deva amar igualmente o corpo e a alma, e elegem a música, no tocante à harmonia e ao ritmo, como a ciência dos fenômenos amorosos. (Platão, 1972, p. 20, p. 26)*

Eis que surge então a fala de Aristófanes, com o mito do Andrógino, que, aliás, Freud cita em *Além do princípio do prazer*: "Tudo nestes homens primevos era duplo: tinham quatro mãos e quatro pés, duas faces, duas partes pudendas, assim por diante. Finalmente, Zeus decidiu dividir esses homens em dois" (Freud, 1920/2010, p. 231).

Assim surge o amor, fruto da incompletude e mutilação do ser humano: "cada um ansiava por sua própria metade e a ela se unia, e, envolvendo-se com as mãos e enlaçando-se um ao outro, no ardor de se confundirem, morriam de fome e de inércia geral, por nada quererem fazer um longe do outro" (Platão, 1972, p. 29).

Essa busca da complementaridade procura restaurar nossa "antiga natureza", fazer de dois um só e "curar" a natureza humana desses sofrimentos.

Sócrates, por sua vez, começa fazendo perguntas a Agatão, e utiliza como "recurso ficcional" a referência a uma sacerdotisa de nome Diotima, que seria entendida nas questões do amor. Nesse diálogo, vai surgindo a "carência do amor em relação ao belo e ao bom", pois se "ele procura o belo é porque não o possui". Sócrates então propõe que o amor não seja um deus, mas sim um "Daimon", um gênio que se encontra "entre os deuses e os homens": gênio que tem o poder de interpretar e transmitir aos deuses o que vem dos homens, e aos homens o que vem dos deuses, súplicas e sacrifícios de uns e ordens e recompensas de outros (Platão, 1972, p. 40).

E quem são os pais do amor?

Diotima se põe a contar; nas palavras de Platão:

> *Quando nasceu Afrodite, banqueteavam-se os deuses, e, entre os demais, encontrava-se também o filho de Prudência, Recurso. Depois que acabaram de jantar, veio para esmolar do festim a Pobreza e ficou pela porta. Ora, Recurso, embriagado com o néctar – pois vinho ainda não havia –, penetrou o jardim de Zeus e, pesado, adormeceu. Pobreza então, tramando em sua falta de recurso engendrar um filho de Recurso, deita-se ao seu lado e pronto, concebe o Amor. Eis porque o Amor ficou companheiro e servo de Afrodite, gerado em seu natalício, ao mesmo tempo que por natureza é amante do belo, porque também Afrodite é bela. E, por ser filho de Recurso e de Pobreza, foi esta a condição em que ele ficou. Primeiramente, ele é sempre pobre, e longe está de ser delicado e belo, como a maioria imagina, mas é duro, seco, descalço e sem lar, sempre por terra e sem forro, deitando-se ao desabrigo, às portas e nos caminhos, porque tem a natureza da mãe, sempre convivendo com a precisão. Segundo o pai, porém, ele é insidioso com o que é belo e bom, corajoso, decidido e enérgico, caçador terrível, sempre a tecer maquinações, ávido de sabedoria*

e cheio de recursos, a filosofar por toda a vida, terrível mago, feiticeiro, sofista: e nem imortal nem mortal é a sua natureza. (Platão, 1972, p. 41)

Esse mito me pareceu muito interessante, porque nos permite pensar desse ponto de vista que a falta é um elemento característico do sentimento amoroso, tendo, porém, como contraparte a coragem, a energia e a vitalidade. É como se Platão/Sócrates propusessem aqui que, por meio do sentimento amoroso, nos "elevássemos" para além da condição humana de mortalidade, limitação e ignorância, tal como o filósofo, que também habita esse território intermediário entre a sabedoria e a ignorância.

Em seguida, Sócrates menciona, sempre por meio de Diotima (interessante Platão ter escolhido colocar essa fala na boca de uma mulher!), que a concepção e geração de uma nova vida, nascida do amor, tanto do corpo como da alma, permite que a natureza mortal do homem se lance em direção da "imortalidade", aproximando-a de certa forma dos deuses: "um colaborador da natureza humana, melhor que o amor, não se encontraria tão facilmente" (Platão, 1972, p. 49).

Eis que chega Alcibíades, muito embriagado, "ciumento, invejoso e violento", por ter sido rejeitado em seu amor por Sócrates. Essa rejeição amorosa é descrita detalhadamente em sua fala, que alterna elogios às qualidades de Sócrates, revelando ao mesmo tempo intensa dor e sofrimento por ter sido rejeitado. Acusa Sócrates de não saber amar e só querer ser amado, expressando assim raiva e ressentimento.

Podemos dizer então que o amor, de acordo com Platão, nos coloca em contato com os sentimentos mais "elevados e sublimes", mas, ao mesmo tempo, com os sentimentos mais humanos e terrenos, como ciúme, posse, rivalidade, ódio, vingança.

Defrontamo-nos aqui com a natureza paradoxal do sentimento amoroso, como uma travessia/transição entre o prazer e a dor, o corpo e a alma, o amor e o ódio, o sensorial e o psíquico, verificando, ao mesmo tempo, que essas palavras são muito pobres e restritas para expressar essas vivências humanas. Para uma expressão mais clara e significativa, precisamos dos poetas.

Adélia Bezerra de Menezes encontra, com agudeza e sensibilidade, uma expressão desse paradoxo nas palavras de Camões:

> *Amor é fogo que arde sem se ver...*
> *É ferida que dói e não se sente*
> *É um contentamento descontente*
> *É dor que desatina sem doer.*
> *(Menezes, 2002, p. 57)*

Octavio Paz também enfatiza o paradoxo do sentimento amoroso, relacionando-o ao corpo, que é "prazer e morte", e a um "sopro que faz de cada homem e de cada mulher uma persona", definindo assim a dupla chama – "amor e erotismo, que se alimentam do fogo original da sexualidade" (Paz, 1994, p. 185).

> *O amor é indiferente a toda transcendência: começa e acaba nele mesmo. É atração por uma alma e um corpo, não uma idéia: uma pessoa. Essa pessoa é única e é dotada de liberdade, para possuí-la o amante tem que ganhar sua vontade. Posse e entrega são atos recíprocos.*
> *(Paz, 1994, p. 187)*

Bion (1963/1966), em *Elementos de psicanálise*, propõe que o campo da *paixão* se constitui "em tudo o que está compreendido entre L, H e K" (p. 20). Considera o domínio da *paixão* como uma das dimensões do objeto psicanalítico, um "componente derivado de L, H e K, representando uma emoção experimentada com intensidade e calor, mas sem violência" (p. 31). Em seguida diz: "A *paixão* é a evidência de que duas mentes estão unidas" (p. 32, grifo nosso). O que seria então um "*desejo apaixonado*", que a paciente não pode ainda experimentar, mas que "é possível para o analista?", como sugere Bion nesta supervisão?

Lembrei-me aqui da pergunta de uma colega: "que amor é esse que temos pelos pacientes?" Eu pergunto: Podemos então pensar num intercurso verbal *apaixonado*, onde pode haver um "momento mágico" de união? Nesse momento, a palavra do analista pode ser portadora de afetos e propiciar essa vivência *apaixonada* de duas mentes. Creio que é isso que eu entendo por *at-one-ment*. Acredito que esse estado mental de estar em uníssono com o outro se localize na evolução (ou travessia, se pensarmos em Guimarães Rosa) de K para O, ou seja, do conhecer para o ser: "a interpretação é um evento real na evolução para o O que é comum a analista e analisando" (Bion, 1970/2007, p. 42).

Se houver encontro e vivência de estar em uníssono com o outro, pode haver fecundação e fertilidade. E então a paciente poderia "engravidar"? Por isso, acredito, diz Bion: "análise não é conhecimento". Eu penso: acredito que seja vivência. É realmente paradoxal que uma "mera análise", ou "algo tão ordinário como um pouco de conversação entre duas pessoas", possa se constituir, em alguns momentos, em algo tão precioso e fundamental para a vida de uma pessoa! Será que podemos pensar aqui na ideia de entrega e posse recíprocas entre analista e analisando como propõe Octavio Paz?

Outro tópico que me interessou diz respeito aos fatos: "Que *insatisfatórios* são os fatos se comparados com os devaneios!", "Um fato não pode ser tão bom quanto um ideal" ou "quão ruins são os fatos, comparados aos fatos que poderiam ter acontecido!"

Acredito que aqui, Bion está chamando a atenção para questões ligadas à instalação do Princípio da Realidade (Freud, 1911/1958), e à dor inerente a esse processo, que, no entanto, é necessário à sobrevivência física e psíquica.

Freud se refere ao artista e à sua possibilidade de transformar suas fantasias em realidades:

> *mas o consegue somente porque as outras pessoas partilham a sua insatisfação com a renúncia real exigida, e porque tal insatisfação, que resulta da substituição do princípio do prazer pelo da realidade, é ela mesma parte da realidade . . . a mais surpreendente característica dos processos inconscientes (reprimidos), à qual o investigador se habitua apenas com grande superação de si, consiste em que neles, a prova de realidade não conta, a realidade do pensamento é equiparada à realidade externa, o desejo à sua realização, ao acontecimento, tal como sucede naturalmente sob o domínio do velho Princípio do Prazer.* (Freud, 1911/2010, pp. 118-119)

Toda a questão ligada à disputa entre "quem é melhor", quem sabe "fazer análise", é pensada com base na noção de *evidência* e, portanto, da observação dos fatos psíquicos que a dupla vive. Bion observa que o analista se irrita com a paciente quando ela diz: "você não gosta da maneira que estou trabalhando"! O analista responde: "olha, você entra dentro de mim e pensa por mim. Eu não sou eu mesmo, porque você diz quem eu sou". Bion sugere que o analista poderia buscar *evidências*: "Como você descobriu isso?" ou "O que te deu essa impressão?" Dessa forma, poderia desenvolver a possibilidade de observação dentro da dupla analítica, oferecendo à paciente a possibilidade de observar-se.

Penso que nesse trecho Bion também chama a atenção para a capacidade de auto-observação do analista e do perigo de fazermos "interpretações teóricas" não baseadas em *evidências*, que só aumentam a distância entre analista e analisando: se o analista precisa entrar na disputa de quem é melhor, fatalmente a possibilidade de observar a dupla e se auto-observar fica afastada.

Mas o que são fatos? Em *Evidência*, Bion lança mão de Kant (1781, p. 57, citado por Giuffrida, 1997, p. 404): "intuições sem conceitos são cegas, conceitos sem intuições são vazios", e se pergunta: "como introduzirmos a intuição no conceito e os conceitos nas intuições?". Em seguida, propõe: "um sentimento é uma das poucas coisas que os analistas têm o luxo de serem capazes de encarar como sendo um fato" (Bion, 1976/1985, p. 136).

Fiquei pensando que o sentimento de desamparo, impotência e desilusão dessa paciente se expressa pela onipotência de querer "engravidar sem ter uma relação sexual *passional*", de querer fazer análise sendo analista de seu analista, enfim, tornando o encontro muito "difícil". Parece que, neste momento, ela não encontra outra forma de ser e de se relacionar que não seja essa: "difícil". Só, isolada e inacessível, mas, ao mesmo tempo, necessitada e carente. Pobreza e Recurso nas palavras de Platão?

Vemos que essa situação exaspera o analista, que não encontra nesse momento uma forma aceitável de comunicar isso à paciente. Eu me pergunto o que é um paciente difícil e se existem pacientes fáceis: "ser fácil" não seria também uma dificuldade? Não estaria a dificuldade sempre presente quando se trata de comunicar-se consigo próprio e com o outro?

Finalmente a supervisão termina com a colocação das "condições mínimas de trabalho para um analista". Considero essa questão muito atual, pois tem sido objeto de inúmeras discussões societárias, no que diz respeito ao *setting* analítico.

A meu ver, nas análises de formação, precisamos de uma frequência analítica de quatro a cinco sessões para que seja possível vivenciar profundamente a intimidade na dupla analítica e conviver com estados mentais primitivos e sentimentos de toda natureza, que um analista precisa conhecer em si próprio: "observação e contato com minhas experiências mentais" (Nogueira, 2010, p. 6). Isso implica o cuidado do analista com sua própria mente, como Bion parece sugerir neste trecho final da supervisão.

Bion amplia essas *condições mínimas de trabalho*, abordando as necessidades pessoais do analista, tais como tempo, dinheiro, descanso, diversão etc., que precisam ser consideradas para que se instale realmente uma relação analítica. É interessante que Bion enfatiza que esses elementos são pessoais e não podem ser "emprestados" a outrem: "Não é bom que alguém fique dizendo a você como é que deve olhar para as coisas, ou a partir de onde você olha para as coisas – ninguém jamais vai saber, exceto você mesmo" (Bion, 1976/1985, p. 139).

Referências

Bion, W. R. (1963/1966). *Elementos de psicoanálisis*. Buenos Aires: Hormé. Publicado originalmente em 1963.

Bion, W. R. (1976/1985). Evidência. *Revista Brasileira de Psicanálise*, *19*(1), 129-141. Publicado originalmente em 1976.

Bion, W. R. (1967/1986). Notas sobre a memória e o desejo. *Jornal de Psicanálise*, *19*(39), 33-35. Publicado originalmente em 1967.

Bion, W. R. (1992/2000). *Cogitações*. Rio de Janeiro: Imago. Publicado originalmente em 1992.

Bion, W. R. (1970/2007). *Atenção e interpretação*. Rio de Janeiro: Imago. Publicado originalmente em 1970.

Buarque de Holanda, A. F. *Novo dicionário da língua portuguesa.* Rio de Janeiro: Nova Fronteira. 1975.

Camões, L. de. (1954). Canto VI. In *Os Lusíadas* (pp. 195-223). São Paulo: Melhoramentos.

Freud, S. (1920/2010). *Além do Princípio do Prazer.* In Obras Completas de Sigmund Freud (Vol. 14, P. C. de Souza, trad.). São Paulo: Companhia das Letras. Publicado originalmente em 1920.

Freud, S. (1911/2010). *Formulações Sobre os dois Princípios do Funcionamento Mental.* In Obras Completas de Sigmund Freud. São Paulo: Companhia das Letras, vol. 10 (Tradução de Paulo Cesar de Souza). Publicado originalmente em 1911.

Freud, S. (1900/1972). *A interpretação dos Sonhos.* In Edição Standard Brasileira das Obras Completas de Sigmund Freud. Rio de Janeiro: Imago, vol. IV. Publicado originalmente em 1900.

Giuffrida, F. (1997). Reflexões sobre alguns aspectos da intuição. *Revista Brasileira de Psicanálise,* v. 31, n. 2, p. 401-426, 1997.

Hesíodo (1996). *Os trabalhos e os dias* (M. Lafer, trad.). São Paulo: Iluminuras.

Menezes, A. B. (2002). A paixão na literatura. *Literatura e Sociedade,* (6), 40-62.

Nogueira, P. O. (2010). *Frequência analítica: uma questão do analista e não do analisando.* São Paulo. (Trabalho não publicado.)

Nunes, B. (1969). O amor na obra de Guimarães Rosa. In *O dorso do tigre: ensaios* (pp. 143-171). São Paulo: Perspectiva.

Paz, O. (1994). *A dupla chama: amor e erotismo.* São Paulo: Siciliano.

Platão (1972). *Diálogos – o banquete* (J. Cavalcante de Souza, trad.). São Paulo: Abril.

Talamo, P. B. (1987/2000). Por que não podemos nos intitular bionianos? *Ide,* 3, 60-65. Publicado originalmente em 1987.

Supervisão A36

No texto a seguir, T é o tradutor, A o analista e P1 os participantes da audiência na ordem em que falaram.

Esse caso foi apresentado a Bion por uma analista argentina cuja língua nativa era espanhol. A fita da apresentação reflete ambos o grau da confusão de língua – inglês inconsistente e *"spanglish"* – e isto foi, provavelmente, de uma ansiedade considerável da parte do analista, que é um reflexo do caso. Alguns trechos confusos foram editados para o conforto do leitor, mas alguns são inevitáveis e foram deixados, pois a coerência e a claridade são impossíveis de determinar pela transcrição da fita.

A: É uma paciente de 30 anos de idade, solteira e psicóloga. Dois meses antes dessa sessão, ela fez uma cirurgia devido a um teratoma sacroccocigeal. Essa é a sessão da segunda:

> *Você está tão bonita hoje, doutora. Bem, por que é tão difícil para mim comunicar-lhe o bom e o mau? No entanto, aqui, no lugar onde posso fazê-lo. Estive pensando*

a respeito do quarto horário de análise.¹ Sábado passado, eu fui mais cedo para o trabalho e, depois do trabalho, almocei com um amigo. Depois do almoço, fui para casa para mudar de roupa e, depois, fui para a casa de X. Eu estava rindo. Eu fiquei conversando. Eu disse para mim mesma que passei o sábado trabalhando. No domingo, foi o sexto aniversário da morte do meu pai, eu não fui ao cemitério.

Hoje, levantei-me às seis e meia, eu estudei e trabalhei para o mesmo homem – além disso, eu estava feliz. Eu tenho dificuldades com o quarto horário. Até junho ou julho, eles não me pagam suas dívidas e, portanto, eu não posso pagar as minhas contas. Eu tenho a cirurgia no hospital – as ordens dos pacientes e das assistentes sociais.² Por conta disso, eu estava pensando em abandonar, ou não abandonar, a quarta hora. Eu espero que meus honorários sejam dobrados, precisamente [enfaticamente].

No trabalho, pediram-me um estudo sobre o risco. Isso é apenas um projeto. Minha ideia é abandonar uma sessão devido a necessidades [financeiras]. Pode ser a sessão que discute a ideia de tirar uma agora e depois tê-la de volta. Eu não quero dizer – quando ganhar vinte milhões por mês –, mas quando tiver honorários fixos, para, doutor, se eu não puder, eu não posso.

Entendo ter sido capaz de ver o quão difícil foi para mim receber e estar devendo para alguém, e descobri que é possível se curar, aqui [possibilidade de ser ajudada em

---

1 Essa hora aparentemente estava em questão devido a questões financeiras e outras considerações. [N.E.]
2 Esta é uma transcrição literal do que foi dito, mas o seu sentido não é claro. [N.E.]

análise]. Isso é um desejo ou uma fantasia. Eu não consigo explicá-lo para você muito bem hoje, como eu senti tão claramente ontem. Ontem, eu fiz o relatório sozinha, eu estudei, eu entendi. Eu pude ver coisas no seminário, eu pude contribuir.

Na noite de quinta, eu tive um sonho. Era noite, havia um teatro onde um coral cantava. Eu já lhe contei que fiz parte de um coral? Que fase ridícula. Nós íamos preparar o coral da Cavalleria Rusticana. Eu tinha um solo. O coral era de cinco vozes. No sonho, eu cheguei vestida com um avental de uma estudante colegial, mas fumando; com meu avental e minha gravata. Eu me senti deslocada, alguém olhou para mim e eu notei o cigarro. Eu voltei, deixei o cigarro e, então, começou um incêndio. Em uma pequena mesa no bar, estava X [a irmã da paciente]. Eu não sei se ela estava de pé ou sentada. Uma figura aparece. Era um homem alto, cabelos castanho-claros e olhos azuis esverdeados, com uma aparência russa. Muito colorido, como um típico personagem colorido. Eu não sei se você se lembra de Romeu e Julieta? Ele estava vestido de preto, calças pretas e ele era um vendedor de produtos médicos, seu nome era George Breast?

Bion: Podemos parar por um momento? Você se importa em ser interrompida? Você não se importa se algum de nós fizer-lhe perguntas a qualquer momento?

A: Não me importo.

Bion: Portanto, eu sugiro, se alguma questão não estiver clara para vocês, que paremos e perguntemos a analista para deixar a questão mais clara.

T: Ela disse que isso seria feito e...

A: Sim.

Bion: Quando ela disse que teve um sonho, você pensou que isso estava correto, que era um sonho? Ela disse que teve um sonho. Agora, qual ideia você tem a respeito disso? Isto parece um sonho para você? Ou, se não um sonho, de que você o chamaria? Ou se, de fato, você simplesmente pensaria: sim, é um sonho.

Alguém tem alguma ideia?

Bem, não temos. Portanto, podemos continuar.

A: Seu nome era George Breast ou Braid. Eu não sei se estava tímida e X me apresentou para ele. Você se lembra de X? X disse para ele que eu não era mais uma criança, mas uma adulta, casada. Depois disso, não havia nada para comer e eu corri para outro parque. Era meio-dia e quinze, mas isso[3] estava fechado com uma rede de ferro de polietileno. O ferro era de um material barato. Eu bati, mas não deu certo, por causa disso tudo estava quieto. Eu pensei que poderia ser um necrotério. O que se destacou em cores foi a figura do homem: Breast, Braid ou Bret. A que isso pode estar relacionado? Bertolt Brecht era alemão, dramaturgo – mas eu não me lembro de nada a respeito dele. "Braid", não significa nada. "Reduzir?" Não estar tudo bem? Não. Isso significa estar bem. É isto "trazer"? Não. Eu não me lembro. "Quebrando?". Isso não me diz que significa quebrar. Ela se apoia nos cotovelos por um momento.

Bion: Ela estava deitada no divã?

A: Sim.

Bion: Mas ela se apoiou nos cotovelos?

---

3 Isso = alimento de quiosque ou café? [N.E.]

A: Sim, dessa forma [um gesto provavelmente foi feito].

Bion: O que vocês pensam a respeito disso? Eu lhe faço essas perguntas porque nenhum de nós – exceto a analista – estava lá, portanto, dependemos da analista ser capaz de descrever a situação. Mas, ao mesmo tempo, nós podemos imaginar que estávamos lá. Portanto, eu poderia perguntar-lhes: o que vocês estão observando? Se você está no consultório com a paciente, o que quer ver? O que quer ouvir? Alguém tem alguma sugestão a nos fazer a respeito do que nós, analistas, pensamos que vamos observar?

P1: Eu tenho conhecimento prévio desse material e não sei se é útil que eu fale. Respondendo a sua primeira pergunta, se era um sonho, talvez poderia ser outro estado, semelhante a um sonho – algum tipo de estado semialucinatório, algum... Eu não sei como dizer isto, alguma alucinação, algum tipo de alucinação – talvez seja isso que aconteceu, quando ela se apoiou no cotovelo.

Bion: A questão é que nós, analistas, temos de estar preparados para qualquer coisa. Eu posso dizer: a mente, ou caráter, ou personalidade da paciente – eu uso essas palavras, e as uso, porque é a única língua que eu realmente conheço. Mas, mesmo usando o inglês – o qual conheço melhor do que qualquer outra língua –, acho difícil dizer o que eu penso, o que eu, ou nós, estaríamos olhando ou observando. Ao mesmo tempo, eu considero que a base da observação científica é observar os fatos, olhando, ouvindo. Se fosse um assunto físico, alguém poderia dizer: "Tudo bem, agora tire suas roupas, deite-se na mesa de exame e eu vou examiná-la fisicamente". Mas nós não fazemos isso. Eu não estou certo, portanto, que o nosso método seja o método correto, mas, de um modo geral, penso que a técnica de investigação psicanalítica é a melhor que encontrei até hoje. Isso não quer dizer que é possivelmente a melhor técnica; isto somente quer dizer que é a melhor que conheço ou a qual nós conhecemos, não significa que seja a melhor. No entanto, já que é a que usamos, temos, portanto, de ter todos os nossos sentidos abertos ao que é.

Agora, Freud fala a respeito disso, ele chama isso de, penso eu, *associação livre flutuante*. Como sempre, essas frases não significam muito depois de um tempo você começa a ter uma ideia do que associação livre flutuante significa. Do mesmo modo, eu tentarei dizer-lhe coisas, tentarei usar a mesma língua todo o tempo, não porque penso que o inglês é o melhor, mas porque é o melhor que conheço. É a linguagem que eu falo mais fluentemente, mas, mesmo assim, estou tentando falar sobre coisas que são difíceis de descrever, mesmo em inglês – com seu vasto vocabulário e com as palavras que sei.

Se você fosse uma pintora, você poderia, então, desenhar-me uma figura dessa paciente se apoiando em seus cotovelos. *Leonardo* consegue desenhar uma figura de Santa Ana, a Virgem Maria, São João. Não é possível que ele tenha conhecido a Virgem Maria, não é possível que ele tenha visto São João; então, o que ele estava desenhando? Agora, leve em consideração essa paciente: o que a analista está tentando descrever? Bem, queremos saber: você pode desenhar para mim uma figura da mente dessa paciente? Da personalidade dessa paciente? Agora, se você é muito talentoso, como Shakespeare, você pode desenhar uma figura de Hamlet, ou de Lady Macbeth, verbalmente, ou das Estranhas Irmãs. Agora, Shakespeare – a língua inglesa nunca mais foi a mesma depois de Shakespeare, ela se tornou uma língua diferente. Quem vai escrever um caso histórico? Quem vai desenhar, ou pintar em palavras, a alma ou caráter dessa pessoa? Portanto, apesar de parecer relativamente simples apresentar um caso histórico, lê-lo aqui para nós, de fato, é muito difícil e, de fato, penso que psicanalistas *terão de se transformar* em artistas se pretendem contar a alguém – como estão nos contando aqui – qual foi essa experiência que o analista teve com esse caráter.

Eu poderia colocar isso de outra forma: a coisa que estamos tentando ajudar tem um corpo – há um corpo ligado a essa coisa – da mesma forma que tenho de viver com mãos ligadas a minha mente. Mas a ideia é: nós pensamos que há uma mente, um caráter, ou uma personalidade. Você pode ter de tentar descrevê-la em palavras espanholas. Você pode ter de fazer isso da mesma forma que alguém foi capaz de desenhar Dom Quixote; para que, dessa forma, eu e você tenhamos uma ideia de Dom Quixote. Nós nunca o vimos, nós nunca o encontramos, nós não o conhecemos, mas, graças àquele artista, podemos ter uma vaga ideia a respeito do que ele está falando. Portanto, Dom Quixote é um pouco conhecido em todo o mundo civilizado – é um feito extraordinário e é isso que almejamos fazer. Esse trabalho – esse trabalho o qual você está lendo – é o mais perto que conseguimos chegar de dizer a alguém – o qual não estava lá – o que era essa coisa.

Agora, existem muitas palavras, como *"um sonho"*. Todos nós aprendemos isso e aprendemos outras coisas como: figuras paternas e assim por diante... Elas se tornam lugar comum – elas se tornam parte da nossa linguagem; mas, é muito duvidoso que essas palavras e que essas teorias nos ajudem a ver esse caráter. No entanto, quando começamos a discutir isso, dessa forma, podemos começar a sentir: "Sim, eu acho que sei o que você quer dizer"; portanto, podemos sentir – tentando ser analistas – que precisamos nos tornar artistas, os quais podem expressar o que vimos da última vez que conversamos com o paciente. Parece simples dizer: "Sim, eu vi... havia um senhor, quem quer que seja, ou uma dona, quem quer que ela seja, às dez horas, no dia 3 de abril". Isso não nos diz nada, porque eu quero saber quem é o senhor X ou a dona Y? Quem é ele? Qual foi a sua experiência?

Semelhantemente, se esse paciente fosse meu, eu não diria isso, mas eu poderia sentir: "Eu não quero ouvir a respeito desses sonhos". Eu não me importo em ouvir sobre eles, mas o que eu diria é, ou o que eu gostaria de dizer é: "Onde você estava noite passada? Onde você foi? O que você viu?" O paciente pode não dizer nada, ou o paciente pode dizer: "Ah, bem, você está falando que eu tive um sonho?" Não, não estou falando sobre isso. Estou querendo dizer: "O que você viu e onde você foi?" Eu poderia colocar isso de outra forma e dizer: "Sim, tudo bem então, você viu..." e então, o que quer que essa paciente me disser – "Você sonhou. Mas agora diga-me, o que o seu coração viu? O que o seu baço viu?"

Há países nos quais os habitantes se referem a namorada ou ao namorado como "meu coração e meu fígado". Por que coração e fígado? Por que não cérebro? Assim, eu poderia colocar isso de outra forma e dizer: "Não, eu não quero saber o que seus olhos viram. Diga-me o que seu coração viu, diga-me o que o seu baço viu". Hoje em dia, fisiologistas e anatomistas...

[Algumas palavras foram perdidas enquanto a fita era virada.]

...sangue. Mesmo quando eu estava aprendendo anatomia, havia uma piada: "a aula sobre o baço". "O baço é um órgão misterioso, não sabemos o que ele faz – isso conclui nossa aula sobre o baço". Hoje em dia, muita coisa é parecida com isso em relação à pessoa. Você diz: "Ah, sim, olhe ali – 'Os trabalhos padrões de Freud' e 'Os trabalhos padrões de Melanie Klein', 'Os trabalhos padrões de Abraham' e assim por diante, e diante... toda uma lista". Depois de ter lido todos esses livros, eles o lembram, ou não, de pessoas? Você é capaz de escrever um trabalho o qual lembraria outras pessoas de um ser humano? Por exemplo: você é capaz de escrever um trabalho, ou ouvir essa descrição, e dizer: "Ah, sim, eu me lembro de uma pessoa exatamente desse jeito", é isso que eu quero que você faça agora; eu quero que você faça ambos: ouvir o trabalho – que todos nós tentemos fazer isso – e também, ao mesmo tempo, talvez, lembrar-se se já conheceu alguém desse jeito e, em caso afirmativo, se estivéssemos tratando essa paciente, o que seria perguntado a ela? Eu penso que não iria querer impedir a paciente de falar se ela me contasse que teve um sonho, mas eu faria uma pergunta a mim mesmo: isso é um sonho? Isso é, como você sugeriu, possivelmente um delírio? Mas observando – o que quer que você possa observar – quando a paciente entra no seu consultório e, entre outras coisas, a paciente faz isso, desse modo, o que ela está fazendo?

[Um gesto ou movimento parece ter sido feito].

A: Ela estava, então, falando algo em frente a mim.

Bion: Essa é a vantagem de estar lá. Essa é uma das vantagens da prática analítica; você, na verdade, não tem de depender daquilo que lhe foi dito a respeito dessa paciente e assim por diante... Você é capaz, de fato, de ver, por você mesmo, a pessoa e esse movimento, ele, na verdade, não significa muito. Agora, a analista pode nos contar que tipo de movimento foi esse. Mas notem: não foi um sonho. A paciente estava plenamente acordada. Agora, se ela pode ver algo, se ela pode fazer isso, porque ela vê algo em plena luz do dia, você teria de, novamente, considerar quem, ou o quê, é essa paciente. Agora, há uma dificuldade aqui, a primeira dificuldade é: o que você vê, o que você ouve, o que os seus sentidos lhe dizem? A próxima pergunta é: quando você souber o que seus sentidos lhe dizem, o que significa essa informação? Por exemplo: o que acabamos de ouvir da analista. Agora, há outra questão: o que devemos dizer à paciente?

Eu não penso que seria sábio dizer à paciente: "Você está alucinando!" ou "Você está delirando!", porque essa não seria uma informação que a paciente conseguiria entender; mas, seria uma afirmação que a paciente conseguiria *interpretar mal*, e se você dissesse: "Você está alucinando!", a paciente se levantaria, sairia e nunca mais voltaria. Portanto, essa pergunta é também uma pergunta difícil. O que você diria ou faria se você estivesse lá? Você não tem de dizer o que, porque você está falando dessa questão a alguém e nós não sabemos qual linguagem a paciente entenderia ou interpretaria mal. Portanto, desse ponto de vista, temos de esperar, mas não por muito tempo, pois se esperássemos tempo demais, a paciente, novamente, sairia e não voltaria. É por isso que a prática da análise é tão difícil, muito mais, muito mais difícil do que parece quando falamos a seu respeito – como estou fazendo agora – ou quando teorizamos a seu respeito. É por isso que eu prestaria, ou ficaria muito mais impressionado com alguém que está, de verdade, praticando análise do que com alguém que está falando sobre análise.

Agora, há alguma outra pergunta que vocês gostariam de fazer a analista que estava lá? A analista pode ser os nossos sentidos para nós. Não podemos ver essa paciente, mas a analista pode fazer esse papel por nós. Portanto, há alguma outra pergunta que vocês gostariam de fazer à analista? Ou, alguma outra pergunta que vocês gostariam de sugerir que ela deveria fazer à analisanda? Incidentemente, essa é, ainda, outra questão: a melhor ajuda que a analista pode ter não é você, ou eu, ou nós, mas *a paciente*: esse é sempre o caminho. A melhor ajuda que o analista pode ter, *sempre*, vem do paciente. Desse modo, é bom tornar possível ao paciente que ele nos ajude. É por isso que digo que seria errado assustar demais o paciente a ponto de ele se levantar e ir embora. Perderíamos nosso melhor amigo para a experiência analítica.

Eu conheço esse problema – não é um problema analítico –, é um problema bastante comum, só que nós temos de nos aprofundar nessas coisas. Uma vez, eu era assistente de Wilfred Trotter, na época um dos melhores cirurgiões cerebrais do mundo. Ele também escreveu *Instincts of the Herd in Peace and War*. Bem, seu assistente chefe era um técnico brilhante. Se uma paciente viesse ver Trotter, talvez um paciente não muito educado, Trotter dizia: "Bem, qual é o seu problema?", "São os meus rins, doutor", disse o paciente. Trotter, então, ouve o que o paciente tem a dizer como se isso fosse a coisa mais sábia que ele já ouviu, ele presta muita atenção e o paciente lhe conta mais e mais e mais... Desse modo, ao final de meia hora, digamos, Trotter sabe muita coisa sobre o paciente. Eu o vi se comportando assim com uma pessoa pobre e sem educação e fazendo a mesma coisa com o Rei George V. Mas todos os pacientes são, afinal, seres humanos, todos estão sofrendo, nós podemos dizer algo.

Agora, o brilhante técnico, se alguém dissesse para ele: "São os meus rins, doutor!", ele perderia a cabeça: "Seus rins, bobagem! Você não sabe nada a respeito de seus rins". O paciente parava de falar e não dizia mais nada; os resultados desses dois brilhantes cirurgiões eram muito diferentes. Trotter, que, como eu disse, era um brilhante cirurgião cerebral, era capaz de colocar um enxerto na pele com sucesso; se seu brilhante assistente fizesse a mesma coisa, com igual perfeição, ele não teria sucesso. Um deles era um cirurgião brilhante e de sucesso, o outro era um cirurgião brilhante e sem sucesso. A mesma coisa se aplica a nós, nós temos de possibilitar ao paciente a capacidade para falar conosco. Não é necessário que saibamos um monte de coisas. É útil que saibamos o máximo que pudermos sobre anatomia, fisiologia, psicanálise e assim por diante, mas a questão realmente central é que possamos ser capazes de aprender.

Desculpe-me falar demais, mas, você vai falar mais um pouco? Você vai fazer algumas perguntas? [O gravador foi desligado nesse ponto. Logo depois, ouvimos Dr. Bion continuando] ...mas mesmo assim, você pode não saber o que perguntar. De qualquer forma, talvez você possa nos dizer mais.

A: Continuar?

Bion: Sim, sim.

A: Você tem medo de que eu esteja... reduzindo a sessão; seria como dar uma nota à sessão, uma nota em análise e você sente isso... da nota comigo e não somente como você diz...[4] apenas um intervalo entre aquelas horas...

[Silêncio.]

Arh... eu fiquei feliz porque no sonho... foi me dito que nós contamos a ele que eu não era mais X, eu era Z.[5] Eu não era mais uma criança. Eu pensei em você durante o fim de semana passado, por três ou quatro horas. Eu senti que podia sonhar sobre ser capaz de me separar de você, não restrito... eu senti... aonde posso ir? Eu saí de verdade... o qual tem um nome...[6] então eu disse à paciente: eu acredito que você sente... para você se sentir melhor você deve... eliminar a quarta sessão... você mesma porque você é... sentindo a frustração do fim de semana e você deseja me colocar em um espaço fechado cheio de coisas más e você deseja fugir de mim.[7]

---

4 Isso é o analista descrevendo o que o paciente disse. [N.E.]
5 Aparentemente, X se refere ao nome de infância do paciente e Z a uma designação mais adulta. [N.E.]
6 Esta é uma tradução e transcrição literal. Não é claro o que significam. [N.E.]
7 O analista aqui está falando rapidamente, em inglês com um sotaque espanhol muito forte e difícil de entender. Assim, como outros presentes Bion não procura "corrigir" a apresentação do analista, mas ouve a experiência da apresentação como ela é. Por exemplo, quando outros apresentadores mencionam um poema e começam a traduzi-lo para o inglês. Bion também pede para ouvir em português presumivelmente para captar a música e o sabor do som e o sentido emocional que ele possa transmitir. [N.E.]

Paciente: Eles me chamam de duas formas, alguém me chama de X, que é meu próprio nome, X seria uma conotação fria, uma intelectual. Outros me chamam de Z, que é mais emocional, dramática. Os produtos médicos fazem propaganda de quem trabalha na área médica. Eu pensei acerca da pintura chamada "Os Demônios". É uma mobilizadora pintura que fomos ver com George, na cidade X. A cidade X fica mais ou menos a cinquenta quilômetros da cidade Y. O filme acontece em um convento. Um padre apareceu e ele concordou em abandonar a batina e tonar-se um homem casado. Além disso, Vanessa, a protagonista, rezou pela pobreza.

Ela tinha uma fantasia na qual se via nua e estava apaixonada por esse padre. "Aquela figura me mostrou". Ela foi considerada possuída pelo demônio e foi exorcizada com a introdução de um objeto em sua vagina.

> *Que horror! George Break ou Brecht parecia ser um homem bonito e afetivo, ele não era sinistro. Há uma pintura colorida de meu pai, ele tinha cabelo vermelho, mas não era alto. O nome George está relacionado ao George [o ex-namorado da paciente que se declarou homossexual]. Esse sonho para mim é uma mensagem.*

Bion: Podemos parar por um momento. Há alguma pergunta a respeito disso? Ou alguma observação que gostariam de fazer?

P1: Esse comentário a respeito do... o que você disse sobre o sonho?

A: Sim.

T: Ela (A) quer saber o que o senhor pensa a respeito do fato de que, antes de procurar a análise, esse teratoma nunca se manifestou, e depois de começar a análise, ele começou a supurar de vez em quando, até que acabou em operação...

Bion: O que você disse que estava supurando?

T: O teratoma.

Bion: Ah, sim.

T: É um teratoma congênito que ela tinha e que nunca tinha se manifestado até o momento que ela começou a fazer análise...

A: Durante os primeiros feriados, férias...

T: ...ele começou a supurar.

A: Antes dessa operação ela teve...

T: Antes da operação ela removeu um dente que... porque eles estavam muito... [uma palavra inaudível] e ela (A) quer saber se o senhor pensa que há uma relação entre esse teratoma e o problema dentário.

Bion: Há sempre uma relação, isto é: se a paciente fala sobre o teratoma e o dente, ela então, relacionou o dente e o teratoma, pois é a mesma pessoa que trouxe essas duas idéias muito juntas uma da outra; elas são, portanto, sempre relacionadas. Agora, abordando a questão mais teórica, a supuração estaria, de fato, relacionada de alguma forma com a análise? Eu não sei, mas podemos conjecturar que, se a paciente começou a falar com a analista, isso se deve ao fato de ela ter ficado mais relaxada, ela está preparada para dizer coisas à analista, apesar de a analista *estar* ouvindo. Ela não iria querer dizer coisas à analista se achasse que a analista não estivesse ouvindo, ou estivesse com a cabeça em outro lugar. Mas se ela sente que a analista *está* ouvindo, ela pode, então, ter medo de dizer qualquer coisa; isso, por si só, pode lhe dizer algo a respeito da paciente, como, quando a paciente consegue encontrar alguém que lhe dá ouvidos, porque ela ou ele tem de parar de falar isso. Mas se... para relaxar o suficiente para ter coragem de dizer o que ela pensa; portanto, não me parece irracional supor que o corpo estaria, também, relaxado. Eu não vejo nada particularmente obscuro ou misterioso a respeito disso. De fato, eu posso ver, em uma situação como essa – na qual a paciente pensa que a analista permaneceria acordada e ouviria o que ela tem a dizer –, às vezes, você tem então um paciente que dorme. Agora, isso é muito inconveniente para nós – o paciente chega para vê-lo, deita-se no divã e, antes de dizer algumas frases, já caiu no sono, e ele continua dormindo profundamente e é difícil acordá-lo durante a sessão – porque é o final da sessão. Mas isso, de fato, indica uma certa habilidade para relaxar, uma habilidade para dormir. Agora, eu não vejo porque o pensamento deve acontecer por meio do corpo; o corpo pode estar cerrado com força assim [Por meio do tom de voz, temos a impressão de que Dr. Bion assume certa posição].

Eu poderia relaxar o suficiente para uma supuração começar. Agora, isso, obviamente, é pura conjectura; não pode ser considerado fato científico – mas pode vir a ser um dia um fato científico; pode ser possível dizer: "Sim, isso é um fato". No presente, podemos apenas dizer: "pode ser que sim". É uma conjectura.

Penso que, em investigações científicas – do tipo que nós, analistas, fazemos –, há espaço para *conjecturas imaginativas* ou *racionais* – o que quer que os cientistas queiram chamá-las. De fato, penso que eles mesmos usam essas conjecturas com muito mais frequência do que eles imaginam – *suposições inspiradas*, como são conhecidas, e assim por diante...

Mas se isso é verdadeiramente assim, somente o tempo poderá dizer. Mas certamente, estou bastante familiarizado com situações nas quais, depois de bastante trabalho, o paciente ousa ficar doente, o paciente ousa sentir... "Receio que esteja ficando louco, receio que estou louco". Se ele não tivesse passado à vida toda tenso, estaria, a essa altura, familiarizado com o medo de estar enlouquecendo. A maioria das pessoas, em algum momento da vida, já esteve inconsciente do medo de estar enlouquecendo, ou de que enlouqueceria, ou de que a masturbação faria com que enlouquecesse, e assim por diante... milhões dessas teorias; mas, se os pacientes ousam ter essas teorias, não é, então, um grande choque quando eles, subitamente, descobrem que estão as tendo na análise – como um resultado da análise. Obviamente, isso sempre causa problema para o analista, para o paciente, e assim por diante... Mas, isso é algo, penso eu, com o qual temos de nos acostumar, que é parte do processo analítico, no qual o paciente pode ousar ficar pior e ter consciência disso. Obviamente, é fácil dizer que a análise causou a supuração do teratoma, mas não é bem assim – eu não penso que seja assim. Pode ser que a análise torne possível ao paciente estar consciente de que há uma supuração lá, até mesmo ir a um cirurgião para uma operação. Mas se os pacientes podem ter um vestígio de rabo, se eles podem ter vestígios de testículos branquiais, eles podem também ter vestígios de mentes. Portanto, devemos estar preparados para ver, sentir e ouvir em nossos próprios consultórios uma mente vestigial, uma mente que é primordial.

Bem, talvez tenhamos de parar.

Comentários sobre a Supervisão A36[1]

Paulo Cesar Sandler

O analista introduz o caso com dados concretos e sociais sobre o Paciente,[1] apreendidos sensorialmente. Dados epifenomênicos, interpretados apenas em seu valor facial, podem introduzir tendência, incorporando sedução mútua, conluios, posturas sociais discriminatórias, valores depreciativos e outras indicações de contratransferência não analisada (Green, 1993). Isso estabelece, desde o princípio, a natureza da supervisão A36? O uso exclusivo de dados epifenomênicos impossibilitaria a prática da "psicanálise real" (Bion, 1974, p. 114, 1977, pp. 303, 307, 1979, p. 509), ao excluir qualquer exame de efeitos de processos inconscientes sobre dados empíricos brutos de nível inferior. Em contraste, psicanálise real busca aquilo que seja dito que está subjacente ou que recobre

---

1 Ao abordar essa supervisão, evitei, propositadamente, ler o transcrito inteiro ou escutar a fita com antecedência, para poder me aproximar o máximo possível das condições às quais a audiência original foi submetida. Minhas observações foram anotadas imediatamente. Excetuando-se procedimentos padrões de edição, os comentários não foram alterados depois de feitos. Essa metodologia aproxima-se da própria visão de Bion em eventos parecidos. (Bion, 1979, p. 577, 1958/1979, p. 377).

o que é claramente, concretamente *falado*:[2] este último como os resultados finais das transformações dos elementos beta do paciente (Bion, 1965, p. 25, Sandler, 2005, p. 800) – algo materializado que precisa ser "digerido" ou elaborado pelo analista, de forma a ser "imaterializado", se se consegue alcançar uma apreensão boa o suficiente dos conceitos freudianos de Conteúdo Manifesto e Latente e do conceito de Função Alfa de Bion (Freud, 1900, 1914, Bion, 1962).

Dados epifenomênicos podem ser úteis quando combinados com observações de dados imaterializados em desenvolvimento do paciente: associações livres, sonhos, atos falhos, fantasias inconscientes, defesas etc. Se esses dados combinados puderem ser constantemente conjugados, pelo exercício de uma atenção intuitivamente crítica, dirigida a variações no comportamento do paciente no "aqui e agora" da sessão (Bion, 1965, p. 18, 1953, p. 25, 1957, p. 55), o casal analítico alcançará um vivo experimentado material para comparações científicas (Bion, 1977, p. 269). Conteúdos Manifestos, o que é *falado* ou *relatado* inicialmente em uma análise, estão sob influência dos mecanismos de defesa. A análise deve procurar Conteúdos Latentes, "uma nova classe de material psíquico entre o conteúdo manifesto dos sonhos e as conclusões da nossa investigação" (Freud, 1900, p. 277). Um analista pode vislumbrar, embora transitoriamente, aspectos centrais daquilo que está realmente acontecendo naquele momento, no contexto analítico, embutido e, paradoxalmente, rodeando o ambiente emocional e a relação entre o paciente e analista (Sandler, 1997, 2011, p. 189); ele (ou ela) pode "sonhar o material do paciente" ou "a sessão" (Bion, 1962, pp. 53-54, item 3, Bion, 1959, p. 43); uma revisão completa pode ser vista em Sandler (2005, pp. 219-230).

Se dados brutos, considerados isoladamente, nos dizem pouco ou nada sobre o estado mental do paciente, diriam algo sobre o

---

2 Gênero, idade, estado civil e profissão.

estado mental do analista? Sim, caso combinados com o que pode emergir do desconhecido (Bion, 1979, p. 175). O relato desse caso inicia-se por informações expressando lugares comuns sociais, possivelmente exibem tendência em depender excessivamente de memória, desejo e compreensão: resistência ao desconhecido (Bion, 1965, p. 171, 1970, 1967a, 1967b, 1975, Freud, 1911, 1926, pp. 75-125). O(a) analista parece estar imobilizado(a) pelo que pode ser chamado de um âmbito "já conhecido". Contudo, ele (ou ela) introduz, também, um "furo de reportagem" digno de um tabloide: o paciente "submeteu-se a uma operação para remover um teratoma sacroccocigeal".

Assim que me deparei com essa informação, encontrei-me invadido por pensamentos peculiares: "Teratomas nessa região, se diagnosticados cedo, normalmente resultam em cirurgias tediosas, embora bem-sucedidas... leigos têm medo de nomes horríveis como esse, mas…". Percebi-me vítima da minha própria memória, tentativas de entender (formação e prática médica prévias) e desejo (que essa mulher, alguém que jamais conheci, sobrevivesse). Ao notar que Transformações em Alucinose (Bion, 1965, p. 133)[3] estavam "de vento em popa" em mim, penso ter sido capaz de disciplinar minhas Transformações dominadas por memória e desejo, colocando um ponto final no meu próprio fluxo de pensamentos

---

3   A diferença que eu estou tentando destacar entre o que é "dito" e o que é concretamente "relatado ou falado" é a diferença que é transmitida mais inconscientemente do O do encontro ("dito") oposto ao que é mais racionalmente, conscientemente e concretamente comunicado ("relatado ou falado"). O primeiro é mais completo e mais próximo a ser igualado ao "objeto psicanalítico", enquanto o segundo é mais restrito, um produto de processos secundários. "Falar", ou pronunciar as palavras, é mais suscetível ao aparelho sensorial, a aparências exteriores, racionalizadas na maior parte do tempo e disfarçadas pelos muitos mecanismos de defesa do ego. Por outro lado, "dizer", como por exemplo "contar uma história", tem o vetor de O, a realidade irrevogável que deve ser intuída e utilizada, mas não pode ser pronunciada ou entendida.

fadados a mal-entendidos (−K: Bion, 1962, p. 52). É um caso de "fazer o melhor de uma situação ruim" (Bion, 1976, p. 243). Em retrospecto, suponho que essas repostas iniciais foram efeito de uma invariante embebida da Supervisão A36, transferida à transcrição e depois a mim mesmo, como leitor. Às vezes, transformações em alucinose podem ser conducentes a transformações em K, e transformações em O. Será que o analista estava tentando inconscientemente, por meio de identificações projetivas, *provocar emoções* no supervisor e na audiência, em vez de *transmitir informação* ao supervisor ou à audiência? Seria esse o valor de relatórios de casos gravados, que, de alguma forma, uma invariante transcendente (Bion, 1965, p. 1) seria conservada, podendo ser apreendida por futuros leitores?

A paciente faz reclamações sobre seus estudos e trabalho em uma tentativa de provocar emoções no(na) analista e inverter a perspectiva, como se o(a) analista fosse a pessoa mais importante no consultório/na sala (Bion, 1957, 1962, p. 24): "Como você é bonita". Isso é feito por intermédio de pensamentos desarticulados, hiperbólicos, apresentados de uma maneira aparentemente racional típica de transformações em alucinose: reclamações misturadas a explicações racionalizadas. Há "propagandas" das habilidades da própria paciente, que depois demonstra curiosidade sobre a extensão do conhecimento do(a) analista, convidando-o(a) a usar memória ("te faz lembrar Romeu e Julieta?"). Depois, a paciente menciona um "sonho" com um personagem chamado George Breast.

Só agora, em minha leitura, percebi haver duas mulheres presentes naquela sessão, que me permite uma segunda hipótese: de um ambiente fortemente sexualizado indicado por (i) referência a sentimentos de beleza atribuídos pela analista à paciente (ii) a reclamação de levantar cedo e trabalhar e estudar com "o mesmo homem" e de estar sendo explorada por este "homem" – analiticamente, penetrada por um desagradável e abominável homem (iii) a referência a um amor trágico e impossível; (iv) a disposição hipomaníaca, tanto no relatório da analista quanto no comportamento atribuído à paciente, belamente compactada e ilustrada no refrão da ópera popular de Mascagni, *Cavalleria rusticana*; que vejo como uma associação livre do casal analítico que expressa pictoricamente a realidade da sessão; e (v) imposições mútuas e serializadas, atuadas pela paciente e também pela analista.

Se uma analista pega esse ambiente de identificações projetivas cruzadas e atribui esses tipos de declarações ao paciente, como essa analista fez, eu formo a hipótese de que a analista estava (inconscientemente) revelando seus próprios julgamentos sobre ela mesma. Uma ideia não mencionada abertamente, mas que teve atuação, está subjacente ao relatório: "Que linda eu sou, apresentando esse caso lindo e emocionante àquele lindo e distinto supervisor". A escolha de coisas, eventos e personagens a serem relatados em casos clínicos está sob influência do sistema inconsciente da analista. Quando analistas escrevem casos clínicos, eles assumem um risco: frequentemente escrevem sobre si mesmos, mesmo que involuntariamente (Bion, 1977, pp. 227-228).

Bion, respeitosamente, interrompe o relato, procurando pelo consentimento da analista e convida a audiência a participar: "Quando ela disse que teve um sonho, você pensou que isto estava correto... Soa como um sonho para você?". Mas a analista ignora, sem rodeios, a pergunta de Bion. Ninguém na audiência atreve-se a falar. Na qualidade de leitor, quarenta anos depois, suponho que não se tratou de um sonho, mas de transformação em alucinose, obedecendo às regras de alucinose: fantasias serializadas de superioridade (Bion, 1965, pp. 133 e 144). A paciente desafia o conhecimento da analista – "você conhece... você se lembra" – por curiosidade, arrogância e estupidez (Bion, 1957). A analista, por sua vez, precisa provar que "sabe tudo" a fim de manter seu *status* VIP. Bion renova seu convite que, uma vez mais, cai no vazio, incontestado por uma (irresponsável? intimidada?) audiência.

Em seguida, a analista constrói um conto longo, complicado e racionalizado, locupletado por insinuações pseudopsicanalíticas. Bion interrompe mais uma vez, oferecendo uma chance à pesquisa empírica: "A paciente estava deitada no divã? Mas levantou-se e apoiou-se nos cotovelos?". A analista responde afirmativamente às duas perguntas; Bion incrementa o tom de observação: "O que você acha disso? O que você está observando? Alguém tem alguma sugestão a fazer ao que nós, como psicanalistas, pensamos que vamos observar?" Mas a analista está ansiosa por seguir seu próprio percurso, construindo um suspense digno de filme de Hitchcock: "Esse sonho é como uma mensagem para mim"; o público permanece tímido ou sem resposta. O relato agora assume tom intencional, para provar a ideia da analista de que a doença da paciente é psicossomática.

Um participante, P1, interrompe. Em um tom ambíguo, ele ou ela sugere a presença de alucinose, baseado no fato de que a paciente se levantou, apoiando-se nos cotovelos. Parece-me que esse, ou essa, participante queria mostrar o que ele ou ela "tinha aprendido sobre Bion". Naquele tempo, muitos analistas se impressionavam profundamente pelas descrições de Bion de como lidar com pacientes psicóticos.

Bion interrompe com uma série de comentários sobre a condição e a postura analítica – analistas precisam estar "preparados para qualquer coisa". Em retrospectiva, permito-me adicionar: supervisores também. Bion respeita o comentário de P1; não concorda, nem discorda. A analista, que até então falou em um inglês bem precário, inesperadamente, começa a falar em espanhol. Emerge então outra pessoa: um tradutor. A analista pede a opinião de Bion sobre sua teoria causal psicossomática do teratoma supurado da paciente. Pronunciado como se fosse uma pergunta, demonstra sua urgência em obter uma confirmação de Bion para sua teoria. Neste momento, a analista dispensa os serviços do tradutor, em sua ansiedade em provar sua ideia causal: "começou a supurar". Utilizando duas comparações, Bion realça os inconvenientes inevitáveis de utilizarmos linguagem coloquial ao fazermos "observações científicas" de fatos do contexto analítico: (i) formas verbais na língua inglesa podem ser vistas como equivalentes a observações médicas no âmbito físico ou material, mas na análise, existem sérios problemas de comunicação causados pelo uso de termos técnicos: "Nós achamos que existe uma mente, um personagem, ou uma personalidade"; (ii) como uma alternativa, Bion recorre ao modelo de escritores – poetas, dramaturgos etc. – que sabem lidar com as palavras com mais êxito para retratar aspectos transcendentes e não verbais de estados emocionais humanos. Cita a pintura da Virgem Maria, de Leonardo da Vinci e formas verbais usadas por escritores reais, citando personagens das peças de Shakespeare, também mencionando Cervantes. O objetivo de Bion é apresentar o âmbito imaterializado da psicanálise: Leonardo nunca tinha visto a Virgem Maria; ninguém "escutou" Hamlet ou Lady Macbeth; Cervantes nunca colocou suas mãos em Dom Quixote. Tudo isso é "como se fosse um sonho", pois artistas são capazes de descrever personagens que lembram o público de alguém que eles "já conhecem" – então o público, se composto de psicanalistas praticantes, poderia reconhecer certa experiência emocional ou "constelações" complexas. Bion diz:

> *Se você fosse uma pintora, você poderia, então, desenhar-me um quadro dessa paciente se apoiando em seus cotovelos. . . . Quem vai escrever uma história de um caso clínico? Quem vai desenhar, ou pintar em palavras, a alma ou caráter dessa pessoa? Então, apesar de parecer*

> *relativamente simples trazer um caso histórico, lê-lo aqui para nós, de fato, é muito difícil.*

Parece-me que aquilo que Bion falou em seguida deu origem a um – dentre muitos – mal-entendidos, ou desentendimentos acerca de seu trabalho.

> *Penso que psicanalistas terão que se tornar artistas, caso se pretendem contar para alguém – como está ocorrendo aqui – qual foi a experiência que o analista teve com esse personagem. Posso colocar de outra maneira: a coisa que estamos tentando ajudar tem um corpo – há um corpo conectado a ela – da mesma maneira que eu tenho que viver com mãos conectadas à minha mente. . . . Todos nós aprendemos isso e aprendemos outras coisas como: figuras paternas e assim por diante. . . . Elas se tornam banais – elas se tornam parte da nossa linguagem; mas, é muito duvidoso que essas palavras e que essas teorias nos ajudem a ver esse personagem.*

Alguns, entre nós, supervalorizam uma frase em particular às custas do todo, tomando uma parte como se fosse o todo.

Bion não estava recomendando nada,[4] mas alguns membros do movimento psicanalítico, já fascinados por produções artísticas, concretamente tomaram posse da afirmação a respeito de dons "artísticos" como se fosse justamente isto que analistas precisavam ter. Se autoatribuídos, implica-se onipotência. Se atribuídos pelo círculo social, implica idolatria e alucinose compartilhada. A ideia

---

4 Alucinose: presença de alucinação em uma pessoa que em todos outros aspectos tem a personalidade conservada.

concretizada é que analistas deveriam ser artistas, ou escritores, a qual alimenta fantasias onipotentes não analisadas do analista. Até onde posso ver, Bion estava nos relembrando que corpo e mente são simplesmente palavras: débeis modelos para abordar uma realidade inacessível, inefável e paradoxal, ou a verdade da existência da mente humana – a realidade material e psíquica (Freud, 1900). Bion chamou isso de "Realidade Sensorial e Psíquica" no mesmo livro em que sugeriu o uso de uma "linguagem de êxito" (Bion, 1970, p. 26, pp. 125-126).

Em seguida, Bion enuncia firmemente a postura científica e empírica da pesquisa psicanalítica:

> *Estar lá. Essa é uma das vantagens da análise prática; você não precisa depender do que lhe foi dito sobre esse paciente.... Você mesmo pode, verdadeiramente, ver a pessoa e esse movimento.... Mas note: aquilo não foi um sonho. A paciente estava totalmente acordado.*

Bion ocupa-se com as muitas dificuldades e necessidades quando é preciso fazer observações que abranjam o âmbito imaterial: a necessidade de usar o aparelho sensorial; de manter-se o respeito humano para com o paciente, que pode desentender o que dizemos:

> *que podemos dizer à paciente? Eu acho que não seria prudente dizer à paciente: "Você está alucinando!"... A melhor ajuda que o analista pode ter, não é você, nem eu, nem nós, mas ele mesmo, o paciente... sempre... seria errado assustar o paciente.... Perdemos nosso melhor amigo para a experiência analítica.*

Estaria advertindo a audiência sobre não causar mais dor a um paciente já dolorido (Bion, 1963, p. 75)? Disparar rótulos psiquiátricos, seja por profissionais ou leigos – pronunciados explicitamente ou não – é um modo de infligir dor inútil. Bion diferencia evidência de "ouvir dizer" de evidência de "estar presente"; falar *sobre* psicanálise de *ser* ou *tornar-se* um analista.

Será que o movimento psicanalítico prefere o teórico em detrimento do analista praticante? Na Supervisão A36, temos, sob forma compactada, as tentativas, de toda a vida, de Bion de explicitar ambas as limitações e possiblidades de alcançar observações psicanalíticas no domínio imaterial. Seus alertas foram ouvidos? Caso a resposta seja negativa, não será surpreendente que menos pessoas procurem a psicanálise: a conhecida "crise da psicanálise".

Sugiro duas hipóteses, mutuamente exclusivas, sobre Supervisão A36: (i) a analista não apreendeu o alerta de Bion; (ii) ela apreendeu este alerta, embora inconscientemente, e atacou (sob a égide de ódio) sua própria apreensão a ponto de formular perguntas cuja natureza é oposta àquilo que Bion sugerira. A analista dispara uma "teoria psicossomática" completa ligando o teratoma com dentes, sem nenhum suporte de evidência empírica. Bion fornece mais uma sugestão técnica, psicodinâmica: considera o que a paciente *estava dizendo* à analista – como sendo algo diferente do que a própria paciente abertamente *falou*:

> se a paciente fala sobre o teratoma e o dente, então ela ligou o dente e o teratoma, pois é a mesma pessoa que aproximou estas duas ideias . . . depois de um tempo, começamos a ter uma ideia do que associação livre flutuante significa.

Parece-me que a analista não estava ouvindo Bion e a audiência pareceu não aceitar seus renovados convites.

Quem poderia dizer agora se a audiência estava apreendendo o que Bion disse? Independentemente desta dúvida, Bion fez mais uma tentativa de fornecer um vértice psicanalítico, considerando totalmente a questão colocada a ele pela analista. Ele enfatiza o "aqui-e-agora", a realidade daquela sessão específica:

> *mais teórico, a supuração teria alguma função? Eu não sei, mas poderíamos adivinhar que se a paciente começa a falar com a analista, deve ser porque ela está mais relaxada, ela está preparada para contar coisas à analista, embora a analista esteja escutando.... Não vejo por que o pensar deveria ser pelo corpo; o corpo poderia estar assim, inteiramente tenso.... Se estas pessoas não tivessem sido tencionadas durante todas suas vidas, estariam acostumadas com o medo de ficarem loucas. A maioria das pessoas estiveram, em algum momento, ignorantes do medo de que pudessem estar ficando loucas, ou que ficariam loucas, ou que masturbação as deixaria loucas e assim por diante... milhões de teorias como essas... se pacientes atrevessem-se a formular essas teorias, não deveria ser surpreendente quando eles, de repente, descobrissem que as formulam em análise, como um resultado da análise... é parte do progresso analítico, no qual o paciente pode atrever-se a ficar pior e saber disso.*

Assim, Bion não dispensa nada do que a analista fala, mas tenta fazer uso disso psicanaliticamente, recuperando o senso comum e a natureza científica do evento, e, consequentemente, demonstrando que ambos precisam ser parte de qualquer sessão psicanalítica:

> *Eu poderia relaxar o suficiente para que se inicie uma supuração... isso, obviamente, é pura conjectura; não pode ser considerado fato científico, mas pode tornar-se*

fato científico algum dia . . . suposições inspiradas. . . . Mas se será assim, só o tempo poderá dizer.

Será que Bion estava falando de intuição? Aprendemos com a experiência – com os nossos erros – quando desfrutamos a liberdade de construir hipóteses imaginativas ou conjeturais, ao enunciar mentiras, no intuito de obter aproximações à verdade (coluna 2 de A Grade; Bion, 1963): "Por descaminhos, encontram-se saídas".[5] A situação oposta seria o caso de um analista alucinando pseudoteorias, de modo serializado, diversa daquela de formular conjunturas, como um modo de "procura por verdade-O" (Bion, 1970, p. 29):

> *Obviamente, é fácil dizer que a análise causa a supuração do teratoma, mas não é bem assim, penso que não é assim. . . . Pode ser que a análise possibilite à paciente perceber que há uma supuração lá, até para ir a um cirurgião para uma operação.*

Em vez de respirar o ar rarefeito de pseudoteorizações, o analista pode colocar seu pé em terra firme: "psicanálise real é vida real" (Bion, 1977, p. 303). Não é a psicanálise um procedimento que nos permite entrar em contato com a realidade tal como ela é? Ou "o todo da psicanálise seria apenas uma enorme Babel de paramnésias para preencher o vazio de nossa ignorância" (Bion, 1979, p. 540)? Visível no brotar serializado de pseudoteorias. Como qualquer falsidade, precisa de reparos constantes.

Seria oportuno, quarenta anos depois, seriamente investigar se o seu aviso foi ou não ouvido? Por que poucos, no movimento

---

5 Sobre propaganda e psicanálise, ver Bion (1965, p. 36).

psicanalítico, recordam-se que o termo "desconhecido" é sinônimo de "inconsciente" (no alemão de Freud: *unbewußt*)? Muitos gostariam de "entender" o inconsciente, interpretando mal a máxima freudiana sobre os sonhos serem "a via régia para um conhecimento das *atividades inconscientes da mente*" (grifo meu) e citando erroneamente como "sonhos são a via régia para o conhecimento do inconsciente". Omitindo a parte crucial, eles negam a existência do que é incognoscível de modo último, ou "O" a origem (Bion, 1965, pp. 12-15, 32-56, 139-154, 1970, p. 26, Freud, 1900, p. 613, Sandler, 2005, p. 833). Os últimos alertas de Bion sobre esse fato foram escritos na mesma época em que ocorreu a Supervisão A36:

> *O erudito pode ver que uma descrição é de Freud, ou de Melanie Klein; mas permanecer cego à coisa descrita. (Bion, 1975, p. 5)*
>
> *Você já ouviu falar daquele sujeito, Bion? Ninguém nunca ouviu falar nele, nem tampouco de Psicanálise. Bion acha que psicanálise é real, mas que seus colegas estão envolvidos numa atividade que não passa de uma manipulação mais ou menos engenhosa de símbolos. O que ele diz, faz sentido. Existe uma impossibilidade de se entender que qualquer definição deve negar uma verdade prévia, assim como trazer em si um componente insaturado. (Bion, 1975, p. 92)*

Referências

Bion, W. R. (1953). Notes on the theory of schizophrenia. In *Second thoughts*. London: Heinemann. (Publicado originalmente em 1967).

Bion, W. R. (1957). On arrogance. In *Second thoughts*. London: Heinemann. (Publicado originalmente em 1967).

Bion, W. R. (1959). *Cogitations*. London: Karnac Books. (Publicado originalmente em 1992).

Bion, W. R. (1962). *Learning from experience*. London: Heinemann.

Bion, W. R. (1963). *Elements of psychoanalysis*. London: Heinemann.

Bion, W. R. (1965). *Transformations*. London: Heinemann Medical.

Bion, W. R. (1967a). Notes on memory and desire. *The psychoanalytic forum*, 2(3); *Cogitations*, p. 392.

Bion, W. R. (1967b). Commentary. In *Second thoughts*. London: Heinemann. (Publicado originalmente em 1967).

Bion, W. R. (1970). *Attention and interpretation*. London: Tavistock.

Bion, W. R. (1974). *Brazilian lectures*. Rio de Janeiro: Imago.

Bion, W. R. (1975). The dream. In *A Memoir of the future*. London: Karnac Books. (Publicado originalmente em 1991).

Bion, W. R. (1976). How to make the best of a bad job. In *Clinical seminars and four papers*. Abingdon: Fleetwood Press. (Publicado originalmente em 1987).

Bion, W. R. (1977). The past presented. In *A memoir of the future*. London: Karnac Books. (Publicado originalmente em 1991).

Bion, W. R. (1979). The dawn of oblivion. In *A memoir of the future*. London: Karnac Books. (Publicado originalmente em 1991).

Freud, S. (1900). The interpretation of dreams. *SE IV-V*.

Freud, S. (1910). Leonardo da Vinci and a memory of his childhood. *SE X*.

Freud, S. (1911). Formulations on the two principles of mental functioning. *SE XII*.

Freud, S. (1914). Remembering, repeating and working through. *SE XII*.

Freud, S. (1926). Inhibitions, symptoms, and anxiety. *SE XX*.

Freud, S. (1937). Constructions in analysis. *SE XXIII*.

Green, A. (1993). Two discussions of "the inner experiences of the analyst" and a response from Theodore Jacobs. *The International Journal of Psychoanalysis*, 74, 1131-1136.

Sandler, P. C. (1997). The apprehension of psychic reality: Extensions of Bion's theory of alpha function. *The International Journal of Psychoanalysis*, 78, 43.

Sandler, P. C. (2005). *The language of Bion: a dictionary of concepts*. London: Karnac Books.

Sandler, P. C. (2011). *A clinical application of Bion's concepts. Volume II: analytic function and the function of the analyst*. London: Karnac Books.

Supervisão D11

No texto a seguir, A é o analista; P1, P2, P3, P4, P5 e P6 são os participantes da audiência na ordem em que falaram.

Esta supervisão foi feita em espanhol e inglês no Brasil com um grupo de analistas argentinos.

A: Queremos contar-lhe a respeito de algumas ideias que estamos preparando para um trabalho que apresentaremos no próximo Congresso Pan-Americano. Ele se refere especificamente a sonhos: sonhos e a prática real da análise. Gostaríamos de saber sua opinião e suas ideias. Fazer-lhe algumas perguntas e, também, saber... Bem, saber até os sonhos de personalidades psicóticas, ou personalidades neuróticas, até mesmo a diferença entre sonhos e alucinações, e assim por diante...

Bion: Bem, considerarei isso uma discussão muito interessante. Estou inteiramente a sua disposição, qualquer que seja a direção que vocês queiram tomar, o que quer que sejam que queiram discutir, direi o que puder a respeito disso, de acordo com o meu ponto de vista.

A: Começaremos com esse fato... Em relação a dormir e sonhos do ponto de vista psíquico-fisiológico entre os R.E.M. e não R.E.M. (Rapid Eye Movement – Movimentos rápidos dos olhos). E os períodos de dormir com sonhos e períodos de dormir sem sonhos.

P1: Agora, nossa ideia foi introduzir o entendimento do ponto de vista psicanalítico, novos conhecimentos a respeito da constância dos sonhos durante todas as noites. Os fatos fisiológicos são: para as oito horas de sono, há duas horas mais ou menos de R.E.M. de sono. Isto levanta muitas ideias novas. Por exemplo: isto mudará nossa compreensão do trabalho do sonho e a criação de imagens oníricas, a projeção do sonho?

Bion: Posso fazer observações à medida que progredimos? A questão que me toca a respeito desse trabalho é está se olhando para ele a partir de fora e as descobertas dessa investigação são de um ponto de vista externo ou, como eu digo, de um vértice externo: fisiológico, médico – qualquer que ele seja – ou psicanalítico. Portanto, penso que é preciso ter uma ideia bem clara em nossas mentes sobre qual é o vértice a partir do qual essa questão é discutida. Penso que você deixa isso perfeitamente claro naquele lugar e naquele momento. A próxima questão é: quando você começa a investigar isso psicanaliticamente, porque não sabemos, até que façamos isso, como os fatos que você está mencionando são sentidos, pelo bebê ou pelo adulto, de acordo com o caso, qualquer que seja a maneira que você está lidando, seja a análise de uma criança ou qualquer outra pessoa. Agora, onde eu encontro uma dificuldade a respeito disso é que eu vejo, na maior parte das vezes, pacientes adultos, pessoas que estão bem, com 25 anos ou mais, e estou bastante acostumado com afirmações que os pacientes dão: que eu sou o seio da mãe, de acordo com o caso, e isso e aquilo... Agora, eu não penso que tenho muita dificuldade sobre essa questão quando faço uma interpretação. Tenho uma grande dificuldade em explicar para vocês *por que* eu a faço, e isso me parece ser um grande problema aqui quando você está comunicando essas descobertas para outras pessoas: a comunicação lateral, pois você passa certa objetividade quando está lidando com essa questão, do ponto de vista biológico, da forma na qual você descreveu. Quando a questão é a sua descoberta psicanalítica é que penso que há muita dificuldade em passá-la para outras pessoas. Desse modo, a questão da comunicação vem à tona para dá-la a seus colegas.

P1: Para ser compreendido ou transmitir as sombras e os significados de uma experiência emocional.

Bion: Bem, tomemos um exemplo tosco: um paciente entra no consultório e o acusa de ser hostil, inamistoso, e todo o resto. Agora, um analista pode não ter nenhuma dificuldade para dizer: esse paciente é muito ansioso. Ele poderia não ter dificuldade sobre isso ao ser confrontado com a situação real. De fato, ele também poderia dizer isso ao paciente, e o paciente poderia saber sobre o que o analista estava falando, pois ele estaria sentindo isso e poderia concordar ou discordar. Mas, se você dissesse isso a alguém que não tivesse nenhuma intuição analítica, ele poderia dizer: "Por que você está dizendo isso?" O paciente está zangado, ele não estava ansioso, e você está em um beco sem saída. Agora, espera-se que quando se trata de uma plateia psicanalítica, que ela, então, saiba sobre o que você está falando, mas, é claro, você está falando sobre coisas que são muito mais sofisticadas e a plateia pode ou não compreendê-lo.

Por favor, diga se eu não estiver respondendo à questão que você quer colocar.

A: Não. Penso que poderia ser um ponto de partida para algumas ideias... Existem diferentes qualidades de sonhos, e eles vão de volta a questões, nas quais entram provavelmente algumas ideias acerca de sonhos e seus últimos trabalhos, pois certo tipo de sonho, cuja função principal é de eliminar do sistema psíquico o acréscimo de conteúdos afetivos, que não são tolerados pelo ego do sonhador, dada a intensiva atividade envolvida. Nós chamamos esses sonhos de *sonhos evacuatórios*, pois acreditamos que eles são, basicamente, sonhados para descarregar esse contexto em objetos contêineres internos ou externos.

Bion: Isso se assemelha bastante à teoria de Freud que ele rejeitou. Se você se lembra, em *Interpretação dos sonhos*, ele fala a respeito da função evacuatória dos sonhos, como uma teoria, mas, depois, ele a rejeitou.

A: O senhor sabe por quê?

Bion: Não! [Muitos risos neste ponto].

A: Fizemo-nos a mesma pergunta: por que ele a rejeitou?

Bion: Sim. Penso que há muitas dessas teorias que Freud menciona e rejeita as quais devemos tratar como *associações livres* que pacientes rejeitam. Não penso que devemos considerar a questão fechada.

A: Sim.

P2: Quais são as diferenças entre ejeção e projeção?

Bion: Penso que diria que *ejeção* é menos diferenciada, é apenas se livrar de algo. Penso que *projeção* tem um pouco mais de direção, não exatamente, não é o mesmo que *projetar para dentro de um objeto*, não exatamente o que Melaine Klein quer dizer com *identificação projetiva*. Coloque isso na seguinte escala: indiferenciado, aqui um tipo de direção, aqui é preciso.

P3: Então, o senhor acha que sonhos são projeções, a alucinações?

Bion: Eu não sei, mas penso que é muito importante estar em um estado de mente no qual se pode tirar o máximo possível do paciente. Agora, por exemplo, um paciente diz para mim: "Eu estava no ônibus e apesar de eu não estar dirigindo, estiquei o meu braço para fora para indicar que o motorista *iria virar*. Meu braço caiu e eu o vi estirado no chão". Fim! Nenhuma associação livre, nada mais. Agora, esse sonho, da forma na qual eu experimentei quando me foi contado, foi, para mim, um sonho psicótico. Agora, eu ainda não sei como descrever a diferença entre esse sonho e outro que um paciente me conta – eu não sei. Eu não cheguei longe o suficiente. Eu só cheguei até certo ponto no qual, ao estar presente quando um sonho me é narrado, ele é um sonho que está claramente diferenciado, em minha mente, do sonho que um paciente neurótico, ordinariamente, me diz. Agora, certamente haverá perda de sonhos entre esses dois, que são muito mais difíceis; mas mesmo levando em consideração o sonho que é marcadamente diferente, eu não sei, ainda, como descrever essa diferença. Eu poderia descrevê-lo ao paciente, eu poderia dizer ao paciente: "Nós temos um sonho, mas não podemos fazer uso dele, pois ele não tem nenhuma associação livre, ele foi mutilado, é um sonho inútil, porque não tem nenhuma associação livre".

P4: É por isso que o senhor disse que esse sonho é um sonho psicótico?

Bion: Não, não, não é por isso. Isso é o que eu poderia dizer ao paciente, porque o paciente estava lá e o paciente sabia do que eu estava falando.

P1: E por que o senhor pensa que foi um sonho psicótico?

Bion: Eu não consigo dizer-lhe, eu não sei. Isso não se evoluiu de forma suficientemente clara em minha mente.

P4: Mas, mesmo assim, de certa forma, o senhor se contradisse em relação ao que disse anteriormente, pois o senhor conseguiu nos transmitir que foi um sonho inteiramente psicótico; quando o senhor nos contou o sonho.

Bion: Sim, mas você tem mais experiência. Estou falando para um grupo sofisticado. Agora, quando você tem esses pacientes, eu não sei com quem você vai falar; alguns podem entendê-lo, mas outros não.

A: Sim.

Bion: É mais fácil colocar isso para alguém que já teve essa experiência, e que, portanto, como o paciente, sabe do que estou falando; felizmente, o paciente, estando lá, tem uma chance de saber do que estou falando e, quando o assunto é comunicação lateral, depende se a pessoa já teve aquela experiência ou não – esse é o problema.

A: Lembro-me que em um dos seus trabalhos, o senhor disse: quando um paciente psicótico fala sobre ter tido um sonho, ele pensa que seu aparelho mental se estende de alguma forma da sua mente, de modo parecido ao poder evacuar algo de seus intestinos, e ele tem a fantasia de que seu sonho é uma evacuação.

Bion: Podemos encontrar dificuldades intermináveis nisso. Quando você fala sobre a mente inconsciente, penso que é difícil saber se isso é aplicável ao paciente psicótico, ou se é uma intuição correta. Penso que é uma descrição útil para nós mesmos, pois estamos nos apoiando na analogia de um paciente neurótico. Já estamos em um estado no qual temos analogias de analogias, o que é um terrível dissenso, e penso que poderíamos, provavelmente, tolerar isso, mas penso que temos de manter em mente se uma pessoa está usando sua própria experiência analítica para prover uma analogia do paciente psicótico – como parece ser o caso.

A: Sim.

Bion: Eu posso mencionar que não sei o que um paciente psicótico quer dizer quando diz que teve um sonho. Por exemplo: esse paciente sobre o qual acabei de falar. Ele disse que teve um sonho: eu não sei o que ele quer dizer.

P5: Isso pode acontecer com um paciente neurótico também? Que ele, em vez de falar sobre um sonho, fale sobre uma alucinação?

Bion: Sim, certamente. Certamente.

P5: O senhor quer nos dizer para que o diferenciemos?

Bion: Você tem de saber a diferença na situação analítica. Aqui, podemos apenas falar a respeito disso; *lá é a coisa em si mesma* e espera-se que possamos ficar suficientemente sensíveis para sermos capazes de sentir que há uma diferença. Em um sentido, isto soa como a fala de um paciente neurótico: "Eu tive um sonho na noite passada", e tudo sobre o sonho etc. Mas, no outro caso, semelhantemente, está mais disfarçado. Mas penso que prestaria muita atenção à reação que você sente a essa pergunta, se a alucinação está mascarada como um sonho, ou o quê?

P5: Mas, nesse caso, a estrutura é a mesma no sonho e na alucinação.

Bion: A estrutura é a mesma?

P5: A mesma!

P4: A estrutura do sonho, o fenômeno, o sonho ou a alucinação?

P5: É o mesmo fenômeno em condições de sonho, no psicótico. Se isto é apresentado como um sonho ou é apresentado com uma alucinação, mas a estrutura é a mesma.

Bion: Elas lembram uma à outra e é muito difícil discutir essa questão, pois, em um sonho, pode-se dizer: qualquer coisa pode acontecer; portanto, qualquer sonho pode parecer outro sonho. Torna-se muito difícil dizer por que você pensa que eles não são parecidos; por que você diz que um sonho é psicótico e o outro não. Agora, quando chegamos à questão da estrutura, eu não sei se isso tem alguma coisa a ver com isso ou não, mas um paciente psicótico dirá, de tempos em tempos, que teve uma experiência na qual todas as cores se tornaram muito bonitas. Eles estavam no campo, ou algo do tipo, e tiveram esta experiência intensa e prazerosa, na qual todas as cores se tornaram muito claras, muito radiantes, muito bonitas!! Agora, algo dessa natureza se aplica ao sonho que eu estava recontando. Está bastante claro quando o paciente está lhe contando o sonho; você apreciará o fato de ele ser muito claro. Ele transmite a você algo da clareza de sua própria imagem visual. Agora, com outro paciente, quando ele lhe conta um sonho, ele, de alguma forma, parece diferente... [Neste ponto, o microfone cai e algumas palavras são perdidas.]

O mesmo com o paciente mencionado que estava viajando de ônibus, e assim por diante. Mas é algo que se sente, tem o tipo de fio impreciso – que um sonho tem. Eu posso ter um sonho desse tipo, eu conheço a experiência. Mas essa coisa é tão afiada que a transformação verbal da imagem visual que ele teve, que ele viu, vem até você de forma bem clara.

P4: Mas eu não sei se o senhor entendeu corretamente a questão que Dr. X está fazendo, que é: podemos inferir que basicamente, na base, o que foi projetado como um sonho tem a mesma estrutura do que uma alucinação?

E essa é a suposição correta, a coisa básica do fenômeno?

A: Sim, especialmente levando em conta o meio visual.

Bion: Sim. Bem, penso que entendi o significado e eu estava tentando ir em direção a ele pela ideia de claridade e de brilho da cor. Penso que depende se você consegue manejar: aqui está o psicótico, aqui o neurótico, retornando ao ponto onde eles têm uma origem comum, se é que eles têm uma origem comum. Agora, levando em consideração uma questão até certo ponto óbvia, sentiríamos que a alucinação que nós chamamos de alucinação visual – de qualquer maneira – está definitivamente ligada ao sentido da visão – o que nos diz praticamente nada, eu temo isso, mas penso que há uma convergência lá e penso que ela está, além disso, relacionada à onipotência: se o bebê não consegue o seio, ele consegue ver quando o seio está distante e pode tomá-lo com os olhos se não consegue levá-lo até sua boca. Agora, penso que é legítimo supor que a pessoa comum, se é que isso existe, sabe a diferença entre o tipo de realização de desejo e ter a coisa dentro de si. Agora, o que deu errado? É o seio, ou é a confusão com os olhos e a boca? Onde está a alucinação? Onde ocorre o erro? Parece razoável dizer que o paciente tomou o seio ou o leite, de qualquer forma, por meio dos olhos. Usamos isso como uma expressão comum. Na forma comum, uma pessoa diz: "Estou falando metaforicamente quando digo que entendo o que você diz: eu 'coloquei para dentro' o que você disse" ou "Eu 'coloquei para dentro' a aparência da garota que eu vi" ou "Eu coloquei para dentro o seio". Entende-se que isso seja metafórico. Mas quando um paciente psicótico diz: "Eu coloquei para dentro o seio", ele parece pensar que realmente fez isso.

P2: Alguém que tem sonhos pensa da mesma forma.

P3: Tem a convicção?

P2: Sim, penso que sim.

Bion: Sim, eu suspeito que sim.

P2: Alguém que sonha leva o objeto para dentro de si mesmo. Ele vê um seio, ele vê uma garota, ele toma o leite do seio, toma o seio da garota por meio de seus olhos para dentro de si mesmo.

Bion: Sim, e agora...

P2: O que o senhor pensa a respeito disso?

Bion: Penso que você tem de manter em mente que pode ser *levar para dentro* ou *colocar para fora*.

P2: Sim, essa é a questão! Essa é a nossa questão! Sim!

Bion: Agora, penso que você só pode decidir no contato direto com o paciente; no qual você espera discernir alguma sensação que o diga em qual direção está indo. Eu gostaria de ser capaz de falar, algum tempo, sobre a necessidade de termos alguma expressão para *direção*, da qual, penso eu, nós carecemos muito na conversa psicanalítica; porque faz uma grande diferença em uma associação, ou em uma interpretação, qual *direção* ela está se dirigindo.

A: Esse é o tema principal do nosso problema, do nosso trabalho.

P1: Um dos temas principais.

A: Vou seguir essa questão: na alucinação e no sonho, o objeto não está fora, para *levar para dentro* (por exemplo: o seio está ausente). É necessário ter estado lá anteriormente (por exemplo: memória do bom alimento passado) para se pôr para fora (na forma de imagens oníricas ou alucinação).

Bion: Isso pode, penso eu, ser feito. Penso que se você quer saber o que é a sua mão, você pode enfiá-la na sua boca e descobrir, mais ou menos, e, então, você pode retirá-la e olhá-la de forma que você possa aplicar dois sentidos: o sentido tátil e o visual – você vai ter uma visão binocular. Pode-se colocar isso da seguinte forma: uma visão bissensorial, que lhe dá certa profundidade, perspectiva.

P2: Realidade.

Bion: Realidade, sim. Penso que isso seja outra questão. Penso...

P1: É monofocal...

Bion: Sim, penso que sim. A peculiaridade disso é: há, de fato, uma ciência que é monossensorial – a *astronomia*. O conjunto da astronomia não pode ser validado por nenhum outro sentido, aparentemente. Tudo é pela visão direta, ou por fotografia, e assim por diante... toda a base dela está na apreciação monossensorial. Eu não sei se isso tem algum significado, mas penso que nos faz pensar sobre a validade das descobertas astronômicas, que todos aceitam como sendo cientificamente sensatas. Não vejo, também, nenhuma razão para duvidarmos delas. Mas, nessa questão do sonho e o paciente dizendo que teve um sonho, eu gostaria de ser capaz de saber o que ele quer dizer. Por exemplo: tomemos o paciente psicótico, do qual estou falando, ele aprendeu que chamo certas coisas de *sonhos*. Portanto, para me manter quieto, ele diz que teve um sonho. O contato dele comigo é bom o suficiente para dizê-lo que eu, provavelmente, pensaria que foi um sonho. Mas ele pode saber de forma bem diferente; ele pode saber que seu braço estava estirado lá na grama e ele podia vê-lo.

A: Você pode dizer, por exemplo, que há uma constipação quando ele fala sobre ter um sonho, ele está evacuando algum material que tinha colocado para dentro anteriormente, enquanto estava acordado ou dormindo, e que a primeira função do sonho é colocar para fora esse material que ele pôs para dentro anteriormente.

Bion: Bem, novamente, sinto muito em dizer o que tenho a dizer: eu não sei, porque penso que esta questão só pode ser, de qualquer forma, respondida pelo psicanalista na sessão.

Agora, se você levar em consideração o sonho que mencionei. Eu acredito que foi isso que o paciente viu quando ele estava me contando. Não penso que tenha sido a noite anterior, ou qualquer outra coisa. Eu pensaria que é *presente*. Agora, a questão seria... bem, darei uma resposta experimental, ou seja: o paciente sentiu que eu estava errado em minha interpretação. Se ele tentasse me colocar como correto, ele seria castrado. Agora, isso é uma analogia – é uma analogia da neurose. É diferente do que, digamos, aconteceria com um paciente neurótico. Para início de conversa: essa é uma afirmação de que o paciente viu isso e estava vendo isso enquanto ele estava falando – completamente acordado! Bem, se isso é verdade, por que ele não me contou que não teria coragem de me colocar como correto, pois ele tinha medo de ser mutilado ou atacado? Mas ele não disse isso; ele me apresentou uma transformação verbal de uma imagem visual.

P2: Esse seria um dos fatos mais importantes: a transformação em imagens visuais?

Bion: Nesse instante em particular e no que o paciente chamou de sonho, mas penso ser uma forma de fazer isso se encaixar com meus tipos de ideias: ele sonhou isso, ele sonhou isso na noite passada. Não, ele viu aquilo naquele momento, naquela hora, quando ele estava comigo, em plena luz do dia!! Mas é muito difícil mostrar que há duas qualidades bem diferentes de ideias a respeito do fato, porque ele sabe que estou no consultório com ele e, presumivelmente, tenho minhas ideias a respeito do que está acontecendo, e ele tem as ideias dele, e foi isso que ele viu – só que da mesma forma que um paciente neurótico tem uma experiência, não sabemos o quê – ele tem um sonho e ele verbaliza essa coisa e, depois, diz que tem um sonho. Afinal de contas, o sonho relatado é, na verdade, uma *livre associação* da experiência que o paciente tem – que experiência foi essa, só a Divindade sabe! Nem ele, nem nenhum de nós, jamais saberá! Porque quando ele formula o sonho, ele já está acordado, e quando ele o repete, é sempre algumas horas depois. Agora, o que esse paciente fez foi, realmente, tentar uma transformação na direção oposta. Ele viu isso acontecer na sessão e está a caminho para transformar isso em um sonho da noite passada, o que faz disso mais parecido com o tipo de coisa que eu gostaria de ouvir – essa é a minha teoria. Portanto, pode-se dizer a respeito disso: se isto está certo, tem algo a ver com *direção*, está indo na direção oposta – está fabricando um sonho de quê? Alucinação? Como você chamará isso? Não se sabe o que acontece quando se vai dormir, e assim por diante... mas, realmente, não se sabe o que acontece quando ele está acordado, porque não se pode ver isso. Eu não poderia vê-lo colocando o braço para fora e o braço caindo, e assim por diante... mas ele poderia. Poderíamos colocar isso, talvez, da seguinte forma: é por meio de uma elaboração secundária, à luz do dia, perante os nossos olhos, enquanto, no sonho neurótico, esperamos interpretar o conteúdo latente, começando com o conteúdo manifesto. Mas esse é o processo de transformação da alucinação em sonho e de se livrar dela – na noite anterior, se distanciando.

P5: Do ponto de vista clínico, é importante diferenciar entre *sonho real* ou a *alucinação*.

Bion: Eu espero que sim. Mas a questão é: quando e como? É por isso que minha interpretação foi simplesmente: "Esse sonho no qual você perde parte do seu corpo – que foi muito importante para me dizer algo – é, por si só, um sonho que perdeu sua associação livre. Assim, você não consegue me dizer nada com ele e eu não consigo entender nada".

P1: Nesse caso, a perda da associação livre está conectada à perda do processo secundário? Falta de integração do...

Bion: Eu não diria a perda. Eu diria que ela não aconteceu ainda.

A: Não a integração?

Bion: Não. Se fosse um paciente neurótico você, então, poderia dizer: é uma perda, é uma perda de integração. Mas esse é mais... penso que ela (integração) não aconteceu ainda. Ele está tendo um processo secundário perante ele mesmo, mas não o *teve* ainda. De fato, se damos uma interpretação, na minha experiência, a probabilidade é, a princípio, de qualquer forma, que a interpretação seja usada por você como um processo secundário.

A: Mas você pode falar de diferentes tipos de sonhos, como você pode falar de diferentes tipos de alucinações, e depende do conteúdo... nós descrevemos isso como um tipo mais agressivo, mais primitivo. Em contraste com sonhos mais elaborados... depois de muito trabalho ter sido feito em análise.

Bion: Você provavelmente está se referindo a um paciente relativamente integrado, não está?

A: Sim, integrado.

Bion: Sim. Agora penso que isso poderia ser dito.

A: Você pode ver a diferença quando ele traz o sonho e os conteúdos: o conteúdo manifesto e o conteúdo latente.

Bion: Penso que é porque o grau de integração dele torna possível ter sonhos, e quando ele relata um sonho é uma descrição muito boa do que ele sentiu – é o tipo de coisa que outras pessoas poderiam entender.

P4: Se nós entendermos corretamente categorias mais diferentes de sonhos A, B, C, D – um tipo de ranking – e Dr. Bion não tem muito entusiasmo sobre a ideia desse ranking específico ou tipos de sonhos.

A: Não, não estou falando sobre ranking A, B, C, D, mas de diferentes tipos de... digamos, sonhos mais regressivos ou mais psicóticos e sonhos mais desenvolvidos, mais integrados – se podemos colocar isso dessa forma. Isso significa, por exemplo... penso eu agora, estou me perguntando se esse tipo de sonho, que chamamos de sonho, talvez eles não sejam sonhos, eles são um tipo de alucinação, um tipo de fenômeno com o qual o paciente sonha naquele momento, como uma figura sem cor.

Bion: Eu ainda penso que isso tem de ser determinado no contato com o paciente.

P1: No contato!

Bion: No presente, pois nossos meios de comunicação lateral são tão ruins, enquanto a comunicação com o paciente é muito melhor! Dessa forma, penso que você seria, provavelmente, capaz de distinguir essa questão com muito maior certeza no consultório. Se você conseguiria persuadir alguma outra pessoa ou não, eu não sei, porque penso que as pessoas odeiam isso tanto que podem sempre discutir com você! Mas penso que quando você teve a experiência no consultório, ela (experiência) carrega uma convicção que é inequívoca, e, se outras pessoas são capazes de compreender a questão ou não, não há nada que se possa fazer. Você pode somente repeti-la e esperar o melhor.

P2: Mas essa convicção pode ser verdadeira. Ela pode ser, também, um erro?

Bion: Infelizmente, sim! Penso que se é perseguido por isso. Penso que esse ponto não é apreciado, que o psicanalista, para se tornar um psicanalista, tem, realmente, de chegar a um estágio no qual ele pode tolerar ignorância, meias verdades, mistérios, e assim por diante... Essa Linguagem de Êxito da qual eu estava falando que Keats descreve, penso que é uma das coisas surpreendentes sobre a vida de Freud, que ele foi assombrado pelo sentimento de que a coisa toda era um fracasso e algum tipo de má leitura dos fatos, que ele estivesse percebendo tudo errado. Eu não me lembro onde, mas talvez vocês se lembrem de quando ele fala sobre suas dúvidas, chegando a tal intensidade que ele se sente inclinado a jogar tudo para cima. Bem, ele não faz isso, foi em frente. Penso que a única coisa que lhe poderia dar prova disso seria a consistência interna do sistema. Não penso que ele poderia ter tido nenhum reasseguramento de fora dele mesmo. Agora, penso que todo psicanalista está nessa posição, pois enquanto você tem um grande volume de experiência que é partilhada, você não tem nenhuma experiência de nenhuma maneira com aquele paciente, com o qual você está, de fato, lidando. De forma que, cada real sessão analítica é, fundamentalmente, uma posição amedrontadora, na qual os fatos não estão disponíveis para você, a segurança não está lá. Novamente, eu diria, você tem um pouco de... um tipo de assistência do paciente, mas você não precisa recebê-la do paciente, porque ele talvez esteja bastante perturbado.

A: Bem, isso responde à primeira pergunta que Dr. X nos coloca: que você pode ter a distinção entre um sonho mais regressivo e um sonho mais integrado no consultório. Eu concordo com isso. Na experiência emocional, na experiência emocional direta com o paciente. É possível dizer que o paciente, naquele momento, tem um sonho, ou um tipo de alucinação com elementos regressivos, com objetos parciais e, em outra ocasião, em outra sessão, outro paciente, um paciente mais integrado, traz um sonho com mais... que está mais próximo da posição presente, isto é, com mais objetos totais, mais elementos integrados? É possível fazer uma distinção entre esses diferentes tipos, ou categorias, de sonhos?

Bion: Bem, eu penso que sim. Eu penso que sim, no consultório e no contato com o paciente. Eu não sei até que ponto é possível fazer a distinção de tal maneira; por exemplo: que você possa transmitir isso para nós e até que ponto você pode fazer a distinção, de tal modo que você possa transmiti-la para um congresso internacional, mesmo de psicanalistas. Penso que essa é, de qualquer maneira, uma proposição muito difícil! Mas penso que você pode fazer essa diferenciação, apesar de ela requerer uma grande quantidade de disciplina. Penso que o analista tem não só de passar por esse terrível e longo procedimento, o de ser analisado. Mas, depois disso, seus problemas começam e, esse é o tipo de problema, como eu disse anteriormente, que faz esse trabalho ser recompensador. É um *trabalho duro*, ele não pode ser feito por qualquer um. Há pessoas que se destacam na guerra, e em todos os tipos de áreas, mas não conseguem fazer análise... porque é *duro demais*. Uma vez dentro da tela da mente, você entra em algo que é extremamente alarmante e essa questão depende de algum tipo de disciplina, depende de você ter a boa sorte de ter o paciente correto e, realmente, depende da sua coragem (fortitude). A análise só o leva até certa parte do caminho, ela esclarece algumas das suas obsessões, e assim por diante... Mas, depois disso, ela traz toda essa questão relativa ao fato do analista ser, ou não, *forte* o suficiente para tolerar o que é, fundamentalmente, tão grande quanto a maior tensão a qual você já foi submetido.

A: Desculpe-me, perdi a última questão.

Bion: Depende se o analista é forte o suficiente para tolerar o que é quase a maior tensão a qual você pode ser submetido. Aqui, por exemplo: tudo é comum, a vida continua, as pessoas fazem essas coisas variadas, e você vai diretamente do seu consultório para o mundo do dia a dia, e há uma lacuna enorme. O domínio da mente, onde você lida com questões desse tipo, é uma questão de realidade, é a realidade dos psicanalistas. Trazer isso para dentro do relacionamento com as coisas que você tem de fazer quando deixa o consultório é bastante difícil. Você não pensa que é certo falar a respeito de qualidades de regressão nesse caso. Para se tornar... Bem, não sei. Bem, vou lhes dizer qual é a minha dificuldade quando eu falo ao paciente: "Você está sentindo que eu sou o seio e que a análise é um tipo de refeição" etc. Isso é, na verdade, fazer uso de uma analogia primitiva, pois o paciente não está no seio, ele não está fazendo uma refeição, ele está tendo, o que se chama, de conversação comum. Mas graças a essa analogia, posso dizer que é como se você estivesse fazendo isso. Agora, quando você começa o assunto do qual estamos falando, você tem de usar a *analogia de uma analogia*, e é muito difícil saber o que isso é; por exemplo: *regressão* se tornou agora – para nós aqui – algo que é como falar a respeito do seio. É muito mais abstrato, é realmente uma teoria, é um conceito teórico que *temos* de usar como se fosse tão concreto como a afirmação: "o seio". Agora, a questão lá é: essa é uma boa palavra para se usar? Ou as pessoas pensarão que você está falando sobre algo, ou alguma outra coisa, que Freud disse em 1911? Esse é o problema. Porque não penso que você esteja usando *regressão* dessa forma, você está usando um termo antigo para expressar um conceito novo. Agora, a questão é: esse termo, essa expressão, vai suportar esse conceito novo?

Melanie Klein admitiu para mim em uma conversa que é um termo ruim,[1] e é mesmo. Você não pode fazer nada a respeito disso, você não pode dizer: "Eu tenho objeção a ser identificado como X". Não há futuro gramatical para isso, é uma palavra ruim e ela sempre se arrependeu e, é claro, é tarde demais para alterá-la. Se ela tivesse tido a sorte, ela teria, talvez, encontrado um termo melhor, eu não sei. Pois, com todos os defeitos, ele começa a ter o significado pretendido para algumas pessoas, que o entendem assim. Agora, esse é o seu problema aqui: você vai usar esse termo? Agora, você tem certeza que não tem uma quantidade de associações que não vão expressar o que você quer expressar, mas vão obscurecê-las? É muito difícil saber qual linguagem vai funcionar.

Como psicanalistas tentando usar palavras, nós estaremos na posição de pessoas como Galileu, que teve de inventar e fazer um telescópio antes de poder ver alguma coisa. Temos de criar uma linguagem com a qual possamos fazer nosso trabalho, seja ele falando com um paciente, seja comunicando um com o outro, e esse é o problema aqui. Você tem esse trabalho no qual você se colocou em relação a sonhos, e assim por diante, mas você tem também de criar uma linguagem que se encaixe a ele.

P4: Desculpe-me, mas penso que possivelmente estávamos fazendo as perguntas erradas ao senhor, não na forma, mas na construção delas, pois eu me senti pouco à vontade com esse diálogo,

---

[1] Essa atribuição à Klein não é certa desde que essa parte da fita não é clara. Entretanto, no contexto da discussão os comentários prévios feitos por Bion e os participantes e o fato de que os analistas argentinos parecem estar escrevendo um clássico trabalho com orientação kleiniana acerca de sonhos e Bion tendo sido analisando de Klein, os editores estão fazendo uma conjectura presuntiva de que o sujeito da sentença foi de fato a senhora Klein.

de alguma forma. Agora, me impressionou, quando ouvi sua resposta que... parece-me que o senhor encontrou mais dificuldade, na realidade, na experiência da comunicação com outros e em transmitir o significado preciso que é sempre o uso que aparece, do que na experiência real com o paciente. Pois, como o senhor disse no começo, quando o paciente está lá com uma experiência emocional com você, ele não tem alguns tipos de problema.

Bion: Eu certamente concordaria. Eu diria que paradoxalmente é mais fácil colocar isso para o paciente do que colocar isso em uma linguagem que comunique com outros analistas.

P1: Sim.

P4: Meu sentimento é que o senhor está sendo cauteloso demais conosco, com medo de que não entendamos o significado que o senhor está querendo passar.

Bion: Bem, sinto muito se você teve essa impressão, pois eu não me sinto dessa forma. Sinto-me, pelo contrário, mais à vontade colocando essas coisas para vocês do que eu me sentiria com outra plateia, no campo psiquiátrico, no qual eu estaria – e, de fato, estou – encrencado, pois uso uma linguagem que todos eles pensam que podem entender... Agora, eu não senti isso. Tenho muito mais o sentimento de que posso usar frases comuns, e assim por diante... e vocês saberão do que estou falando. Mas eu ouso dizer que lhes dou a impressão que não posso... eu gostaria de negar o que você está dizendo sobre isso, mas não é assim. De fato, espero ser mais entendido aqui do que eu normalmente espero.

P4: Talvez estejamos sendo levados por suas primeiras reações, o senhor disse: "Eu não sei e então..." [Uma explosão de risos nesse ponto]

Bion: Er... sim! Porque... bem, francamente, penso que essa é a resposta correta. Eu não gosto disso, não gosto de sentir isso. Mas realmente eu não sei.

P4: Mas penso que todos nós compartilhamos aquela suposição básica de que nós não sabemos... de que isso é algo que pode ter algum paralelo com o que está, verdadeiramente, acontecendo.

Bion: Temos de nos sentir envolvidos. Temos de fazer tentativas, algumas vezes de dizer coisas mesmo correndo o risco de serem prematuras e erradas.

A: Gostaríamos que o senhor nos desse alguma explicação experimental, mesmo que ela não esteja certa ainda. Por exemplo: Dr. Y me perguntou se o senhor pode explicar para nós a sua ideia atual de *regressão*, a respeito da nova causa da regressão.

Bion: Eu diria que quando sinto que o paciente está regressivo, se eu fosse discutir isso como estou discutindo aqui, eu não posso – não com o paciente – eu diria que o que está envolvido é: o que o paciente está dizendo e por que ele está usando isso? Agora, supondo que a resposta para isso seja: ele está usando isso com o propósito de *regressão*. Eu gostaria de saber por quê. Agora, me deparei com a situação na qual o paciente está perfeitamente consciente a respeito de certas coisas sobre mim, das quais ele tem medo, as quais, de fato, ele considera que sejam suas falhas. Agora, ele evita mencioná-las, pois ele só conseguiria uma confirmação, ou talvez, poderíamos dizer que ele evita não mencioná-las, pois senão teríamos de lidar com elas. Portanto, o que ele faz soa muito como tendo um propósito, mas, é claro, não tem. Se ele regressar a um nível no qual ele pode dizer a mesma coisa, mas ele tem os privilégios de ser o paciente... Agora, esse é apenas um uso da regressão, e quando isso acontece penso que a coisa importante a se saber é: qual é o acontecimento exterior? Qual é o estímulo aqui que leva a psicopatologia e o inconsciente a serem preferíveis ao consciente? Agora, é o tipo de coisa que, penso eu, realmente necessita ser investigada com relação à regressão. No momento que você sente que o paciente iniciou esse tipo de progresso: por quê?

P4: A dinâmica da regressão!

Bion: Sim, sim! Se há algo na situação que poderia revelar por que esse é o caso, e por que ele está retornando a um estado de mente o qual pensaríamos estar particularmente apropriado ao que ele tem de fazer, quando sair do consultório.

P1: Bem, esse é o problema, especialmente em relação a sonhos.

Bion: Bem, penso que se você tem esse tipo de sonho, isso é certamente um problema que você tem.

P1: Mas, em geral, evidentemente, se a possibilidade é resolver a situação com toda a inteligência possível, então o sonho dá a possibilidade para a expressão, naquele paciente, ou para a desintegração.

Bion: Bem, em minha mente, depende do que foi sonhado, pois, voltando ao que eu estava dizendo, penso que o paciente estava tentando passar pelo *processo secundário* comigo a partir de algo, que era, de fato, *primário*: sua maneira de ver a sessão. De fato, o paciente, depois de um tempo, começou a ter sonhos que tinham faces. Levou um longo tempo, levou... ah, eu não sei, mais de um ano, de qualquer forma, para chegar àquele estágio. Mas o que eu estava fazendo lá, ou o que eu estava tentando fazer, era chamar a atenção ao que estava acontecendo dentro do consultório e tentar elucidar esse processo, o qual, então, pareceu ter o efeito de levá-lo a ter sonhos. Agora, eu entendo que quando você está falando com um paciente que é suficientemente integrado para ter o que chamamos comumente de sonho, o qual estaria suscetível de ser interpretado e assim por diante... Agora, tudo isso me parece estar indo em uma direção em particular – você não precisa se preocupar com isso –, mas o problema é: você tem pacientes que estão fazendo o mesmo processo, mas começando muito mais cedo? Começando onde a capacidade para *processo secundário*, e assim por diante... não foi desenvolvida e é parte do processo terapêutico.

A: Para integrar?

Bion: Bem, o que quer que seja... Eu, novamente, tenho uma dificuldade, pois penso que temos de observar esse negócio e tentar decidir como uma pessoa raciocina. Deixe-me colocar isso da seguinte forma: o paciente tem alguma experiência alarmante, e assim por diante... ela não é mencionada na sessão analítica, mas o paciente tem um sonho e, então, você é capaz de interpretar esse sonho e ele retorna a essa experiência alarmante, que ele já teve. Agora, o processo ao qual estou chamando a atenção é o processo no qual o paciente tem a experiência alarmante no consultório e, então, *no consultório* passa por todo o processo que o outro paciente passou entre o horário da sessão e quando ele dormiu naquela noite – ele pode fazer isso. Mas o paciente sobre o qual estou falando não pode, ele tem a experiência alarmante na sessão e tem de desenvolver – graças à análise – uma capacidade para o *processo secundário* que, *então*, o tornará capaz de ter um sonho. É claro, uma dificuldade muito grande é: quando você tem – se você é afortunado o suficiente para reconstituir a capacidade dele de ter sonhos –, ele tem sonhos tão apavorantes que tem dificuldade em tolerá-los.

P5: Agora, voltando à resposta comum sobre regressão, o senhor não pensa que é importante investigar o fenômeno que produz as convulsões entre o paciente e o analista? O que precipita isto?

Bion: Sim, certamente, certamente.

P5: Como? Há algo que o senhor poderia dizer a respeito do que acontece com o analista, de modo que o paciente pudesse, novamente, fazer uma regressão na sessão?

Bion: Penso que é difícil, pois é muito individual ao analista, é difícil dizer quanta responsabilidade o analista enfrenta. É obvio que se poderia fazer uma análise tão ruim que o paciente não teria nenhuma opção a não se regredir. Mas eu sou bastante cético a respeito disso. Eu realmente acho difícil de acreditar que se possa falar com alguém dessa forma, que a pessoa não tenha nenhuma chance a não ser regredir. Admite-se que alguém pode fazer análise de forma ruim, da mesma forma que se poderia fazer de forma boa, mas tenho muita dúvida sobre a contribuição ser dessa ordem maior. Penso que é verdadeiro dizer que há uma dificuldade, pois você dá uma interpretação, a qual está, realmente, chamando a atenção para estados de mente que pertencem à regressão – elas pertencem aos estados de mente nos quais o paciente poderia regredir. Mas elas são dadas quando o paciente não regrediu. Agora, por que um paciente deveria se beneficiar disso, ser capaz de descartar esses métodos de pensar, e assim por diante... que não são mais úteis, e outro paciente usa a interpretação para voltar a eles e ficar lá? Por exemplo: se o paciente tem medo do analista, medo de que será engolido, medo de que o analista está dentro, medo da vagina da analista, e assim por diante... penso, então, que se diria: "Você tem medo da psicanálise e deve haver alguma razão para você ter medo dela porque você está com medo de ir para um estado de mente do qual você não consegue escapar". Isso é muitas vezes explicado com frases como: *reação terapêutica negativa*. Aí, é tarde demais!! Na sessão real, quando você tem uma repetição constante desse tipo de material, penso que é hora de ficar alarmado.

P5: Então, quando há regressão no processo analítico, está tudo se tornando confuso?

Bion: Não o que um analista chamaria de regressão, pois eu penso que se deve preservar esse termo para um processo patológico, e penso que em minha experiência, quando tive o infortúnio de ter um paciente que regride, tive uma dificuldade terrível de sair dela novamente, ou de tirá-lo da regressão. Assim, sinto, realmente, que isso é um grande defeito, penso que é uma grande dificuldade, pois a não ser que lidemos com essas coisas, o paciente nunca será curado. Você não pode corrigir isso. Portanto, você não tem uma saída fácil para isso, você ainda tem de ter essas interpretações, mas o problema é: qual uso o paciente fará dessas interpretações? E penso que gostaríamos de ser capazes, em um estágio bastante inicial, de chamar atenção ao uso que o paciente está fazendo da análise. Ele não é forçado a usar análise para melhorar, ele pode usá-la para alcançar o que estamos acostumados a chamar de análise. Posso chamar atenção para o fato de o paciente estar se alimentando no seio. Bem, mas então, o paciente prontamente se comporta como se ele estivesse. Esse é um mau uso da interpretação. Essa não é a intenção do analista.

P4: Eu quero descobrir o nível de regressão... Eu estava pensando a respeito de algo que poderia ser, de certa forma, o oposto. Isto é: tenho em minha mente um sonho muito fascinante que um paciente teve, um sonho muito rico, o qual penso que foi sonhado para transmitir algo em um estado de complexidade que, de outra forma, não poderia ser dito. Portanto, poderia ser aquele alguém, porque, até agora, falamos sobre retrocessos psicóticos regressivos muito primitivos. Levando em consideração o exemplo de uma pessoa muito sensível, que está tentando transmitir algo muito doloroso, mas muito complicado e que... o senhor quer que eu lhe conte o sonho? É um sonho muito fascinante. É um homem que está dentro de um quarto no qual ele se liga a material radioativo. Há aqueles braços usados para mover objetos radioativos, nos quais você põe um braço dentro de um braço para alcançar lá dentro e através de um vidro – chamamos de "passagem ocular" – como nos barcos, mas... o nome é: "o olho do touro", é o nome disso.

Bion: Sim.

P4: Ele vê através disso, do lado de fora, como... uma máscara de morte. Uma *máscara de morte*, e ele sente, como uma associação livre, "nascida da multidão". Há uma parte na qual a multidão está sonhando sonhos do Diabo, mas ele diz: "Se o Diabo tivesse um sonho, seria um sonho no qual o seio é bom".

Bion: Isso foi parte do sonho?

P4: Não, uma associação livre. Portanto, aqui você tem um sonho no qual há o olho do Diabo olhando de fora para ele, mas tendo sonhos que... porque ele é o Diabo e tem de ser bom, que estão sendo vistos através do olho do touro, um boi, sendo um boi, provavelmente, são sonhos de potência... [Muitas pessoas falam juntas o que obscurece o som]. Portanto, veja a complicação: há um olho mecânico tendo bons sonhos no exterior, no meio do olho do boi, tendo um sonho e ele mesmo. Bem, é uma estrutura tão complicada, mas é fascinante. Talvez ele estivesse tentando me seduzir para um carrossel, mas talvez não. Eu me pergunto se tal material não pode ser expresso de outra maneira, exceto com um sonho. Talvez, como o senhor disse, eu falhei em transmitir minha convicção.

P1: Com quem?

P4: Com o paciente. Quando o paciente contou um sonho, senti que era muito significante.

Bion: Sim. Não estou certo que entendi o problema que você está propondo.

P4: Que a estrutura lógica da coisa que ele estava tentando dizer era de uma complexidade tão enorme, que era muito difícil de colocar em palavras, de outras formas, a não ser em um sonho muito significante.

Bion: Esse, penso eu, é o fato importante. Que a sua experiência é a colaboração. Assim, o sonho propriamente dito tem a qualidade que você pode sentir que é comunicativa. Posso colocar o problema de forma mais extensa da seguinte forma: quando pacientes estão fazendo associações livres, contando seus sonhos e todo o resto, eles estão fazendo isso porque é a forma mais curta, mais rápida e mais clara, ou porque é a forma mais complicada, mais difícil, a mais aberta à interpretação errônea? Qual é o objetivo? Penso que temos isso na literatura, como eu disse ontem, pois não há mérito em poesia obscura, ou linguagem obscura. O único paciente que é importante lá é: se o poeta ou escritor está se expressando na linguagem mais clara que ele conhece, que acontece de ser obscura, ou se é apenas para esconder algo frente ao leitor. Penso que o que você acabou de descrever soa, para mim, como o sonho cooperativo; assim, quando ele deseja dizer-lhe algo que não pode ser facilmente transmitido verbalmente, ele, então, penso eu, recorre a uma impressão visual e uma transformação da impressão visual em palavras, de forma que você tem uma comunicação verbal, reconhecidamente, mas é uma boa transformação de uma impressão visual. A impressão visual, por sua vez, é a forma mais clara na qual ele pode se comunicar com você – já que você não pode estar lá e não pode ter um sonho. Portanto, penso que a sua interpretação desse sonho se torna muito importante. Você pode estar razoavelmente certo que não está desperdiçando o seu tempo com um tipo de sonho estonteante, a comunicação confusa. Você está gastando seu tempo com alguém que está tentando lhe dizer algo. Assim, penso que isso mesmo lhe dá uma classificação, se você quiser. Não sei como você classifica isso... como eu tentando usar essa Grade, e assim por diante. Mas penso que você tem de inventar sua própria maneira, você tem de produzir um arranjo dessa forma, no qual você classifica esse sonho, classifica outro, dá uma olhada neles, vê se consegue produzir uma Grade que acomodaria uma quantidade desses casos diferentes.

P6: Levando em consideração a Grade, onde você colocaria esta coisa?

Bion: Bem, categoria C e provavelmente 4, C4. Porque eu penso que esse sonho – como eu captei, do que você me contou sobre ele – tem uma direção, tem uma tensão, tem uma direção rumo a algum objeto. Não é apenas uma notação, não é apenas um registro de uma experiência, é mais do que isso. É um olhar para frente e pertence a esse tipo primitivo. Agora, em qual categoria você quer que esteja a sua interpretação? Eu faço essa questão porque eu não acredito que seja útil pensar nessas coisas em termos de: "Oh, sim, aquelas são associações livres, isso é um sonho, essa é a interpretação". Penso que isso é bobagem. Mas penso que pode haver mais em dizer: essa é a categoria do sonho e a categoria da interpretação deve estar em algum lugar aqui por perto. De forma que a distância entre as duas não é tão grande; mas, colocando isso em outros termos, grande o suficiente para provocar uma visão bifocal, uma visão bi-intuitiva, digamos, não mono-analítica.

P4: Eu disse ao paciente algo como: eu senti que foi um sonho muito rico – vou explicar por quê – e que ele poderia estar com medo de que, o que quer que eu dissesse, pudesse ser entendido errado – seguindo essa ideia de que a multidão tem bons sonhos. Mas declarando primeiro que eu estava tomando seus sonhos e fazendo esse material ter sentido. Eu me perguntei após dizer isso se isso não foi uma atuação porque meus comentários pareceram que o reasseguraram.

Bion: Eu não sou desfavorável a isso; pelo contrário, penso que isso deve ser feito. Penso que, às vezes, eu diria a um paciente: "Você pode pensar que isso é um reasseguramento; não é minha intenção, mas eu preciso falar-lhe o que direi porque você tem de saber disso". Agora, na minha opinião, esse é um sonho compacto e comunicativo. Penso que é justo que se diga isso ao paciente. Se você tem a evidência que apoia isso, penso que você deve dizer. Mas você pode repetir que não é sua intenção reassegurá-lo, apesar de que ele provavelmente se sentirá reassegurado. O reasseguramento é um tipo de cura acidental, não é nossa intenção. Mas o fato permanece de que uma interpretação desse tipo é reasseguramento, é reasseguradora, e eu não vejo nenhum dano em chamar a atenção para esse fato. Não é a intenção, mas acontece dessa forma. O que se está realmente tentando chamar a atenção é para a peculiaridade dessa afirmação, e a peculiaridade é: que ela comunica. Agora, há uma razão para isso também, penso eu, porque ao perguntar, realmente, ou ao dizer-lhe em suas ações, está-se agindo baseado em uma teoria em que vale a pena, de alguma forma, mostrar a razão. Bem, se isso está certo a respeito de coisas assustadoras, não penso que isso deve ser excluído por algo que não é assustador. Seu paciente pode, muito bem, estar assustado de ter qualquer sonho. É, portanto, tão importante para ele saber que é um sonho assustador e tem um significado assustador, e assim por diante... tão importante como saber que esse sonho não é assustador, exceto antes de ele tê-lo. Ele levou muitos anos antes de ter esse sonho e lhe contar. Portanto, você pode chamar atenção a esse fato. Deve ter sido um sonho muito assustador, levou todos esses anos antes de ele ter a coragem de tê-lo. Mas quando ele o teve, penso, então, que é importante mostrá-lo que ele tem essas qualidades – se você pensa que sim – e um sonho com qualidades desse tipo leva muitos anos até que o paciente tenha coragem o suficiente para tê-lo.

A: Bem, acho que acabou o tempo!

Comentários sobre a Supervisão D11

Renato Trachtenberg

Em meus comentários, espero transmitir o caráter de estímulo desta interessante supervisão para o nascimento de alguns pensamentos que me ocorreram espontaneamente "sem uma busca irritante do fato e da razão" (Keats). Num primeiro momento, vou tratar de descrever o clima e algumas ideias surgidas durante a mesma. A seguir, mostrarei como as mesmas se repetem e se expandem em outros textos, seminários ou conferências de Bion. Finalmente, vou fazer algumas observações que, penso, poderão ampliar a discussão das temáticas abordadas na supervisão. Obviamente, faço uma escolha ao considerar somente aquilo que mais me chamou a atenção, uma cisão não patológica, como diria Bion.

O grupo parece menos interessado na supervisão de algum paciente e sim num trabalho ao estilo de uma entrevista, como já havia assinalado Junqueira de Mattos numa situação semelhante na revista *Psi* da ABP (Associação Brasileira de Psicanálise) em homenagem a Bion (Junqueira de Mattos, 1992), supostamente realizada em 18 de abril de 1973: "A fita inicia com São Paulo, 18/04/1973, primeira supervisão com Bion. Parece ter havido material clínico, mas, o interesse do grupo pelas questões formuladas levou-o a optar pela entrevista".

É interessante observar que na presente supervisão/"entrevista", na entrevista citada de 1973 e na 3ª das conferências brasileiras de 1973, aparecem questões muito parecidas, incluindo o mesmo sonho que é trazido por Bion.

Inicialmente, o grupo parece mais preocupado por questões do saber sobre psicanálise, do que com a experiência que poderia surgir do próprio grupo, pois, desde o início, uma parte do mesmo coloca perguntas com desejo de respostas. Perguntas que se referem a sonhos de personalidades psicóticas e neuróticas e diferenças entre sonhos e alucinações. Existe um grupo dentro do grupo que está escrevendo um trabalho sobre esses temas para um congresso de psicanálise e quer verificar se as teorias propostas, baseadas em ideias de Bion, estão corretas. Perguntas tipo "e o senhor sabe por quê?" são repetidas, provocando risos entre os participantes. O "grupo do congresso", vou chamá-lo assim, traz pesquisas neurofisiológicas sobre os sonhos, com a inclusão de estatísticas:

> Os fatos fisiológicos são: para as normais oito horas de sono, duas horas mais ou menos. Desse ponto de vista, há um registro de de R.E.M. de sono. Isso levanta muitas ideias novas. Por exemplo: todo sonho da noite... de tal forma que quase cinquenta por cento do sonho, chegando até a oitenta por cento.

Bion, então, traz a noção de vértice, apontando aqui à presença de um vértice psicofisiológico/biológico/médico acerca dos sonhos. Também o chama de vértice externo. Diz que a comunicação nesse vértice é objetiva, contrastando com o vértice psicanalítico, em que é extremamente difícil comunicar as descobertas para outras pessoas. Essa diferença de vértices será um dos temas centrais dessa "entrevista"/supervisão. Existe uma cesura entre essas duas, dificultando ao grupo a passagem de uma situação à outra, apesar dos esforços de Bion em facilitar ao grupo essa passagem.

Bion traz como exemplo um sonho de um paciente que, como referi, aparece também na entrevista trazida por Junqueira e na 3ª conferência de 1973. Parece-me uma tentativa de proporcionar material clínico frente às inúmeras dúvidas teóricas do grupo. Ou seja, uma tentativa de levar a entrevista na direção de uma supervisão, ou, ao menos, na direção de um vértice mais psicanalítico. O sonho: "Eu estava no ônibus e apesar de eu não estar dirigindo, estiquei o meu braço para fora para indicar que o motorista viraria. Meu braço caiu e eu o vi estirado no chão". Bion diz que não houve associações e que, para ele, na forma como o experimentou quando lhe foi contado, era um sonho psicótico. Diz que não sabe como descrever a diferença entre esse sonho e qualquer outro contado por algum outro paciente:

> *eu não sei. Eu não cheguei longe o suficiente para isso. Eu só cheguei até certo ponto no qual, ao estar presente quando um sonho me é narrado, ele é um sonho que está claramente diferenciado, em minha mente, do sonho que um paciente neurótico, ordinariamente, me conta... diz. Agora, certamente haverá perda de sonhos entre esses dois, que são muito mais difíceis; mas mesmo levando em consideração o sonho que é marcadamente diferente, eu não sei, ainda, como descrever essa diferença. Eu poderia descrevê-lo ao paciente, eu poderia dizer ao paciente: "Nós temos um sonho, mas não podemos fazer uso dele, pois ele não tem nenhuma associação livre, ele foi mutilado, é um sonho inútil, porque não tem nenhuma associação livre".*

Alguém do grupo, apesar do que Bion havia dito, pergunta: "por que o senhor pensa que foi um sonho psicótico?" Bion responde, novamente, que não consegue dizer-lhe, que não sabe: "Isso não se desenvolveu (evoluiu) de forma suficientemente clara em minha mente".

Nesse momento, alguém aponta uma contradição no que Bion está falando, pois, havia dito anteriormente, ao contar o sonho, que o mesmo era inteiramente psicótico. Bion responde:

> *Sim, mas você tem mais experiência. Estou falando para um grupo sofisticado. Agora, quando você tem esses pacientes, eu não sei com quem você vai falar; alguns podem entendê-lo, mas outros não. . . . É mais fácil colocar isso para alguém que já teve essa experiência, e que, portanto, como o paciente, sabe do que estou falando; felizmente, o paciente, estando lá, tem uma chance de saber do que estou falando e, quando o assunto é comunicação lateral, depende se a pessoa já teve aquela experiência ou não – esse é o problema.*

A seguir, vem outra pergunta: "O senhor quer que saibamos diferenciar um do outro?" Bion insiste que a diferença deve ser encontrada na situação analítica.

> *Aqui, podemos apenas falar a respeito disso; lá é a coisa em si mesma e espera-se que possamos ficar suficientemente sensíveis para sermos capazes de sentir que há uma diferença. Em um sentido, isso soa como a fala de um paciente neurótico: "Eu tive um sonho na noite passada", e tudo sobre o sonho etc. . . . Torna-se muito difícil dizer por que você pensa que eles não são parecidos; por que você diz que um sonho é psicótico e o outro não.*

Frente à pergunta de se é importante, do ponto de vista clínico, diferenciar entre sonho real e alucinação, Bion comenta que sim, mas que a questão é quando e como. Por isso, diz que sua interpretação foi simplesmente:

> *Esse sonho no qual você perde parte do seu corpo – que foi muito importante para me dizer algo – é, por si só, um sonho que perdeu sua associação livre. Assim, você não consegue me dizer nada com ele e eu não consigo entender nada.*

Mas, reforça mais uma vez Bion, isso tem que ser determinado no contato com o paciente e no presente:

> *Penso que quando você teve a experiência no consultório, ela (experiência) carrega uma convicção que é inequívoca, e, se outras pessoas são capazes de compreender a questão ou não, não há nada que se possa fazer. Você pode somente repeti-la e esperar o melhor. . . . Eu não sei até que ponto é possível fazer a distinção de tal maneira; por exemplo: que você possa transmitir isso para nós e até que ponto você pode fazer a distinção, de tal modo que você possa transmiti-la para um congresso internacional, mesmo de psicanalistas. . . . nós estaremos na posição de pessoas como Galileu, que teve de inventar e fazer um telescópio antes de poder ver alguma coisa. Temos de criar uma linguagem com a qual possamos fazer nosso trabalho, seja ele falando com um paciente, seja comunicando um com o outro, e esse é o problema aqui. Você tem esse trabalho no qual você se colocou em relação a sonhos, e assim por diante, mas você tem também*

> *de criar uma linguagem que se encaixe a ele.... Eu diria que paradoxalmente é mais fácil colocar isso para o paciente do que colocar isso em uma linguagem que comunique com outros analistas.*

Como se pode observar, Bion está falando das dificuldades na comunicação quando o vértice é psicanalítico. De alguma forma, o grupo, buscando rapidamente uma transformação em K, coloca-se mais próximo do que Bion se referiu como vértice externo. Posteriormente, Bion colocará, mais enfaticamente, a inutilidade e até as distorções na linguagem quando tentamos usar palavras como psicótico ou neurótico, restringindo o campo da psicanálise como coisa em si, com o intuito de lograr uma comunicação entre colegas. Esse ponto parece ser muito relevante durante a discussão.

Na "Entrevista", Bion tece considerações muito semelhantes acerca do sonho do braço caído e sobre a dificuldade de interpretá-lo por ausência de associações livres:

> *Ele não tem dimensão, nem nenhuma das qualidades que o tornam possível de ser analiticamente interpretado... Assim, quando o paciente tem o que ele chama de sonho, eu penso que o analista necessita ser uma pessoa que não se importe com esta coisa que ele chama de sonho, mas, possa decidir, por ele mesmo, se de fato isto é ou não um sonho... Podemos pensar que isto é uma realidade psíquica, ou um fato psíquico, mas, para o paciente, isto é um fato e isto é tudo, um simples fato... Não importa que isto tenha acontecido quando ele estava supostamente adormecido ou supostamente acordado – não existem associações livres. Assim, do ponto de vista analítico, não se pode usar este sonho esquisito.*
> *(Junqueira de Mattos, 1992, pp. 450-451)*

Retomando a questão da linguagem, Bion diz que não chamaria "isto" de sonho, delírio ou alucinação:

> *Muito bem! Então de que eu poderia chamar isto? Eu não sei! Eu não sei como chamarei isto, porque eu não penso que exista um nome. Esta é uma dificuldade, como psicanalista, a de termos que inventar a linguagem a ser falada, à medida que avançamos.*

Refere aqui o exemplo, já comentado, de Galileu. Portanto, podemos parafrasear o poeta espanhol Antonio Machado: *"hablador no hay lenguaje, el lenguaje se hace al hablar"*.[1] Bion destaca que a língua foi inventada, pelo menos com a finalidade de desencaminhar e derrotar os inimigos, tanto como para se comunicar com os amigos; é muito difícil usar a mesma língua, que está bem adaptada para mentir, enganar, evadir, com o objetivo de nos aproximar da verdade.

Poderia produzir certa estranheza a ausência de associações livres como critério para não aprofundar a interpretação do sonho. Bion não nos dá detalhes do contexto da sessão, o que apareceu antes etc. Mas, o sonho em si pode ser entendido como uma associação/interpretação do próprio Bion, parecendo indicar algo que está ocorrendo no grupo: a cesura "impressionante" (braço caído) em cada tentativa do grupo de mudar a direção de entrevista para o sentido de supervisão. O próprio grupo não associa livremente (vértice interno), penso que é o que quer dizer Bion. O grupo quer respostas (vértice externo).

Também em 1973, na terceira das Conferências Brasileiras, Bion fala dos mesmos problemas ao incluir o mesmo sonho. Porém,

---

1 Tradução: Falador não há linguagem, a linguagem se faz ao falar.

aqui, introduz uma diferença sutil, onde a ausência das associações livres não é o núcleo do problema. Diz que pode pensar, quando um paciente diz que teve um sonho, que não é um sonho já que não se acompanha de associações livres. Isso, diz, pode ser uma impressão equivocada. O paciente pode ser capaz de ter um sonho concreto, exatamente como pode ver que um par de meias concreto é uma série de buracos que foram tricotados juntos. Por que não deveria um paciente ter a mesma experiência, esteja ele adormecido ou acordado? Diz que poderia pensar que existe uma diferença porque elas seriam experiências diferentes para ele, Bion. Para o paciente não, os eventos em ambos estados são os mesmos:

> *A coisa concreta é o sonho que se passa exatamente como ele disse – estende a mão e seu braço caiu, e lá ele o via caído no chão. Não é um sonho sem associações livres; é a coisa concreta. Do mesmo modo, um místico pode ser capaz de dizer que tem um relacionamento direto com Deus, sem a intervenção de nenhuma outra instância. Freud se aproxima disso, quando diz que um sonho é uma realização de desejo. Isto é, não há "sonho" (formulação facilmente comunicável) que não seja um "desejo", em contraste com o "sonho" original, incognoscível, desconhecido. Em outras palavras, não há pesadelo tão aterrador que não seja melhor que a coisa-em-si. (Bion, 1973, p. 24)*

Retomando a questão dos limites da linguagem, Bion dirá novamente em "Cesura" que, por mais experiência que tenha um analista, não consegue familiarizar-se com a experiência que determinado analista tem com um determinado paciente.

> *Nenhum termo – "criança autista", "psicótico", "borderline", é de muita utilidade, porque a experiência numa análise*

> *é mais sutil, detalhada e difícil de categorizar nessas, de alguma forma, cruas classificações, quando nós as tomamos emprestadas da prática da Medicina, das filosofias existentes, ou das teorias psicanalíticas.* (Bion, 1975/1989, pp. 54-55)

Comenta que esta é uma das dificuldades sobre o tipo de comunicação que é possível em conferências, supervisões ou discussões entre colegas; uma suposição, palpite ou suspeita pode parecer estar oferecendo uma explicação simples de alguma coisa extremamente complexa: "O que estou apresentando como mera suspeita ou conjetura pode ser transformada numa teoria ou tratado, como se fosse alguma coisa que poderia ser usada, por tradução imediata, em uma interpretação".

Além desse vasto tema da linguagem humana e suas limitações, que considero um ponto essencial na supervisão D11, não quero deixar de comentar um ponto muito importante trabalhado durante a supervisão/ "entrevista". A partir de algumas questões que tocaram o tema da projeção/introjeção (levar para dentro ou para fora) em sonhos como o descrito, Bion nos traz a noção de "direção" como uma ideia muito importante em psicanálise:

> *Eu gostaria de ser capaz de falar algum tempo sobre a necessidade de termos alguma expressão para direção, da qual, pensa ele, carecemos muito na conversa psicanalítica; porque faz uma grande diferença em uma associação, ou em uma interpretação, qual direção ela está tomando. . . . Agora, o que esse paciente fez foi, realmente, tentar uma transformação na direção oposta. Ele viu isso acontecer na sessão e está a caminho de transformar isso em um sonho da noite passada, o que*

faz disso algo mais parecido com o tipo de coisa que eu gostaria de ouvir.

Penso que, com a ideia aparentemente simples de direção, Bion está se aproximando ao que conceituará, pouco depois, como cesura. Podemos dizer, então, que a cesura seria a "expressão encontrada para direção, da qual carecemos muito na conversa psicanalítica". De fato, a palavra ou o sentido de direção aparecerá com frequência no texto "Cesura" e também nos textos "Sobre uma citação de Freud" e "Evidencia":

> *Usando a minha mão, posso sugerir o seguinte: olhe-a de um lado; existe uma queixa psicossomática. Olhe-a do outro lado; agora é soma-psicótica. É a mesma mão, mas aquilo que você vê depende do modo como observa; a partir de que posição, a partir de que vértice. (Bion, 1976b/2000, p. 318)*

Ou então:

> *Picasso fez uma pintura num pedaço de vidro, de modo que poderia ser vista de ambos os lados. Sugiro que a mesma coisa pode ser dita da cesura: depende a partir de que lado você olha para ela, em que direção você está viajando. Doenças psicossomáticas ou soma-psicóticas – faça a sua escolha – a pintura deveria ser reconhecível como sendo a mesma, independente do fato de ser olhada desde a posição psicossomática ou desde a posição soma-psicótica. (Bion, 1976a/2000, p. 36)*

Em "Caesura":

> *Pode algum método de comunicação ser suficientemente penetrante para atravessar aquela cesura na direção dos pensamentos conscientes pós-natais de volta para o pré-natal, no qual pensamentos e idéias tem sua contraparte em "tempos" ou "níveis" de mente onde não são pensamentos ou ideias? Tal penetração deve ser efetiva em ambas direções. É fácil colocar isso em termos pictóricos dizendo que é como penetrar no interior da mulher tanto de dentro para fora, como no nascimento, quanto de fora para dentro, como num ato sexual. (Bion, 1975, p. 45)*

Podemos observar, assim, a continuidade entre o que Bion dizia em 1973 sobre a direção e o que dirá, a partir de 1975, sobre a cesura. A noção de direção fica incluída, a partir de então, no conceito de cesura.

Vinculado ao tema da cesura, e frente às limitações da linguagem, Bion irá propor – a partir do que denomina "language of achievement" (Bion, 1970) – uma linguagem para o psicanalista que se aproxime da linguagem de poetas, como Shakespeare, e que possa descalcificar um pouco as cesuras impenetráveis, ou "impressionantes", produzidas pelo material calcário gerado simultaneamente com a produção de uma ideia nova. Como sabemos, essa linguagem teria força suficiente para atravessar tanto a cesura que separa as emoções do falar sobre elas como, também, a cesura do tempo, alcançando efeitos significativos em épocas bem posteriores à sua formulação. Inaugurando um modelo estético, sugeriu, em várias ocasiões, que o analista deveria ir a seu consultório como um artista que vai ao seu ateliê, conjeturando imaginativamente formulações que poderiam ser tocadas como um instrumento musical, pintadas como um quadro ou narradas de forma literária: "Que tipo de artista você é?... Na minha experiência uma grande quantidade de analistas não sabe realmente que tipo de artistas eles são" (Bion, 1978a, p. 95).

Nesse sentido, Bion teve de ir além de Freud, que tanto temia a linguagem poética na psicanálise. Apesar de escrever poeticamente em muitos momentos, Freud oscilava entre incluir a psicanálise no ideal de ciência de seu tempo e o modelo estético, em especial a literatura, como referência e interlocução. Nas origens do método, é o fantasiar e a imaginação de seus pacientes que lhe proporcionam os instrumentos para a descoberta e investigação do inconsciente em psicanálise. Suas sugestões para a escuta analítica e para o trabalho do analisando na sessão são análogas ao estado mental requerido para qualquer processo criativo. Entretanto, Freud reagia ambivalentemente aos comentários elogiosos sobre sua escrita, tão concordante, por outra parte, com o objeto de sua investigação. São exemplares suas cartas a Schnitzler – seu duplo tão temido e admirado –, como também o impacto sofrido pelo famoso comentário de Krafft-Ebbing quando da apresentação de suas primeiras histórias clínicas: "Isso não passa de um conto de fadas científico". Bion dirá mais tarde que "Um crítico hostil poderia dizer com facilidade: 'Tudo isto é pura imaginação!' Eu diria sim, mas já é tempo de aceitar-se que a Pura Imaginação seja reconhecida como tendo um lugar no trabalho científico" (Bion, 1978b, p. 224). Em *Domesticando pensamentos selvagens*: "Similarmente, estas especulações imaginativas, por mais ridículas, neuróticas, ou psicóticas, que sejam, podem, no entanto, ser estágios na direção daquilo que poderíamos encarar basicamente como formulações psicanalíticas de cunho científico" (Bion, 1997/2015, p. 34). Ou: "A menos que o analista se faculte o exercício da imaginação especulativa, ele não conseguirá produzir as condições nas quais o germe de uma ideia científica possa florescer" (Bion, 1997/2015, p. 39).

Diferentemente de Freud, que buscava estabelecer o *status* científico da nova ciência, Bion, mais distante daquelas preocupações primordiais, inúmeras vezes se referiu às palavras que se gastam pelo uso corriqueiro e deixam de ser eficazes para a transmissão de uma ideia ou emoção. A experiência que gostaríamos de acercar-nos não tem cor, cheiro ou sabor. Por isso sua ênfase sobre a necessidade de buscar-se nas metáforas dos grandes poetas os instrumentos para tentar ressuscitar termos fossilizados, pois as teorias transformam nossa linguagem num jargão repetitivo, sem capacidade de afetar aquele que a escuta. Enquanto isso, diz Bion, a dor mental está tão viva como sempre esteve; as doenças não se gastam.

As questões da linguagem e da direção podem ser consideradas, na verdade, dois vértices de abordagem do mesmo problema. Bion está falando, sem nomeá-las como tais, das "impressionantes cesuras" e suas expressões no trabalho analítico. As limitações da linguagem estão relacionadas com algumas cesuras muito ossificadas e restritivas, mencionadas por Bion nessa supervisão/entrevista, entre a linguagem desbotada pelo hábito e a que permite criar significados ainda não nascidos ou despertar aqueles adormecidos, ou, entre a usada na sessão com os pacientes e aquela a ser transmitida a outros colegas etc. Essa foi uma das dificuldades, aliás, para o grupo atravessar a cesura entre a entrevista (vértice externo) e a supervisão (vértice interno).

Como refere Chuster, os aspectos criativos da mente, resultantes ou representantes da função psicanalítica da personalidade, revelam-se na radicalidade do conceito de cesura:

> *Se não nos deixarmos impressionar pelos elementos da memória, do desejo, da necessidade de compreensão e da impressão sensorial, nossa mente recupera a plasticidade*

> *de movimento transitando pela cisão temporal, estabelecendo vínculos insuspeitados, criando conjecturas, enfim, exercendo a imaginação. Tudo é metaforizável.*
> (Chuster, 2001, p. 106)

A cesura, então, retomada e transformada por Bion a partir de Freud, deixa de ser impressionante, seja no nascimento ou na morte, e nos permite pensar em passagens imprevisíveis pelos *shibboleths* do estabelecido. A passagem bíblica (juízes XII) sobre a luta fratricida entre os efraimitas (que diziam *sibboleth*) e os galaaditas (que pronunciavam corretamente *shibboleth* – espiga, galho ou ramo, em hebraico), que viviam em margens opostas do rio Jordão, inspirou Freud a usar a palavra-senha, que levou ao extermínio dos homens de Efraim, para identificar quem era ou não era um psicanalista e diferenciar os partidários da psicanálise de seus adversários, como disse Freud em alguns momentos. O Complexo de Édipo como o complexo nuclear das neuroses, o inconsciente, a sexualidade infantil e a teoria da interpretação onírica seriam, para Freud, os *shibboleths* da psicanálise. Assim, o psicanalista tem uma identidade fixada, definida, pelos limites "shibbolethizantes" (teóricos, profissionais etc.): é um "ser/sou". Com o termo-fetal cesura, que em trabalho anterior contrastei com o termo-fatal *shibboleth* (palavra mal-dita), o analista na sessão, para Bion, é um "estar-sendo", um "tornar-se", transiente, trans-formando o Jordão da mente transitável em qualquer direção.

Hoje, receberíamos a crítica de Krafft-Ebbing a Freud como algo generoso e estimulante, pois, graças a Bion, sabemos que há mais continuidade entre o mundo da ciência e o mundo dos contos de fadas do que a impressionante cesura dos *shibboleths* poderia nos fazer acreditar.

Porém, se a psicanálise não estimular o grupo psicanalítico a desenvolver a possibilidade de experimentar e jogar com formulações criativas que resgatem o ainda não nascido, reanimem o desvitalizado e transgridam o condecorado de todos nós, podemos dizer, parafraseando Horácio, que muitos pensamentos heroicos permanecerão enterrados e esquecidos no poço sem fim dos tempos, sem nenhum psicanalista para cantá-los.

Referências

Bion, W. R. (1970). *Attention and interpretation*. Northvale, NJ: Jason Aronson.

Bion, W. R. (1973). *Brazilian lectures*. London: Karnac Books, 1990.

Bion, W. R. (1975). Caesura. In *Two papers. The grid and caesura* (pp. 37-57). London: Karnac Books, 1989.

Bion, W. R. (1976a). On a quotation from Freud. In *Clinical seminars and other works* (pp. 306-311). London: Karnac Books, 2000.

Bion, W. R. (1976b). Evidence. In *Clinical seminars and other works* (pp. 312-320). London: Karnac Books, 2000.

Bion, W. R. (1978a). Um seminário realizado em Paris. *Revista de Psicanálise (SPPA)*, 8, 91-102.

Bion, W. R. (1978b). Bion em São Paulo. In *Conversando com Bion: Quatro discussões com W. R. Bion e Bion em Nova Iorque e em São Paulo*. Rio de Janeiro: Imago, 1992.

Bion, W. R. (1997). *Domesticando pensamentos selvagens*. Londres: Karnac Books, 2015.

Chuster, A. (2001). Comentários sobre a conferência de Bion em Paris. *Revista de Psicanálise (SPPA)*, 8, 103-106.

Junqueira de Mattos, J. A. (1992). Entrevista com Bion. *Revista Brasileira de Psicanálise*, 26, 443-464.

Supervisão A2

No texto a seguir, A é a analista; P1 e P2 são os participantes da audiência na ordem em que falaram.

A: Esse paciente que eu trago é um paciente com o qual eu sinto que tenho grandes dificuldades, um caso muito complicado. O que eu sinto em cada encontro é que estou fazendo uma bagunça. Muito raramente conseguimos nos encontrar – normalmente ele não vem.

Quando ele vem, sofre terrivelmente durante as sessões e manifesta o seu sofrimento fisicamente. Ele espirra, ele geme, ele suspira, ele chora, ele fica muito desesperado. Eu sempre tenho o sentimento que falhei ao tentar entender o que está acontecendo.

Bion: Sobre o que ele está falando quando ele age dessa forma? Quando ele se comporta dessa forma?

A: Muito frequentemente ele não está falando, ele está apenas sonhando.

Bion: Apenas... sim!

A: E ele põe as mãos na cabeça e diz "Oh meu Deus", em inglês. Ele diz isso em inglês "Oh meu Deus", ele fica desesperado, eu não consigo encontrá-lo.

Eu tenho aqui a sessão de ontem. Há outras sessões nas quais provavelmente as coisas correram melhor do que na de ontem, mas essa é a que aconteceu ontem.

É algo que acontece com frequência – além disso, quando ele passa por mim, ele me olha de forma bem amável, sorri para mim amavelmente com uma expressão feliz, depois ele se deita. Houve um longo silêncio de dez minutos. Tentei observá-lo durante esse silêncio.

Bion: Mas isso é quando ele entra no consultório?

A: Sim.

Bion: Entendo. Então, quando você acha que a sessão começa? Você espera por ele no consultório?

A: Não, eu vou buscá-lo na sala de espera.

Bion: Entendo, e é aí que começa o contato?

A: Sim.

Bion: Você daria alguma interpretação quando você o encontra... bem, como a sessão termina?

A: Bem, eu digo que o tempo acabou. Eu me levanto...

Bion: E o que acontece?

A: Ele sai normalmente – não normalmente, mas muito frequentemente – após uma sessão ruim, ele olha para mim sorrindo e sai, aparentemente, feliz.

Bion: E você sai com ele ou...?

A: Não, ele sai sozinho.

Bion: Entendo. Então a sessão...

A: Houve apenas uma ocasião na qual eu saí com ele, três dias atrás, acidentalmente, a luz acabou – a sessão dele é a última da noite – então, eu tive de sair com ele, com uma vela.

Bion: Alguns pacientes querem prolongar a sessão, então quando eles se levantam para sair, eles continuam falando. Eu não gosto, nunca, de dar uma interpretação nesse momento, porque se eu fizer isso eles não vão embora de nenhuma maneira. Eles prolongam, prolongam, prolongam e acaba virando uma despedida prolongada. Quando digo: "A sessão acabou", eu paro. Eu não dou interpretações depois disso, porque isso prolonga a ideia e depois eles continuam associando livremente. Eu penso que é importante deixar claro, em sua própria mente, quando você considera que a sessão para. Por exemplo: você daria alguma interpretação quando está trazendo o paciente da sala de espera até o divã? Ou simplesmente ignorando as interpretações até que ele se acomode no divã; ou até que você esteja pronto, ou melhor dizendo, até que você esteja acomodado em sua cadeira? Por que ele pode não se deitar no divã. Por isso é uma boa coisa ter, em sua mente, quando você acha que a sessão começou e quando você acha que a sessão terminou; e não a prolongar com interpretações, ou associações livres, ou o que quer que possa estar além dos limites.

A: Uma vez – eu me recordo agora – ele reclamou que ele é que tem de começar a conversa durante a sessão.

Bion: Bem, isso é falta de sorte dele, ele tem de suportar isso, por que ele pode reclamar que a sessão termina exatamente no momento no qual ele tem muito mais a dizer, e ele não teve a chance de dizer isto. Seja o que for que você fizer, há desvantagens. Por exemplo: quando ele se acomoda no divã – ele se deita – e se eu tiver que dizer para ele: "Sua expressão alterou-se, da forma na qual você se encontrava, quando você estava entrando no consultório".

Dessa forma, você estendeu a sessão ao referir-se a algo fora da sessão. Portanto, nessa situação, novamente, você tem de tomar uma decisão a respeito de quando é que você se sente preparado para dizê-lo. Pessoalmente, eu acho que você poderia fazê-lo assim, pois se você vai buscar um paciente, é legítimo que você se refira a algo que você viu lá. Você pode dizer: "Há um momento você parecia estar bem feliz e animado; então algo aconteceu". No entanto, eu estava apenas considerando este ponto a respeito de quando a sessão começa e quando ela termina. Esta é também uma questão importante quando você está lidando com um possível paciente suicida. Por exemplo: se, durante a sessão, o paciente pode se jogar da janela, eu penso que é seguro, ou é uma sábia ideia, que você se coloque entre o paciente e a janela. De forma que o arranjo da sua sala seja tal para que você possa se interpor no caminho. Senão, se um desastre desse tipo acontecesse, o médico legista, ou quem quer que seja, poderia dizer: "Mas doutor, por que você não impediu que esse paciente fizesse isso? Por que você não parou o paciente? Você está me dizendo que deixou um paciente suicida tão perto de uma janela da qual ele pode se jogar?", e assim por diante... Mas é bem diferente se você disser: "Sim, eu sabia disso, é por isso que eu fico, ou sento-me, no caminho de forma que ele tem de passar por mim para chegar até a janela, mas ele é muito poderoso, ou muito mais forte do que eu, e eu não pude pará-lo". Bem, isso é bem compreensível, mas o que é incompreensível é a negligência, se você não tomou as precauções que provavelmente se espera que você tome em relação a um paciente. Mas, por outro lado, você pode dizer a respeito de tal pessoa: "Você só pode ser responsável pelo tempo durante o qual o paciente se encontra com você, outra pessoa tem de ser responsável por trazê-lo e levá-lo embora".

Você não pode fazer nada a respeito disso. Pois se você for se responsabilizar pelos pacientes depois de eles terem saído do consultório, ou depois de eles estarem fora do seu cuidado, então sua mente fica ocupada com o que esses pacientes podem fazer, mas esse tempo é de outra pessoa; em vez de dar atenção ao seu próximo paciente, o tempo que você deveria estar ocupando com o seu próximo paciente foi ocupado pelo paciente anterior. Portanto, um paciente ganancioso pode conseguir de alguma forma ocupar a sua mente quando ela deveria estar ocupada com outra pessoa. Desse modo, eu gosto, quando é possível, de deixar claro que eu sou responsável pelos cinquenta minutos durante os quais ele está ao alcance da minha vista e dentro do meu alcance; eu não posso ser responsável por ele quando eu não tenho poder algum, quando eu não posso, nem ao menos, vê-lo. Mas, de qualquer forma, eu não vou falar muito a respeito disso porque estamos falando desse paciente em particular. Eu estava pensando nisso em termos mais gerais, sobre pacientes em geral. Portanto, é importante que fique claro em sua própria mente quando você está preparado para ser responsável pelo paciente.

A: Sim, mas o que o senhor diz está muito certo, porque muito frequentemente, quando ele sai, sinto-me muito preocupada em deixá-lo sair.

Bion: Portanto, os outros pacientes não recebem um tratamento justo!

A: Ele é o último! [A analista disse isso rindo]

Bion: Bem, se ele ocupa a sua mente durante a noite e daí por diante... ainda assim está ocupando o seu tempo. Analistas pensam que *podem* fazer isso, mas você *não pode* fazer isso. Se você for ocupar a sua mente com a sua prática durante a noite e daí por diante... consequentemente, não pode ter tempo livre para pensar, tal pessoa fica muito cansada e não se encontra em condições adequadas de trabalhar. Portanto, você deve ser capaz – de certa forma - de esquecer o paciente e todas as diversas preocupações a respeito dele, de forma a dar a sua mente uma chance para se refrescar, se reavivar.

A: Mas, durante a sessão, em seu silêncio... gesticulando dessa maneira... [Neste ponto, a analista parece ter esquecido a palavra "suspiro" em inglês, então ela de forma onomatopeica suspirou, para mostrar o que o paciente fez]. Assim e de uma forma bem descontinuada, de uma forma bem desesperada ele começa a falar e ele diz o seguinte, que quando estava subindo as escadas para o meu consultório, ele sentiu alívio, mas em sua casa, antes, ele tinha certeza que ia discutir comigo, que ia brigar mais que discutir, que ia brigar comigo, mas quando ele chegou ele sentiu alívio. Mas agora ele diz: "Eu não sei por que quero mandá-la para o inferno".

Bion: Sim. Vamos parar aqui por um momento. Qual é a sua impressão disso? Eu gostaria que você imaginasse que está vendo o paciente pela primeira vez. O paciente foi recomendado a você, isso é tudo o que você tem de informação. Agora, você quer tomá-lo como paciente ou não? Sim ou não? Você vai atender esse paciente ou não? Você não sabe mais nada a respeito dele. Na primeira sessão você não sabe nada a respeito dele a não ser, talvez, algo que lhe disseram: "Ah sim, ele é um homem muito talentoso, um homem muito bom – o paciente certo para você! Você vai se dar muito bem com ele". Sim, é isso que eles dizem, mas só você sabe, e você tem lá quatro minutos, cinco minutos, dez minutos, nos quais você deve decidir. Agora, sabendo apenas essa migalha, o que você vai decidir? Você não precisa dizer ao paciente, mas precisa dizer a si mesma. Você o quer como paciente ou não? Você vai dizer: "Sim, nós podemos começar semana que vem" ou não. Alguém pode oferecer alguma sugestão? Eu não pergunto a você particularmente porque você já contribuiu. [Aqui, Bion estava falando diretamente à analista.]

A: Por dois anos e meio!

Bion: Mas o resto de nós pode se perguntar algo desse tipo.

P1: Estou em dúvida se devo ou não, apenas pensando.

Bion: Alguém mais? Provavelmente o tanto quanto vocês conseguirem.

A: Eu também acho que é a minha dúvida, se devo continuar com ele, ou sugerir que ele mude para outro analista.

Bion: Sim, nesse modo, toda sessão é a primeira sessão – toda sessão. A vigésima sessão, a quadragésima sessão, a sexagésima sessão, a centésima sessão, a ducentésima, é sempre a primeira sessão. Você deve continuar? Não deve? É claro que na ducentésima sessão você já colheu muitas impressões, o que soa como uma vantagem, e que é também um risco, porque as pessoas mudam. Portanto, o paciente que você atende em sua ducentésima sessão é a sua primeira sessão, só que agora você está contaminado por tudo o que você viu nas 199 sessões anteriores. Agora, na sessão 199 você pode estar: "Ah! Meu Deus" – você fazendo isso – não ele, mas você! Ele pode não estar; portanto esse "Ah, meu Deus!" é um estado de mente. De quem é esse estado de mente? De quem é esse estado de mente e quando? Quem está se sentindo dessa forma? É ele, ou o analista quando o vê de novo? Ou é a mãe ou o pai dele, ou a tia dele ou alguém? Ou é como você vai se sentir assim na próxima sessão? Ou, como eu disse, na sessão 201. Em outras palavras, o que você está olhando: um historiador ou um profeta? Essa é uma pessoa que está escrevendo com seu corpo sobre a história passada ou sobre os tempos que virão?

A: Ele disse em certo momento: "Acho que você não me suporta mais".

Bion: Bem, isso significa que nesse momento é você. Portanto, você pode dizer: "Eu penso que você está sentindo que não está assimilando o fato de que, até onde eu saiba, eu me comporto de uma forma educada e civilizada, mas se eu fosse sincera e honesta, eu estaria me sentindo e agindo da maneira que você está sugerindo".

A: Porque quando ele disse: "Eu acho que você está farta" – eu acho que você quer vir até mim e dizer: "Doutora, não está dando certo mais, você vá e procure por outro tipo de terapia. Análise não é para você".

Bion: Sim.

P2: Você disse isso? Argh, ele disse isso!

Bion: Alguém tem alguma ideia sobre o que diria nessa situação?

P1: Eu penso que o paciente só está tentando colocar dentro da mente do analista o sentimento que ele acabou de sentir. Ele não consegue suportar todos os sentimentos, ele está somente sentindo isto na relação. Ele está tentando induzir o analista a sentir exatamente isso e quando ele diz: "Eu acho que a analista deve me mandar a outro terapeuta, porque eu acho que ela não vai me suportar", ele apenas está tentando ter sucesso em induzir a analista a receber esses sentimentos.

Bion: Hum, sim. Agora, o que você diria ao paciente?

P1: Agora? Eu preciso pensar!

Bion: É por isso que estou fazendo essa pergunta, porque aqui nós podemos pensar a respeito; podemos pensar qualquer coisa que queiramos. No consultório com o paciente, você não pode. No consultório com o paciente você tem de dar a resposta agora. Aqui podemos ter toda essa discussão; na análise propriamente dita, não. Não há ninguém com quem discutir o assunto, exceto o paciente e não há tempo para discutir isso – este é mais ou menos o caminho. Portanto, a vantagem de se pensar a respeito agora é: se todos pudéssemos dizer o que diríamos, poderíamos ter diferentes ideias a respeito do que dizer ao paciente. E aí, quando você tem um paciente que se comporta como esse, você já teria um considerável vocabulário disponível. Você já jogou o jogo psicanalítico, o qual não é diferente do jogo que crianças jogam. É sério, mas é ao mesmo tempo divertido. Mas tem uma intenção séria, porque se você brinca de papai e mamãe, quando você se torna um pai ou uma mãe, você sabe um pouco mais a respeito disso, porque você brincou essa brincadeira. Você já discutiu com seu irmão, ou irmã, ou brigou com ele, para decidir quem é o que etc.... Assim, você está em uma melhor posição, na verdade, para se tornar um verdadeiro pai ou mãe. Mas para os nossos propósitos aqui, agora, é melhor que você diga qualquer coisa que queira dizer, que você pensa que diria ao paciente, não importa muito se é a coisa certa ou não. Será algo que todos nós podemos ouvir e pensar a respeito. Alguém gostaria de voluntariamente dar alguma sugestão sobre o que você diria, ou como você colocaria para o paciente na prática?

A: Eu estava sentindo que ele queria que lhe dissesse algo, sobre o que ele deveria fazer... o que ele faria. Ele queria que eu o mandasse para longe – foi isso que eu senti, ele queria que eu o mandasse embora.

Bion: Eu gostaria de fazer uma ou duas sugestões a respeito disso. Pode ser que isso seja uma reminiscência, que seja algo que ele sentiu, que a mãe dele sentiu: cansada demais para lidar com um bebê que dá tanto trabalho – sempre ativo, sempre requerendo atenção, sempre esperando ser amado ou querido. Pode ser que ele tenha tido um irmão ou uma irmã que também se cansou de jogar jogos com ele. Eles poderiam ser capazes de dizer: "Ai, meu Deus". Mas eles poderiam sentir: "Onde está meu pai ou mãe? Eu não quero mais brincar disso". O mesmo pode ser verdade em relação a sua namorada, talvez ele não queria casar com ela, ou ela com ele, ou sair com ele etc. Ou pode ser que sua analista, do mesmo modo, não queira continuar com a análise quando ele quer ter mais análise. Ou ele não quer ter mais análise com essa analista, mas com uma melhor, caso exista uma melhor. Ou pode ser que: "Não, isso não pode dar em nada porque eu não quero me casar com essa analista. Há outra pessoa em mente". De qualquer forma, a análise não pode acabar de forma feliz, você não vive feliz para sempre com o seu analista. Agora, essas são apenas algumas das histórias possíveis, qual delas devemos contar-lhe? Há duas pessoas no consultório; quem vai se cansar da outra primeiro? E qual é o jogo que está sendo jogado? Essa é a variedade de pergunta que você tem de responder instantaneamente; não há tempo para se ponderar como fazemos aqui, onde podemos escolher a próxima coisa a dizer. Quando o número de escolhas é muito considerável, como nesse caso, você pode ver que as chances de se escolher a resposta certa estão pesadamente contra você, realmente. Você não sabe se deve baseá-la na história passada, no presente, ou no futuro. Devemos continuar?

A: Essa pessoa não tem um relacionamento fixo com ninguém, com nenhuma garota. Ele teve uma noiva anos atrás, quando ele rompeu o noivado...

Bion: Ele rompeu?

A: Ele rompeu. Ele faz o mesmo com suas atividades profissionais, ele sempre para o que está fazendo. Ele está sempre mudando de empregos, sempre mudando da carreira que ele escolhe. Ele é um X, ele abandonou a profissão por uma bolsa de estudos na Europa. Ele passou três anos na Europa, em diferentes países, e voltou; voltou para trabalhar em laboratórios como um pesquisador, e então ele teve três empregos em seis meses; foi quando ele veio para análise. Ele fez uma grande confusão nos lugares que ele esteve: primeiro ele mudou de emprego porque queria ganhar mais, mas ele fez uma confusão tão grande que foi mandado embora. Agora eu nem sei o que ele está fazendo, porque é tudo muito vago e confuso, mas ele também está frequentando outra Faculdade de Y.[1]

---

1 O nome da real profissão foi omitido para manter a confidencialidade.

Bion: Podemos parar por um momento? Agora a situação fica um pouco mais complexa. Não é bem isso, mas fica mais abrangente porque não é uma questão de escolher ser médico, ou analista, ou marido, ou esposa, ou pai, ou mãe. É também uma questão de escolher a sua profissão – é a mesma coisa. Ele está sempre sendo infiel a profissão que escolheu, tentando outra, a nova não é melhor do que a antiga, porque mais cedo ou mais tarde ele estará dizendo: "Meu Deus, essa [X profissão]" ou "Meu Deus, essa [Y profissão]" ou "Meu Deus, essa análise!" Portanto, no presente momento, ele está fazendo todas essas coisas – ele está confuso. Ele está dizendo: "Pegue todo esse lixo e escolha o melhor entre eles". Quando ele faz... huhmm [Um longo suspiro] ele está evacuando sua respiração. Ele está evacuando fezes. E quando ele fala, ele está evacuando ideias. Mas a pessoa responsável tem de ser a outra. É o analista, ou seu marido, ou sua esposa que tem de escolher entre: amores, ódios, suspiros, gemidos etc. com o qual se casar.

A: Mas esses tipos de coisas, quando eu os digo para ele, não produzem nenhum... quando eu digo que ele está evacuando suas ideias, que ele não pensa. Ontem, quando eu lhe perguntei se ele alguma vez levou em consideração o fato de ele ter uma cabeça para usar, para pensar e não para usar como um intestino cheio de merda, porque ele disse: "Oh, eu estou cheio de merda!" Mas isso não faz sentido.

Bion: Hum... o ponto importante é: ele não quer ser responsabilizado, desse modo *você* pode escolher. Agora, se você escolher um homem cheio de cuidados, de problemas e preocupações, então a culpa é sua. Se ele reclama e é miserável e infeliz, a culpa é sua – a culpa é do pai, mãe, irmã, irmão, esposa, crianças dele, porque eles o escolheram. Por outro lado, se você o escolhe, porque ele sorri e é agradável, a culpa é sua por escolher uma pessoa assim, porque você cometeu um erro. De qualquer forma, ele tem de estar sorrindo, e ser bom e agradável e educado e civilizado. Portanto, a culpa é sua por fazê-lo carregar esse pesado fardo de ser agradável e delicado – o que quer que seja que ele esteja sentindo. Ele não quer ter o trabalho, ser cooperativo e amigável – mesmo que ele tenha uma dor de cabeça ou esteja doente e cansado; ele não quer fazer isso. Portanto, a culpa é da pessoa que o escolher, achando que ele tem alguém que poderia ser bom e agradável. Assim, ele poderia dizer: "Se você quer analisá-lo, ou casar-se com ele, você não pode reclamar que ele não disse o quão terrível ele é. Você não pode reclamar de ter alguém mal-humorado e cansativo. Ele a avisou que é assim que ele é".

Resumindo, o problema aqui é: como evitar ser responsável por seu próprio comportamento e como encontrar alguém que vai assumir a responsabilidade. Agora, apenas considerem, por um momento, as ramificações disso; e até mesmo, alguém poderia dizer, o objetivo desse negócio em si mesmo, ser interessante, não é desprovido de razão. Qualquer um gostaria de escolher um trabalho, um trabalho que é interessante, então ele leva em consideração tudo o que ele pode dizer: ele tenta ser um paciente, ele tenta ser um bebê, ele tenta ser uma criança, ele tenta ser um adulto, ele tenta ser um médico, ele tenta ser etc. Mas o que ele está procurando é um trabalho que lhe seja interessante. Agora, contraste isso, por meio deste ponto de vista: é o trabalho que tem de ser interessante, ou ele tem de estar interessado no trabalho? Há uma grande diferença.

A: Sim, porque em certo momento da análise, no começo, ele estava completamente convencido que eu estava apaixonada por ele...

Bion: Ah, sim!

A: ...e que ele estava lá, ele ia até lá, porque eu queria estar lá com ele.

Bion: Eu entendo, mas é um tipo particular de amor. Você é absolutamente a pessoa que estaria interessada nele, que o amaria; você não é a pessoa que ele quer amar ou com quem ele quer ser bom. Ele não quer ter uma esposa da qual ele tem de cuidar, ou crianças das quais ele teria de cuidar. Ele quer escolher uma esposa, ou crianças, que cuidariam dele, isso é diferente. Ele quer escolher um emprego que vai cuidar dele, que vai lhe propiciar a sobrevivência. Mas isso é diferente de escolher um emprego no qual você está interessado, ou uma esposa na qual você está interessado, ou crianças nas quais você está interessada. É singular se você deseja o tipo de criança que você pode amar – seja como elas forem, sejam mentalmente ou fisicamente deformadas, sejam doentes, ou malvadas, ou boas ou não etc. Esse é o motivo, apenas para reverter o nosso trabalho aqui, no qual análise e conversa, falando na análise, aquele trabalho no qual temos de fazer as ferramentas que usamos, e uma dessas ferramentas tem a ver com *direção*, alguém poderia dizer: "Eu não lhe perguntaria, é claro". Mas até onde, referindo-se à mente de cada um, quando ele diz que ama sua esposa, ou crianças, o que ele quer dizer? Amar daquele jeito ou amar desse jeito? Quando ele ama sua comida, a comida tem de amar seu sistema digestivo? Fazer bem a ele e tudo o mais? Ou ele se incomoda em ter o tipo de amor e amar a comida de um modo que a comida amaria seu interior e o comeria de volta de novo por dentro? Em outras palavras: ele não se incomodaria com uma refeição, mas a refeição não deve lhe causar indigestão, não deve causar-lhe uma úlcera. Resumindo, a refeição não pode devorá-lo.

A: Porque: "o estômago me queima". Isso eu entendo ele dizer que seu estômago queima. Quando ele vem para a sessão, muito frequentemente ele começa a sentir uma queimação no estômago.

Bion: Eu acredito que você tenha uma ideia similar tanto em português como em inglês, na qual você pode dizer: estou inflamado de amor por essa moça ou rapaz. O amor dele pela sua parceira é como uma chama, a chama de fidelidade eterna; não o tipo de chama que o queima, não o tipo de comida que dá a ele o que nós chamamos em medicina de indigestão, queima por dentro, não o tipo de comida que se transforma em um câncer e começa a comê-lo por dentro. Eu poderia dizer isso a você de uma forma mais simples e mais pictórica, se não estivesse usando linguagem articulada, eu poderia dizer a você: olhe o mito de Prometeu. Quando o paciente fala desse modo, você consegue ver o mito de Prometeu enterrado no que ele está dizendo para você? Algo que come o seu fígado. Agora, isso é anatomia ou fisiologia ou psicanálise ou filosofia ou trabalho de laboratório. Um chinês entenderia isso, porque um chinês poderia dizer sobre sua namorada ou namorado: "Você é meu coração e fígado". O fígado é o lugar dos afetos. Isso não é medicina, não como a entendemos, mas aquele mito poderia explicar o que ele está dizendo, quando ele fala de seu interior sendo machucado ou até: a possibilidade de ter uma infecção na vesícula biliar. Ele pode até beber tanto vinho que ele tem icterícia, ainda falando a mesma língua. Portanto, eu sugiro que é um tipo de mito que *pictorializa*. Assim, quando o paciente está falando desse modo, você pode ser capaz de ver o mito ou de se lembrar do mito – então, você poderia decidir sobre qual parte da história ele estava lhe falando.

Bem, como sempre, a história continua. Nós temos de parar, essa história não!

Comentários sobre a Supervisão A2

Carmen C. Mion

Essas supervisões, transcritas diretamente das fitas gravadas e não editadas, oferecem-nos a possibilidade de entrar em contato com uma experiência em grupo em que é possível vislumbrar Bion como analista, como pensador e supervisor: acompanhar sua escuta do material clínico apresentado, sua interação com o colega que o apresenta e sua relação com o grupo. Elas me têm sido muito úteis, preciosas mesmo, na ilustração e realização de conceitos apresentados tanto em *Transformations* (1965) e *Attention and interpretation* (1970) como em sua trilogia *Memoirs of the future* (1991).

Em minhas leituras das supervisões, não tenho privilegiado o material clínico, as questões do supervisionando, nem o que se passa no grupo, pois tenho preferido focar minha atenção em como Bion se aproxima e se relaciona com esses três vértices possíveis em seminários clínicos. Creio nunca ter lido uma dessas transcrições sem certo impacto emocional, sem que me surpreendesse, sem um sentimento de "expansão psíquica". E esta supervisão de hoje certamente não foi uma exceção.

Essa experiência pessoal de leitura, suas repercussões em mim e no meu contínuo "vir a ser" analista, é o que me proponho apresentar a vocês para que, como sugere Bion a certa altura, possamos brincar tão seriamente como as crianças o fazem com esse "jogo psicanalítico". E que "brincando essa brincadeira" possamos não só saber um pouco mais a respeito de psicanálise e expandir nosso vocabulário sobre o mundo psíquico, mas nos divertirmos também.

Um momento antes de Bion introduzir a ideia de "analistas jogarem um jogo psicanalítico", um colega (P1) havia acabado de apresentar um comentário sobre a situação clínica descrita pela supervisionanda. Bion então se dirige a ele provocativamente:

> *Bion: Hum, sim. Agora, o que você diria ao paciente?*
> *P1: Agora? Eu preciso pensar!*
> *Bion: É por isso que estou fazendo essa pergunta, porque aqui podemos pensar... o que quisermos. No consultório com o paciente você não pode...*

Bion enfatiza que não há lugar para teorias prontas nem tempo para pensar na sala de análise. Estamos irremediavelmente sós e nus, tentando auxiliar nossos pacientes a encontrarem a si mesmos, por meio da intuição analiticamente treinada, confiando no único equipamento de que dispomos, por mais rudimentar que seja: nossas próprias mentes. Mas não foi essa observação que me surpreendeu nesse parágrafo. É verdadeira, mas não é nova para mim. Em maior ou menor profundidade, creio que todos nós sabemos por experiência própria a que Bion está se referindo.

No entanto, ao introduzir o modelo do jogo da criança para os seminários clínicos em psicanálise, Bion me surpreende trazendo de volta aquela sensação familiar que chamei de "expansão psíquica" por falta de termo melhor. Do meu ponto de vista, ele está não só apontando a importância desses exercícios para a prática clínica do analista (como *preconcepções*), mas também sugerindo que não é relevante para essa finalidade se, ao discutirmos o material clínico de um colega, estivermos no terreno da ficção, fantasia, conhecimento ou mesmo alucinose, desde que o grupo tenha clareza de que está "jogando um jogo psicanalítico". Certamente, para que o jogo seja tão divertido como propõe Bion, torna-se condição necessária a predominância no grupo de relações de amor, respeito à verdade e ética.

Encontro uma correspondência entre a sugestão lúdica de Bion – e metáfora de jogo – nessa supervisão e uma passagem na introdução de seu livro *Learning from experience* em que ele diz: "Em metodologia psicanalítica, o critério não pode ser se um uso particular é correto ou incorreto, significativo ou verificável, mas sim, se promove desenvolvimento" (Bion, 1962, p. ix, tradução livre). Ele retomará o tema em *Transformations* (1965/1983, p. 2) assinalando que algumas formulações, embora válidas em algumas esferas, podem não promover desenvolvimento no campo da investigação psicanalítica.

Aqui, realizo uma vez mais com Bion que as associações de um paciente podem representar fenômenos relacionados uns aos outros num universo infinito, e que podem não corresponder a qualquer realização no universo finito do discurso analítico. Ou seja, a realização sempre transcende a teoria. Dessa forma, a apreensão de uma conjunção constante no campo das experiências humanas, seja ela poesia, fantasia, sonho, mito, teoria, música ou até mesmo uma observação informal de um colega, parece-me muito útil desde que ela possa fazer parte do equipamento do psicanalista como na coluna D4 da Grade (preconcepção/atenção – Bion, 1975b), isto é, que possa ser significante, mas insaturada o suficiente para receber o seu significado da experiência de cada par analítico na sessão.

Penso que a teoria das transformações, incluindo a turbulência desencadeada a partir das ideias nela contidas, refere-se primordialmente à prática *do psicanalista*. Como Bion (1965, p. 73) afirma, a ideia de que uma conjunção constante tem uma causa ou de que um elemento causa um efeito é derivada de forças que atuam no observador e não necessariamente tem parte na conjunção observada. Consequentemente, o conteúdo das interpretações depende de como a experiência da sessão, "O", será deduzida do material clínico a partir da personalidade do analista e das suas preconcepções teóricas, incluindo sua própria análise pessoal e suas experiências de vida. Creio que a não discriminação entre um fenômeno observado clinicamente, uma conjunção constante, e a teoria utilizada para organizar a experiência, dar-lhe significado, contribuem significantemente para a nossa "torre de Babel psicanalítica" (Green, 2002).

Por meio de suas propostas apresentadas no fim de seu livro *Transformations*, Capítulos 11 e 12, de que a polaridade consciente ↔ inconsciente seja substituída por finito ↔ infinito e as transformações em "O" ("tornar-se"),[1] Bion introduz um infinito/id sem forma nem categorias de tempo ou espaço. Ele possibilita que nos aproximemos do incognoscível, do vazio e do inominável em nossa prática clínica; não somente às manifestações cognoscíveis do inconsciente (abordadas por Freud), mas da natureza do inconsciente, o anteriormente impensável em psicanálise.

Logo no início da supervisão, Bion faz uma pergunta para a analista: "Então, quando você acha que a sessão começa?".

Em conformidade, podemos nos perguntar: Quando começou nossa reunião? Hoje, às 11h30 da manhã? Há duas semanas, quando recebemos o texto? No momento em que a supervisão começou

---

1 No original, *becoming*.

a ser traduzida? Há 31 anos, quando aconteceu a supervisão? Quando começa qualquer experiência humana? (Bion, 1975a).

Inevitavelmente, essas questões nos levam a pensar na sugestão de Bion de um espelho transparente como modelo para a cesura (Bion, 1978, p. 108) e no modelo e diagrama teórico de Sapienza (Sapienza, 2009) que se origina de uma proposta de Grotstein (2007). Cada um desses modelos, metáforas e imagens permite-nos conjecturar os impactos de "O" como infinito, realidade última, coisa-em-si, incognoscível ou Deus nas oscilações [(inconsciente/infinito ↔ consciente/finito) ↔ (PS ↔ D)].[2]

Nos dois últimos capítulos de *Transformations*, Bion cita essas belas linhas de Milton duas vezes, primeiro (p. 151), para representar "O" e para diferenciar as transformações O→K de *tornar-se*; a seguir (p. 162), para afirmar que as expressões verbais utilizadas para representar a realidade última são contraditórias em si mesmas.

O mundo que surge das águas escuras e profundas
Triunfou do vazio e informe infinito.
(Milton citado por Bion, 1965, p. 162)

Os espaços infinitos são por demais assustadores para serem contidos. Para Bion, a tolerância à dúvida e a um sentido de infinito, capacidade negativa, possibilidade de *rêverie* e de oscilações P-S↔D são as condições necessárias ao estado de mente do analista em sessão para que pensamentos oníricos sejam possíveis. Ademais, abandonando memória, desejos e compreensão, de certa forma cegando-se para ver na escuridão (Grotstein, 2007), munido de paciência e fé psicanalítica, o analista pode aguardar a emergência

---

2 Posteriormente, continuei desenvolvendo esse tema que resultou no trabalho "Conjectures about dreams, memories and cesuras", apresentado na Conferência Bion – 2014, em Los Angeles, CA.

de um "fato selecionado" que dê coerência ao "O" da experiência analítica, abrindo subsequentemente a possibilidade de que uma "mudança catastrófica" se torne uma "mudança criativa". E mais além, a possibilidade de que talvez as mudanças criativas em K (conhecimento)[3] movimentem-se em direção a "O" (*tornar-se*) no infinito desconhecido e vice-versa, em contínua oscilação (K↔O).

Nesse contexto, observamos que movimentos no sentido PS®D às vezes podem levar a uma obstrução ao conhecer, como "compreensões tranquilizadoras" (K→–K), uma formulação F3 da Grade (Conceito/Notação) usada na coluna 2 (Ψ), o que interromperia o ciclo contínuo (PS↔D) na mente do analista. A possibilidade de se mover livremente em (PS↔D) é a condição necessária para que ocorra a oscilação (K↔O). Movimentos no sentido PS¬D são fundamentais para uma progressiva dimensão do *não compreender* (i.e., dissolver relações conhecidas entre elementos psíquicos) e consequentemente uma abertura transformadora ao infinito desconhecido (K→O). Nessa situação, a interpretação (O→K) pode ser mantida pelo analista e/ou analisando como uma "barreira" defensiva contra a turbulência emocional que se espera venha a ocorrer com a emergência de "O" no movimento (K→O). De acordo com Bion (1965, Cap. 12), a interpretação deve ser feita apenas quando o analista se torna consciente desse tipo de resistência em si mesmo, isto é, quando ele pode ver os elementos da Coluna 2 (Ψ) em seus próprios pensamentos.

Em diferentes oportunidades, Bion assinalou que a principal consideração do analista deve ser em relação ao material do qual ele tem evidência direta, isto é, a experiência emocional da dupla analítica, a experiência emocional das próprias sessões analíticas. Como consequência, Bion acrescentou para os analistas a tarefa de articular o intersubjetivo na relação analítica com as descrições de

---

[3] *Knowledgement*, em inglês no original.

Freud e Klein do intrapsíquico. Dessa forma, a presença da subjetividade do analista passou a ter tanta importância quanto à do paciente na sala de análise e a sessão é considerada a partir de uma sucessão de movimentos resultantes da interação das duas mentes desde o início do encontro. Desse ponto de vista, os elementos da sessão passam a incluir a atmosfera emocional do encontro, o estado emocional do analista, os seus pensamentos oníricos e a experiência emocional da dupla. Acredito que é nessa direção que Bion conduz essa supervisão.

Um pouco antes da pergunta de Bion ("Então, quando você acha que a sessão começa?"), a colega supervisionanda havia apresentado a atmosfera emocional dos encontros com seu paciente:

- Dificuldades, desencontros... "nos perdemos mutuamente".

- Dúvidas...

- Dor, desespero: gemidos, suspiros, choros...

- Falha de entendimento...

- "Oh Meu Deus", mãos na cabeça, "não consigo encontrá-lo".

- "Apenas sonhando."

Bion, a seguir, continua seu inusitado diálogo com a colega dirigindo-lhe uma série de perguntas, à primeira vista relacionadas ao *setting*:

- Onde se dá o encontro e a separação?

- Quando se inicia o contato?

- Na sala de espera? Quando ele entra na sala?

- Quando o paciente se deita?

A supervisionanda responde às perguntas de Bion e, rapidamente, retoma suas observações sobre o estado emocional do paciente, como o contraste que observou entre a sua expressão facial feliz ao cruzar com a analista na entrada ou na saída da sessão, e o sofrimento, gemidos e suspiros quando ele está deitado. No entanto, Bion insiste:

> *Alguns pacientes querem prolongar a sessão . . . é uma boa coisa ter, em sua própria mente, quando você pensa que a sessão começou e quando você pensa que a sessão terminou, e não prolongá-la . . . com o que possa estar fora dos limites.*

Parece-me que Bion chama atenção sobre a condição do analista na sua prática diária, relacionando *setting* com limites e responsabilidades. Cada analista é responsável pela determinação das suas condições de trabalho, só possível se não desconsiderar quem ele mesmo é. Bion não impõe regras ou normas: propõe antes de tudo, um direcionamento do analista para ele mesmo, que o analista se perceba, seus sentimentos e seus limites, que conheça quem ele mesmo é se tem a intenção de conhecer seu paciente.

A supervisionanda, por outro lado, continua focada no seu paciente, aparentemente tentando compreender uma situação de muita angústia e sofrimento. Bion, com delicadeza, dirige o foco de atenção da analista para ela mesma. Embora se refira à questão do paciente e à observação da analista, fazendo até mesmo uma sugestão do que poderia ser dito ao paciente, volta à sua questão inicial: *quando começa e quando termina uma sessão?*

Esse é um momento muito interessante na supervisão, porque aparentemente sem a menor relação com a sessão e o paciente em questão, Bion traz um "possível paciente suicida" e a janela da sala de análise. (Talvez tenha relação com a janela aberta ou fechada do início da reunião, que agora teria sido incorporada ao trabalho-de--sonho-α de Bion?). Parece-me chamar a atenção do grupo para a responsabilidade do analista em relação ao *setting*, mencionando questões de senso comum, negligências incompreensíveis, a necessidade de se estar atento, mas apenas para re-enfatizar a questão dos *limites do analista* em sua prática, as escolhas que ele é obrigado a fazer e sua responsabilidade para consigo mesmo, com sua mente, seu instrumento de trabalho. Traz de volta o paciente voraz que pode conseguir de alguma forma ocupar a mente do analista e finaliza: "Assim, é importante que fique claro em sua mente quando você está preparado para ser responsável pelo paciente". Ou seja, quando começa e quando termina a sessão.

A supervisionanda agora diz que realmente fica preocupada quando o paciente sai do consultório, porém creio que ainda sem apreender o que, me parece, Bion está tentando lhe transmitir, ou melhor, sem acompanhá-lo ainda na *direção* que ele aponta: para ela mesma. Ela parece ocupar-se, naturalmente, com o sofrimento e o desespero do seu paciente.

Continuam dialogando até que a certa altura a supervisionanda relata uma observação do seu paciente: "Eu não sei por que quero mandá-la para o inferno".[4] Nesse momento, Bion propõe que se detenham um momento nessa questão e, na sequência, praticamente conduz a supervisionanda em direção aos seus sentimentos despertados pelo paciente, porém no *aqui e agora da supervisão, no tempo presente*:

> Bion: Qual é a sua impressão disso? . . . *imagine que o esteja vendo pela primeira vez* . . . *você não sabe nada a respeito dele.* . . . *Você quer tomar esse paciente ou*

---

4 Impossível não lembrar uma observação de Bion: "A probabilidade de encontrar velhos amigos lá torna a perspectiva do inferno menos assustadora do que a do Paraíso para o qual a vida na Terra não tem oferecido preparação adequada" (Bion, 1975a, p. 49, tradução livre).

não?... Você não precisa dizer ao paciente, mas precisa dizer a si mesma.

Mencionando sua própria dúvida, com delicadeza e continência para com a analista, Bion propicia um estado de mente ou um ambiente em que a colega se sente confortável com suas próprias dúvidas. A partir desse momento, parece-me que ambos, acompanhados pelo grupo, passam a se movimentar numa mesma *direção*. Bion, então, utilizando-se de *linguagem de* êxito,[5] introduz o binômio finito ↔ infinito para dentro da sala, para corações e mentes do grupo:

> *Bion: De quem (é este) estado de mente? De quem é esse estado de mente e quando?... Em outras palavras, o que você está olhando: um historiador ou um profeta? Essa é uma pessoa que está escrevendo com seu corpo sobre a história passada ou sobre os tempos que virão?*
> *Bion: essas são apenas algumas das histórias possíveis, qual delas devemos contar-lhe?... De qualquer forma, a análise não pode acabar de forma feliz, você não vive feliz para sempre com seu analista.... Há duas pessoas no consultório: quem vai se cansar do outro primeiro?*
> *Bion: você pode ver que as chances de se escolher a resposta certa estão pesadamente contra você, realmente. Você não sabe se deve baseá-la na história passada, no presente, ou no futuro.*
> *Bion: a culpa é sua... a culpa é sua... a culpa é sua. Portanto, a culpa é da pessoa que o escolher... como evitar ser responsável pelo seu próprio comportamento*

---

5 No original, *language of achievement* (Bion, 1965).

e como encontrar alguém que irá assumir a responsabilidade?

Bion: olhe para o mito de Prometeu . . . você consegue ver o mito de Prometeu enterrado no que ele está dizendo para você? Algo que come o seu fígado. Agora, isso é anatomia ou fisiologia ou psicanálise ou filosofia ou trabalho de laboratório?

A direção da investigação psicanalítica se sobrepõe aos espaços infinitos de Pascal e segue até alcançar os recessos profundos do Hades. A atmosfera emocional da sessão, as impressões do analista sobre a sessão, o estado emocional da dupla analista-analisando, os próprios pensamentos oníricos do analista são a bússola que temos a nossa disposição. Nessa supervisão, Bion coloca-nos em contato com a angústia de conviver com o incerto, tolerar mistérios e dúvidas; com a percepção de que se pode estar cego, enganado nas próprias percepções, escolhas e decisões as quais acarretarão inevitáveis repercussões no futuro, porém sabendo também que essa limitada percepção é o único instrumento de que dispomos (Mion, 2006).

Referências

Bion, W. R. (1962). *Learning from experience*. London: Heinemann.

Bion, W. R. (1965). *Transformations*. New York: Jason Aronson, 1983.

Bion, W. R. (1970). *Attention and interpretation*. London: Karnac Books.

Bion, W. R. (1975a). Caesura. In *Two papers: the grid and caesura* (pp. 35-56). London: Karnac Books, 1989.

Bion, W. R. (1975b). The Grid. In *Two papers: the grid and caesura* (pp. 1-33). London: Karnac Books, 1989.

Bion, W. R. (1978). *Bion in New York and Sao Paulo*. London: The Roland Harris Educational Trust, 1980.

Bion, W. R. (1991). *A memoir of the future*. London: Karnac Books.

Green, A. (2002). *Key ideas for a contemporary psychoanalysis: misrecognition and recognition of the unconscious*. New York, NY: Routledge, 2005.

Grotstein, J. S. (2007). *A beam of intense darkness: Wilfred Bion's legacy to psychoanalysis*. London: Karnac Books.

Mion, C. C. (2006). The stranger. *International Journal Psychoanalysis*, 87, 125-143.

Sapienza, A. (2009, abril 2-3). Da clínica às teorias possíveis. *Jornada de Psicanálise: Bion*, São Paulo, SP, 2.

Supervisão D8

No texto a seguir, A é o analista; P é o paciente; P1 e P2 são os participantes da audiência na ordem em que falaram.

A: Semana passada eu cometi um erro quando eu lhe disse "até terça", em vez de "até amanhã". Era uma sexta-feira na qual eu estava vindo para cá; eu a vi durante a manhã, bem cedo de manhã. Eu esqueci e disse "até terça".

Bion: Sim, sim.

A: Segunda foi feriado!

Bion: Esse foi o momento que você mencionou?

A: Sim. Então, ela não veio na sexta. Na terça ela veio. Quando abri a porta, ela olhou para mim rindo, de um modo superior. Ela, então, disse que entendeu que eu lhe dei liberdade: "Você não precisa estar aqui amanhã".

Bion: Você não precisa...?

A: "Estar aqui amanhã", o que ela entendeu a respeito do que eu tinha dito.

Bion: Um, hum.

A: Ela sentiu como se eu tivesse dito: "Você está livre, você não precisa...". Ela, então, fez muitas reclamações a respeito de seu marido, falando demais sobre intenção.... Ela lhe deu um... um...?

P1: Alto-falante.

A: Alto-falante.

A: Ele estava querendo muito um (alto-falante) de aniversário. Na verdade, seu aniversário seria mais tarde. Mas ela lhe deu porque viu e, então, ela lhe deu o alto-falante. Ela disse que era algo que ele não tinha. Ela estava pensando que ele ficaria feliz em ter um. Era um alto-falante muito bom. Ela, então, reclamou muito a respeito de seu marido. Eu disse a ela que ela o estava usando para me mostrar o que ela estava sentindo aqui. Ela, então, disse, muito preocupada: "Bah! É isso! Eu quero que você me ajude com o meu marido e você fala coisas desse tipo".

Bion: Um, hum.

A: Ela disse: "Não é verdade, não há nenhuma relação conosco, eu não posso aceitar isso". E toda a sessão foi dessa forma.

Bion: Sim, você dá alguma resposta quando a paciente diz... bem, o que ela tem dito a você? Pois, parece-me que vale a pena perguntar a paciente: "Por que você supõe que eu deva desperdiçar o seu tempo e o meu aqui lhe dizendo algo, a não ser que eu pensasse que fosse algo correto? Eu não estou dizendo que a minha interpretação está correta, mas por que você pensa que eu diria isso se eu não pensasse que era a coisa certa?" Penso que, às vezes, é uma boa coisa lembrar o paciente que, afinal de contas, está se tentando ser um analista! Por outro lado, aceitam-se ideias como se estivesse sendo perverso ou estúpido. Penso que é uma questão mais adiante que, de fato, o que ela diz se encaixa muito bem com o fato de você ser um mau marido. Mas eu deixaria isso de lado, no momento, para tomar esse ponto: "Qual você pensa que seria a vantagem se eu lhe dissesse, lhe desse interpretações que eu não pensasse que fossem corretas? Elas podem estar erradas ou podem estar certas, mas o que a faz pensar que eu as diria para você a não ser que eu pensasse que elas estavam corretas?"

A: Sim.

Bion: Pois esse tipo de coisa parece acontecer repetidas vezes em análise. Gradualmente, coloca-se em uma posição como se se estivesse realmente bem preparado para dar uma interpretação incorreta!

A: Às vezes, também, as pessoas costumavam dizer, muitos pacientes: "Eu não me sinto dessa forma. Se eu tivesse sentido, então, eu poderia ter aceitado, mas, eu não senti..."

Bion: Sim!

A: É algo assim.

Bion: Sim! Bem, novamente, penso que a resposta para isso é simplesmente: "Bem, parece-me que é dessa forma que você se sente. Eu já lhe disse, de forma que você pode comparar isso com o que você realmente sente e nós temos de aceitar isso, que nesse instante, você não concorda que a minha interpretação esteja correta", e deixar isso como uma questão não para briga, de forma nenhuma, mas simplesmente... bem, possivelmente, o futuro mostrará de uma maneira ou outra, se está correto ou não. Pois não há esperança ao ser colocado em uma posição na qual você é forçado a defender uma interpretação – isso é infinito, não tem nenhum fim. A análise é levada a uma paralisação. Você poderia dizer: "Bem, parece-me que essa é a forma como se sente, mas para você não parece a mesma coisa. Teremos apenas de deixar isso nesse ponto". Afinal de contas, a única razão que alguém, jamais, deu essas interpretações é: "Você sente-se tal e tal", porque isso dá ao paciente a chance de entender o que você está falando e, ou concordar – "Sim, você está certo" – ou não; isso vai acontecer com bastante frequência. Isso é muito útil, pois um paciente psicótico – se um paciente psicótico alguma vez responder ao que você disser – vai, algumas vezes, dizer "correto" ou "certo", esses são os casos, interpretações como essas, que não se saberia, a não ser que fossem ditas. Algumas vezes, o paciente psicótico, ou o paciente psicótico limítrofe (*borderline*), parece ser mais cooperativo do que o neurótico.

A: Isso foi na terça-feira; ela veio mais ou menos... e o interessante é que quando ela chega, ela quase sempre começa as sentenças com "mas", como se aquele "mas" fosse a continuação. Até mesmo nessa segunda-feira ela começou: "mas".

Bion: Simplesmente continuando da sessão passada.

A: Sim. Ela disse "mas" e na terça-feira também, na quarta-feira também "mas" e ela começou a terça-feira novamente: "Eu não sei por que eu vim, eu estou vindo aqui e não acredito em você. Mas você é a única pessoa, a única pessoa que tenho". Então, eu disse...

Bion: O único... o que ela tem? Ela não acredita em você, o único X?

A: O que eu disse a ela foi isso: "Sim, agora, nesse momento, eu sou o único que você tem. Agora estamos juntos, mas eu não sou o único analista; mas agora, sim! Agora, podemos ver por que você está aqui".

Bion: Mas o que eu quis dizer foi: o que é esse único que ela tem? É um marido, mulher, filha, o que é?

A: Eu não me lembro exatamente a forma que ela disse, mas ela disse que eu era o único analista que ela tinha: "Isso é o que eu tenho", algo desse tipo, "É o único que eu tenho. E foi por isso que eu vim".

Bion: Uma das coisas que estou tentando responder a isso é: "Eu não penso que isso possa ser verdade, porque durante a maior parte de sua vida você nem sabia que eu existia. Portanto, eu não posso realmente ser o único que você tem, a não ser que você esteja sentindo que eu seja uma pessoa em particular; mas eu não posso ser o único analista porque você só ouviu falar de mim recentemente". Há alguma razão para supor que ela conhecia você anteriormente? Você nunca teve alguma razão para supor que ela realmente a conhecia antes de procurá-la para uma relação profissional?

A: Ela me conheceu profissionalmente em uma reunião, que descreveu alguns de meus históricos profissionais, mas nós nunca nos encontramos socialmente.

Bion: Sim, sim! Mas nenhum deles explica a razão porque ela veio para análise com você.

P2: Sim, está certo, mas ela sabia de algo.

Bion: É isso que precisa ser estabelecido lá: isso não pode ser realmente uma história verdadeira – não da forma como está colocada. Não há nenhum motivo pelo qual ela deva vir, ou continuar vindo, se ela não gosta, pois ela sempre foi capaz de viver sem a analista. Portanto, deve haver alguma razão para ela vir novamente hoje.

A: Sim, eu falei mais a respeito disso, mostrando para ela que nesse momento especial era verdade, mas estávamos sós e juntas e a hora que podíamos trabalhar era naquele momento! Eu peguei esse ponto porque eu, nós falamos sobre o porquê de ela estar vindo: "Há muitas semanas agora você está repetindo isso".

Bion: Sim... sim, sim!

A: Então, eu peguei esse ponto: eu não disse por que você está vindo...

Bion: Agora, é bastante útil ter em mente que ela não precisa estar lá; mas, ela está lá e todo essa conversa a respeito de ser errado objetar suas interpretações, como erradas, todo esse tipo pode perfeitamente ser verdade; isso pode ser como ela se sente, mas não explica por que ela está no consultório.

A: O que ela precisa!

Bion: Não.

A: Então, nessa quarta, ela disse: "Você não está me entendendo. O que estou dizendo é que quero ajuda". Ela disse isso; ela mudou, ela disse: "Eu quero ajuda. Eu decidi que não há razão para continuar daquela forma". Então, ela disse algo a respeito de "intenção", que pode ser escrito com... em português escreve-se com "c" e uma vírgula (ç).

Bion: Sim, sim!

A: Então, ela disse: "Intenção pode ser escrito com 'ç' e com 's' e estou lhe mostrando a diferença entre essas duas expressões; e uma é intenção – essa é real intenção – e a outra está ligada a intensidade, quantidade intensa". Ela está sempre falando a respeito disso. A forma na qual ela fala é tão difícil, até mesmo de escrever. Essa semana foi muito difícil, eu queria escrever depois da sessão, mas ela continuou dando voltas e voltas. Foi mais difícil que todas as outras semanas...

Bion: Sim.

A: Então, o que senti naquele momento, o que entendi foi exatamente a intensão com "s" – a força. Eu lhe disse que ela estava tentando me mostrar que o que conta é a intenção com "ç". Mas o que eu estava sentindo a respeito disso era que eu estava lembrando o que ela tinha me dito sobre como ela era capaz de matar e queria matar. Ela disse: "Eu aprendi com Dr. X (analista anterior) que tenho de usar meu sentimento e aprendi que posso ser capaz de matar, que eu posso quebrar uma pessoa". Então, eu peguei isso e mostrei a ela que eu pensei que o que ela queria fazer era algo desse tipo: quebrar, matar.

Bion: Isso acontece muito frequentemente. Penso que vai acontecer mais na medida em que as pessoas precisem vir até você, depois de terem tido outra experiência analítica. Mas penso que a única coisa que você pode pensar a respeito disso... bem, a maneira na qual eu tentaria lidar com isso seria: "Sim, mas quando você esteve com Dr. X não é a mesma coisa de quando você está comigo. Eu não sou Dr. X e você não é a mesma pessoa comigo como quando esteve com o Dr. X, ou seria preciso saber porque você me trata como se eu fosse uma pessoa inteiramente diferente". Agora, o ponto a respeito disso é: o que supostamente temos de interpretar é a *relação*. Agora, a relação entre você (A) e eu não é o mesmo que um relacionamento entre eu (A) e você, ou entre você e eu. Ou entre eu e (P1) ou entre você e (P2). Se fosse, perguntaríamos o que aconteceu de errado. Qual é o problema? Que uma pessoa é simplesmente a mesma coisa do que qualquer outra pessoa. A coisa da qual se está falando é o que Freud chama de transferência – é uma peculiaridade de uma relação entre dois seres humanos. Não é, realmente, sobre os dois seres humanos; a transferência é uma relação entre A e B, não é sobre A e B, ou sobre só o A ou só o B. Assim, a questão que surgiria com ela é: por que a relação é a mesma? Ou, por que ela espera que seja a mesma? Você pergunta isso, também, quando você está analisando um aluno, porque alunos pensam isso e um poderia dizer novamente: "Quando você atende paciente X, você não é eu e o paciente X não é você. De forma que, o que digo para você sobre sua relação comigo não se aplica a relação que existe entre você e o paciente X". Se fosse a mesma, poderia se dizer: "Há algo muito estranho a respeito disso". É claro que isso pode se esclarecer mais adiante. Como é possível ela ainda falar como se estivesse tendo uma relação com Dr. X?

A: Ela está falando muito a respeito disso, mas, na verdade, naquele dia eu mostrei a ela algo quando ela disse: "Eu não sei porque estou falando isso" – a respeito do que aconteceu. Porque eu disse: "Até terça-feira" – por que falar a respeito disso? Isso não é importante. Eu, então, disse algo a ela ligado à relação, eu disse: "Veja, é muito importante porque você está falando a respeito de sentimentos, a respeito do que você realmente sentiu sobre isso".

Bion: Sim.

A: "É o nosso relacionamento". Eu disse algo a respeito disso: "É o nosso relacionamento do qual estamos falando, que eu penso que é importante."

Bion: Sim. A única coisa a respeito disso é: quando alguém comete esses erros, é sempre um transtorno. Mas tende-se a considerá-los muito importantes porque sabemos a respeito da importância de ser exatos, e assim por diante... os pacientes não sabem disso.

A: Sim, mas ela está trazendo isso – todo o tempo!

Bion: Bem, então você pode dizer a ela: "Você trouxe isso, você trouxe isso, você trouxe isso e você trouxe isso... tudo isso me parece muito similar. Agora, eu gostaria de saber: o que aconteceu?"

A: Você não deve dizer importante?

Bion: Penso que tudo bem. Penso que você tem de usar qualquer linguagem que você tenha a sua disposição. De fato, uma das coisas mais formidáveis a respeito de se praticar análise é que é uma grande vantagem adquirir um tipo de linguagem básica própria. É uma profissão horrivelmente difícil. Inveja! Bem, todo mundo sabe o que é inveja, e assim por diante... mas não se quer dizer o que todos querem dizer – às vezes não. Às vezes você pode dizer: "O sentimento de inveja que você tem aqui é para o qual quero atrair sua atenção". O paciente dirá: "Inveja? Que que tem a inveja? Sim, sim. Tenho inveja frequentemente". Penso que a única coisa que você pode dizer é: "Você está realmente criando uma distância entre o que eu disse a você a respeito da sua inveja e você mesma; você está me dizendo que sua inveja é como a inveja de todas as outras pessoas; não é isso que eu disse".

P2: Dr. Bion, isso é muito importante: temos uma linguagem básica com cada paciente. Quero dizer que não é suficiente saber o que você está falando, é necessário poder fazer trocas com isso.

Bion: Você tem de ter uma linguagem flexível, uma linguagem básica flexível.

P2: Exatamente!

Bion: Mas você não pode realmente mudar repetidas vezes, pois você está atendendo pacientes a todo o momento e, quanto mais você tiver de se afastar do tipo de linguagem que você usa, maior é o tempo, e assim por diante... ocupado lidando com aquela questão. Assim, a questão principal é: para você, o analista, satisfazer a si mesmo. Agora, depois de um tempo, você pode sentir que há alguma palavra que é muito útil e que você gostaria de trazer para o seu vocabulário. Bem, não há nenhum mal em se fazer isso, nenhum mesmo! Você pode, então, ver o que acontece. Fundamentalmente, é necessário tempo antes que se saiba sua linguagem básica. É como qualquer outra arte, de verdade: o pintor tem de se acostumar com sua paleta particular, o tipo de broxa que ele usa, o tipo de faca que ele usa; tudo isso é adequado a ele, mas não seria adequado a outra pessoa. Uma coisa muito boa, usando esse tipo de exemplo: um pintor pode trabalhar muito bem com mais ou menos cinco cores. Ele pode fazer uma variação enorme de misturas, e é uma coisa boa se limitar àquelas cores, àquelas poucas cores, não para sempre, mas até que você sinta que gostaria de começar a usar outra. Você, então, terá seis, e assim por diante... Assim, você pode usar cores bastante diferentes, isso porque você sabe como usá-las.

Portanto, penso que, com o vocabulário verbal, eu teria a tendência a manter-me ao que é controlável dentro da minha experiência, sem muita discussão, assim por diante... Por exemplo: nesse negócio de inveja, tipicamente, todas essas palavras fundamentais como: amor, ódio, e assim por diante... todos pensam que sabem do que você está falando, mas é bastante importante dizer a essas pessoas: "Eu não penso que você saiba do que estou falando". Por que essa mulher continua falando como se o relacionamento entre ela e Dr. X ainda existisse? Por que ela não admite que ela, para melhor ou pior, está agora com outra analista? Você tem todo o direito de ser você mesma! A paciente não tem de vir se ela não gosta de você, ou seu caráter, ou sua personalidade – eles não têm de vir! Mas manter – como ela está fazendo – que ela tem de vir e, ao mesmo tempo, que você é uma má analista... bem, isso é, realmente, tentar dizer duas coisas óbvias ao mesmo tempo, sem nenhum reconhecimento.

P2: Dr. Bion, sabemos o que ela disse a respeito do Dr. X, o quão maravilhoso ele era etc., mas ela não pensa tanto assim que ele fosse tal e tal... porque é muito difícil para ela admitir algo tão humano quanto a morte – eu não sei se fui claro o suficiente.

Bion: Não, penso que ficaria inclinado a dizer: "Não sinto, realmente, que Dr. X seja de fato uma pessoa tanto quanto uma arma muito útil que mostra o quão ruim eu sou".

A: Sim, eu disse isso. Sim, sim! Eu usei isso um dia. Ela estava usando Dr. X como uma arma contra mim.

Bion: Sim, sim!

A: E nesse dia ela realmente mudou muito, realmente.

Bion: Sim, sim. Bem, tenho certeza que isso volta de diferentes formas, diferentes formas de atacar o analista.

P2: É muito importante para ela.

A: Sim, muito importante.

P2: A última vez isso foi muito importante para ela, porque ela reagiu.

A: Nesse dia, foi quase a mesma coisa, quando eu mostrei a ela que ela podia matar alguém, podia quebrar alguém, que eu estava perto do que ela gostaria de fazer comigo; ela, então, mudou de ideia e disse: "Dr. X, em resposta a qualquer coisa que eu costumava trazer, ele costumava dizer algo e ir em linha reta. E você, você não diz isso em uma linha reta". Eu disse: "Eu não entendi o que você disse". Ela disse: "É uma linha reta, se você quer saber se estou desse lado ou daquele lado. Se fosse um círculo, você também gostaria de saber de que lado estou". Ela, então, disse subitamente: "Veja, eu gostaria que fôssemos como um cristal". Cristal, você conhece?

Bion: Sim.

P2: Um vidro, um vidro muito lindo!

A: Como um cristal! Eu não entendi... eu perguntei o que ela quis dizer com: "como um cristal". Ela, então, disse: "Em um cristal, você pode ver todas as faces e você pode ver dentro". Ela, então, mostrou-me uma chaleira na minha mesa e disse: "Como isso, porque está refletindo ambos".

Bion: Sim.

A: Então, ela disse: "Tenho a impressão de infinito". Realmente, eu não sabia como trabalhar com isso. Eu apenas disse a ela que ela estava falando comigo de uma maneira completamente diferente.

Bion: Penso que isso é bom o suficiente; se você puder chamar a atenção dela para isso, então, ela mesma pode produzir algo que mostre a diferença. Penso que é uma falta de sentido sentir que há uma interpretação *correta*. Tudo que se pode esperar é que a "interpretação correta" fique um pouco mais clara se a paciente continuar vindo. Até o momento, ela tem vindo.[1] Qual impressão você teve a respeito do que ela pensou que você estava fazendo em vez de atendê-la? Por que você estava ausente da sessão?

A: Ela sabe que estou vindo aqui.

P1: Todos os pacientes sabem.

Bion: Sim.

P1: Eu não sei como eles sabem.

A: Eles conversam uns com os outros, eles sabem!

P1: É algo terrível!

A: Ela sabe e penso que tem muita inveja disso.

Bion: Pode haver, também, bastante hostilidade se o analista parece atribuir alguma importância a uma outra pessoa, pois penso que é importante perceber que os pacientes, realmente, querem acreditar – apesar de toda a hostilidade, e assim por diante – que o analista *deles* é alguém que tem importância. Assim, aparentar um comportamento de como se houvesse alguém mais importante é um golpe forte para o paciente.

A: Tenho outro paciente que disse isso diretamente. Ele disse: "Eu vim até você porque você parece estar tão bem, tão bom, você veio da cidade X e assim por diante... e eu quero você. Mas estive pensando que se você verá Dr. Bion, então é porque você não sabe tanto, você precisa aprender, assim, talvez, você não seja tão bom!" Ele disse isso diretamente.

---

1 Esse conceito de Bion acerca da interpretação que provoca ou evoca sentimentos ou ideias que estão constantemente se tornando... sempre se tornando alguma coisa a mais... como a verdade última que nunca pode ser tocada... tem um profundo significado na prática e na teoria da psicanálise.

Bion: É uma interpretação bem direta, não é?

A: Sim!

Bion: Você pode estar vindo me ver, mas há outra razão pela qual você deve estar vindo me ver, por qualquer outra razão particular sua. Por que deve o paciente supor que você está vindo ver alguém que sabe mais do que você? Afinal de contas, você pode se encontrar com qualquer pessoa.

A: Por que as pessoas não podem mudar de ideia e falar? Por que você tem de estar só? Eu, também, interpretei esse outro lado.

Bion: Sim, sim.

A: Por que ficar isolado? Nesse caso, eu saberia tudo!

Bion: Você poderia dizer a respeito disso: "Você está livre para sentir o quão mau analista eu sou, você está livre para sentir o quão bom analista eu sou, se você se sente amigavelmente disposto, mas isso não lhe diz, realmente, o quanto eu sei, ou o quanto qualquer outra pessoa sabe". É como a suposição de que esse mundo no qual vivemos pode ser facilmente conhecido, ou inalterado, mas, de fato, isso é extremamente improvável. É horrível! Veja só, apenas considere os próprios astrônomos, com esses vastos aparelhos: radiotelescópios, telescópios óticos, e assim por diante... eu seria o último a dizer que eles já descobriram o universo. Mesmo levando em consideração a nossa própria galáxia, eles não conseguem nem ver o centro dela. Apesar disso, parece haver evidência muito boa para supor, como a Nebulosa e Andrômeda, leve em consideração o Caranguejo e Nebulosa, novamente, elas simplesmente não são visíveis, ou pelo menos, são visíveis, mas você teria de ter um telescópio muito poderoso para vê-las. Bem, o efeito de todo esse tipo de coisa simplesmente não é compreendido. Agora, a paciente está falando, novamente, como se pensássemos que a mente humana fosse apenas um tipo de coisa pequenininha.

A: Por que não podemos aprender?!!

Bion: Mas, para dizer a verdade, nós investigamos porque sentimos que há muito o que aprender, não porque pensamos que sabemos tudo.

A: Ela também falou sobre como se sentiu a respeito de nosso relacionamento, de como ela ficou surpresa porque ela não era daquele jeito, com suas amigas, elas se entendem muito bem, ela não é agressiva. Ela é professora. Bem, com outros professores, com os alunos, e então eu disse a ela que eram seus amigos, socialmente e colegas e... mas não era um relacionamento privado como... como com seu marido, porque ela trouxe seu marido. Isso era algo privado, íntimo, sabe, muito próximo, diferente; então ela... ela esperou um momento e algo diferente do que ela era realmente... pensei que ela estivesse pensando em algo mas era... ela disse algo como "realmente", mas era o fim da sessão. Agora, ela chegou de um modo completamente diferente. Ontem, ela trouxe o tema do cristal novamente, de uma forma diferente. Ela falou novamente a respeito de Dr. X, que ela estava sentindo que Dr. X lhe deu a estrutura do cristal, porque o cristal tinha linhas.

Bion: Sim!

A: Ele deu a ela a estrutura e ela estava sentindo que eu estava dando a ela os *sentimentos* a respeito do cristal. Eu, então, disse algo como: ela estava talvez, agora, fazendo uma integração de duas coisas – estrutura e sentimentos. Ela, então, começou a falar a respeito de seu pai e sua mãe, como ela muitas vezes sentia que sua mãe costumava ficar chateada na relação com ela. Muito diferente de seu pai, diferente de seus irmãos, de quando estavam juntos, eles podiam comunicar, eles podiam falar. Mas a mãe, sempre que eles estavam juntos, estava sempre tentando dificultar a conversa deles. Ela disse que gostaria de ser capaz de falar, ou tentar falar com ela para criar um diálogo, ter um diálogo com sua mãe.

Bion: Ela disse o que gostaria de dizer a sua mãe, se isso fosse possível?

A: Ela não disse nada especial. Ela, realmente, deu um exemplo das dificuldades da mãe em seguir uma conversa. Por exemplo: se ela está falando sobre algo que ela quer mudar em sua casa, a mãe, então, em vez de permanecer nesse diálogo, quer agir, quer ajudar, tentando arranjar uma pessoa que venha e faça algo. Ela quer agir, ajudar, mas não...

Bion: Sim, sim.

A: Não é um diálogo.

Bion: Você sabe algo a respeito da mãe, exceto o que você ouviu na análise?

A: Eu não sei nada a respeito dela. Mas eu me lembro que ela falou muito que a mãe tem muito medo de tudo. Eu lembro que a mãe tinha muito medo que seu filho pudesse matá-la. Eu, então, disse que isso tinha uma relação comigo. Porque no dia anterior tínhamos falado a respeito da intensidade do seu ódio, que ela era capaz de matar, de quebrar alguém. Eu, então, conectei essas coisas e falei como ela estava sentindo que eu estava com muito medo da relação entre ela e eu, como ela pensa que tenho medo dos sentimentos que ela produziu entre nós. O dia em que disse: "Até terça-feira", ela estava falando sobre a estátua – você se lembra? – das duas mulheres.

Bion: Sim.

A: Quando ela estava muito excitada falando a respeito das duas mulheres, ela falou sobre sua mãe, como era difícil ter qualquer contato com a mãe. Que ela tinha medo de muitas coisas relacionadas ao filho, e assim por diante... naquele momento eu disse: "Até terça-feira". Eu os conectei: estar com medo e os sentimentos a meu respeito.

Bion: Sim. Penso que a deixaria expandir mais esse material, lhe daria tempo para dar-lhe bastante informação, pois, penso, novamente, que se erra muito frequentemente ao ficar muito ansioso para dar uma interpretação, em vez de esperar até que se tenha alguma evidência com a qual continuar. A pressão que tem de ser suportada, trazida pelo paciente, é o desejo de todos em empurrar para frente a análise. Penso que isso faz com que, às vezes, estejamos propensos a trabalhar com informação inadequada, e você tem de ter algum respeito pelo seu próprio sentimento de que você não entende, de que você esperará por mais informação. Penso que, nesse caso, pode-se dizer: "Bem, ela tem medo de sua destrutibilidade, ela tem medo de estar destruída por causa de sua inveja e ódio pelo pênis, ambos dela mesma e de sua mãe – é por isso que essas mulheres não têm pênis." Bem, pode haver algum momento no qual tal interpretação é a que sentimos ser a certa; mas penso que muito frequentemente ela é prematura e precoce. Portanto, eu diria a ela a respeito disso: "Você deve estar se sentindo ansiosa por ter um bom relacionamento comigo e por eu ter um bom relacionamento com você, mas algo está acontecendo que a faz pensar que isso é impossível, o que é?" Bem, eu não sei o que ela diria a respeito disso, mas poderia muito bem ser algo como esse tipo de sentimento, no qual um tipo de importância opressiva é colocada na genitália masculina e, então, isso produz impulsos destrutivos, e assim por diante... Mas, fundamentalmente, há realmente a transferência da tremenda importância que se sente existir em relação ao seio, que é, então, transferida ao pênis como sendo algum tipo de órgão apropriado que é contraparte do seio. Mas essas teorias são extraordinariamente insatisfatórias para mim, comparadas ao que brota no curso da análise. Portanto, penso que ficaria satisfeito com um pouco mais de persuasão aqui e persuasão ali... obtendo uma palavra ou outra, perguntando-lhe: "Você pode expandir isso? Você pode expor isso mais?" Esse tipo de coisa, apenas para... como um fato ou questão.

A: Ela fala a respeito de seu pai e de seus irmãos muito mais do que a respeito de sua mãe.

Bion: Sim.

A: Sua mãe está sempre brigando. Quando ela pensa a respeito da sua mãe, ela está sempre reclamando: pobre mãe, frágil; e às vezes odiando – mas odiando porque ela não é forte.

Bion: Isso está certo. Penso que pode haver um sentimento de ressentimento a respeito dessa importância opressora do macho. Seus irmãos, seu pai, Dr. X. Por que não há nenhuma analista mulher? Algo desse tipo surge em algum lugar. Deve haver algum tipo de reação a uma situação na qual, aparentemente, o mundo é povoado por um sexo, e somente um sexo! Biologicamente, isso não faz sentido. Qualquer ponto de vista físico, fisiológico e anatômico é pura, pura bobagem. Agora, isso vai, certamente, refletir-se no caráter e personalidade de qualquer mulher intuitiva, que deve, depois de um tempo – apesar de ela elogiar o pai e o irmão, e assim por diante – realmente, tornar-se muito hostil em relação a isso, e hostil em relação a você, se você parece se encaixar nisso. É claro, lembre-se, se você não se encaixar, você será certamente acusada de ser ciumenta, ou invejosa, ou algo desse tipo... mas isso não importa! Há sempre uma objeção a qualquer interpretação. Penso que essa mulher tem uma mulher dentro dela tentando se libertar, que ela gostaria de dizer o que ela tem de dizer, como uma mulher, não como um homem, ou uma contraparte de um homem, ou algo desse tipo. Esse mesmo tipo de dominância cultural se coloca muito no caminho do estabelecimento de um bom relacionamento entre homem e mulher. É uma dessas barreiras do som que as pessoas não conseguem romper! Você tem de ter um tipo de destruição para agir contra esse tipo de conspiração cultural.

É claro, há certas características para as quais um macho é, obviamente, necessário, ou esse parece ser o caso; por exemplo:

lutar é uma característica, o simples travar de guerras. Espera-se nessa situação que o macho seja idealizado, seja colocado em um pináculo, e assim por diante... mas isso, é claro, também envolve uma idealização da guerra, como se fosse, realmente, um tipo de atividade que a raça humana não pode se permitir! Mas penso que devo ir em direção a essa questão; mas dê a você mesma tempo, pois lá, novamente, você não quer ser manobrada para uma posição na qual você tem de pensar e interpretar, e assim por diante, como um homem faria. O que você tem de descobrir é como *você* faria uma análise. É por isso que digo: descubra qual é o seu vocabulário, e assim por diante... a mesma coisa se aplica ao homem; afinal de contas, derivamos de ambos os sexos, portanto há sempre um grande componente da fêmea e do macho em cada um. Que não é, como um todo, uma questão simples; mas o que é essencial é que você deve saber como fazer a coisa. Um real defeito do treinamento analítico – o qual eu penso que é muito bom – é a ideia de todo mundo se submetendo a análise, e assim por diante... é que: ele (treinamento) esconde da pessoa em treinamento que a pessoa realmente importante, cuja maneira de fazer análise ele tem de aprender, é *ele* mesmo ou *ela* mesma – não outra pessoa qualquer. É necessário muito tempo até que você se recupere da predominância do seu analista; até que você faça isso, você não tem nunca nenhuma satisfação real do prazer de fazer seu próprio trabalho analítico. Quando começa a ser *você* analisando alguém, esse é o momento importante.

Portanto, devo deixar espaço para você obter a informação que você quer.

Comentários sobre a Supervisão D8

Ney Marinho

Se qualquer discussão clínica desperta um sem número de questionamentos, é fácil imaginar a quantidade de temas que ocorrem quando um dos interlocutores se chama W. R. Bion. Assim, respeitando o convite e o tempo que me foi gentilmente concedido para apresentar minhas questões, ideias e sentimentos que a leitura do encontro com Bion me despertou, vou listar alguns poucos tópicos com breves comentários a respeito de cada um.

A teoria dos vínculos (K, L, H, –K, –L, –H) como instrumento de compreensão da experiência analítica

Desde a primeira fala da colega apresentadora, registra-se uma preocupação com o mal-entendido: como seria interpretado o engano da despedida "até terça". Tal preocupação vai se materializar na *interpretação* dada pela analisanda: "Você não precisa de estar aqui amanhã". Dentro da proposta de utilizar a teoria dos vínculos, penso que se trata de uma típica manifestação do vínculo −K, ou seja: de uma afirmação categórica, que não permite o diálogo, embora ao mesmo tempo seja uma *provocação* para um crescente mal-entendido. Mais adiante surge outra manifestação do vínculo que estaria predominando (−K), quando a analisanda diz: "É isso! Eu quero que você me ajude com o meu marido e você fala coisas desse tipo".

O comentário de Bion: "Qual, você pensa, seria o bem, se eu lhe dissesse, lhe desse interpretações, que eu não pensasse que fossem corretas? Elas podem estar erradas ou elas podem estar certas, mas, o que a faz pensar que eu as diria para você, se eu não pensasse que elas estavam corretas?" chama a atenção, a meu ver, para um outro vínculo presente: −L, pois, o amor sob a ação da pulsão de morte pode permitir uma vínculação tão esdrúxula quanto a que está implícita na atitude da analisanda (que vai se repetir adiante). O comentário seguinte de Bion, na mesma página, reforça esta compreensão. Em outros termos: −K seria a função da qual −L é um dos fatores.

Neste sentido, gostaria de frisar minha compreensão que todos os vínculos estão permanentemente em ação, sendo que só observamos a sua resultante, a exemplo do que ocorre com um paralelogramo de forças.

2. Reação terapêutica negativa

Há um comentário de Bion que descreve o impasse que tal situação nos coloca ("Pois não há esperança ao ser colocado em uma posição na qual você é forçado a defender uma interpretação − isso é infinito, não tem nenhum fim. A análise só é levada a uma paralisação."). Tal situação que aparece em outros momentos ("Eu não sei por que eu vim, eu estou vindo aqui e não acredito em você. Mas, você é a única pessoa, a única pessoa que tenho.") nos permite fazer uma analogia com a reversão de perspectiva que Bion descreve nos Capítulos 12 e 13 de *Elementos de psicanálise*. Estamos desprezando as diferenças de descrições – a ruidosa discordância, que aparece na supervisão, e o silêncio descrito no livro – para tomarmos o ponto em comum: *o impasse*, a paralisação da análise. Evidentemente estamos falando de algo muito familiar a qualquer analista praticante. Tão familiar como difícil de lidar. Julgamos que Bion, ao discutir as características da perspectiva reversa, nos fornece elementos para pensarmos saídas deste labirinto em que, nesses casos, nos vemos com nossos analisandos.

"A perspectiva reversível é evidência de dor; o paciente reverte a perspectiva para tornar estática uma situação dinâmica". Mais adiante, no mesmo Capítulo 13 de *Elementos de psicanálise*, ele nos diz:

> *Na perspectiva reversível, o fato de o analista aceitar a possibilidade de a capacidade para dor estar prejudicada, pode ajudar a evitar erros que poderiam levar a um desastre. Caso não se lide com o problema, à capacidade do paciente manter a situação estática pode sobrevir uma experiência de dor tão intensa que resulta em um colapso psicótico.* (Bion, 1977, p. 62)

Se concedermos à dor a relevância que ela merece nestas situações teremos uma esperança de vir a encontrar uma *linguagem* que permita o analisando entrar em *contato esperançoso* com seu próprio sofrimento mental, muitas vezes, até então não experimentado como tal.

3. A linguagem

O tema da *linguagem* domina boa parte desta supervisão. Recordaria como é frequente em seus diversos seminários clínicos, Bion levantar a questão: o que poderiamos falar para este paciente? Neste seminário específico, Bion se detém em considerações sobre a escolha pessoal que cada analista deve fazer de seu vocabulário. Gostaria de levantar um questionamento a respeito, pois, em situações como as que estamos discutindo, pode ser terrivelmente enganador o entendimento tradicional que façamos da linguagem empregada pelo paciente. A ideia da linguagem como uma intermediária entre o pensamento e o real pode levar-nos a paradoxos e desencontros que ilustram o que certa feita Bion disse: nos casos de distúrbios de pensamento, velhos problemas filosóficos se transformam em questões de vida ou morte para o paciente. Esclareço: a busca do significado e suas vicissitudes – dentre elas colocaria a sua destruição – passa necessariamente pelo uso que a linguagem (verbal, pré ou não verbal) venha a ter. Entendemos que isso é a regra e não a exceção ou uma patologia. A sugestão que faríamos é a de tratar *a linguagem como uma atividade*. Uma atividade de entendimento, des-entendimento, de expressão de dor, independente do significado dos termos do discurso.

Nesta concepção proposta, não teria sentido por exemplo *a questão da interpretação certa ou errada*. Poderíamos pensar em interpretações que promovem o diálogo, a investigação, o crescimento mental, ou, não. Pensemos no uso que a analisanda faz de suas recordações com o Dr. X: muitas vezes uma *arma* contra a atual analista. É possível que em outras ocasiões possa surgir como uma esperança de reencontro com algo bom. É uma conjectura que fazemos apenas para frisar que não vemos como avaliar afirmações (*statements*) do paciente fora de um determinado contexto que lhe dá sentido.

Importante registrar que Bion, quando discute nos capítulos mencionados dos *Elementos* a questão do impasse que surge na perspectiva reversa, sugere a utilização da grade como instrumento que nos permita pensar aquele momento. A Grade, a meu ver, uma genial ferramenta epistemológica que nos foi oferecida para uso e aperfeiçoamento, exemplifica o que quis enfatizar acima quanto à função de uso (lembremo-nos do eixo horizontal, sistemático) da linguagem. Esta contribuição de Bion me parece mais revolucionária do que uma avaliação superficial possa sugerir. É uma *revolução epistemológica* para a psicanálise.

4. O tumulto

O material apresentado não segue uma ordem determinada e, por vezes, algumas informações não ficam claras. Não julgamos, contudo, que isso necessariamente seja um inconveniente, mas um dado. Em continuidade ao item anterior, sobre a linguagem, é bom lembrar que há muitas coisas na vida que não podem ser *ditas*, mas sim *mostradas*.

Tenho a impressão que Bion sugere que a colega tolere mais este estado e permita que a analisanda possa trazer mais dados, evitando que nossa compreensão teórica – por mais *correta* que possa parecer – não substitua o que "... brota no curso da análise".

Penso também que esta atitude tem um alcance mais amplo. Refiro-me à possibilidade da transformação em O, experimentada pelo próprio analista e é assim que a supervisão termina: "Quando começa a ser *você* analisando alguém, esse é o momento importante. Portanto, devo deixar espaço para você obter a informação que você quer".

5. A busca: uma recordação

Um ponto que não gostaria de omitir é o que me parece ser uma postura permanente de Bion nesta supervisão (termo que segundo me informaram ele não gostava muito, preferindo seminário clínico) e em outras participações: a de estímulo a uma permanente investigação, privilegiando-a a alcançar algum determinado conteúdo.

A recordação data de 1978, retornando ao Rio de Janeiro num ônibus noturno, após assistir uma semana de seminários e supervisões com Bion, trata-se de uma conversa. Fernanda, eu, Roberto e Vivian Perecmanis nos damos conta que tínhamos passado este período entre os mais importantes analistas da época, apresentando material clínico – nem sempre no melhor inglês – fazendo nossas perguntas e opinando, sem maiores constrangimentos, entusiasmados com o que ouvíamos e nos fazia pensar. Rimos muito então de nossa ousadia. Durante estes 32 anos, guardamos nos nossos corações esta experiência de respeito, consideração pelo sofrimento humano, onde não havia lugar para críticas ou hierarquias, para o julgamento de *certo* ou *errado*, pois o que importava era a constante busca pela verdade. Talvez, esta seja a mais importante impressão que a leitura desta supervisão me despertou. Repito sua última frase: "Portanto, devo deixar espaço para você obter a informação que você quer".

Referência

Bion, W. R. (1977). Elements of psycho-analysis. In *Seven servants: four works by Wilfred R. Bion* (pp. 60-63). New York, NY: Jason Aronson. Publicado originalmente em 1963.

Apontamentos de viagem: comentário sobre as supervisões de Bion

Leopold Nosek

As páginas que seguem trazem o relato de uma aventura intelectual. Na década de 1970, por diversas vezes, Wilfred Bion visitou o Brasil, em especial São Paulo, encontrando um ambiente de inspiração teórica fortemente kleiniana. Mais de uma centena de supervisões suas, gravadas, transcritas e traduzidas, foram discutidas ao longo de XX anos por um grupo de psicanalistas brasileiros que se reunia uma vez por mês.

Antes, porém, de esboçar o início dessa aventura e o sentido que tomou, vale recuar no tempo. Os primórdios da Sociedade Brasileira de Psicanálise de São Paulo, na década de 1940, escoravam-se sobretudo no aparato conceitual freudiano – e, de modo bem mais pálido, nas ideias de Otto Fenichel, analista de Adelheid Koch (fugida do nazismo, a psicanalista alemã chegara ao país em 1936). A década de 50, porém, assistiu a uma grande virada.

Em 1955, Virgínia Bicudo – figura fundamental para a consolidação da psicanálise no Brasil – foi viver um tempo em Londres, onde não só se submeteu à análise kleiniana, como, em companhia da amiga Lygia Alcântara do Amaral – ambas fundadoras da Sociedade Brasileira de Psicanálise de São Paulo –, frequentou seminários teóricos e clínicos. Bicudo voltou ao país em 1959, trazendo na bagagem uma ortodoxia baseada em Melanie Klein. Como nos demais centros psicanalíticos de então, no ambiente paulistano imperava um arraigado fundamentalismo: as diferentes escolas não tinham pudor em perpetrar verdadeiras guerras santas em nome da palavra final quanto às direções teóricas e clínicas. Em meio a essa conflagração, ocorreu outra reviravolta, quando do retorno de Frank Philips – um dos pioneiros da formação do grupo paulista –, que se analisara em Londres com Klein e posteriormente com Bion.

Convidado por Philips, em 1973, Wilfred Bion aportava entre nós. Os contemporâneos foram unânimes ao descrever a impressão profunda que o britânico causou no meio e a aguda penetração de seu pensamento na Sociedade Brasileira de Psicanálise de São Paulo. Naquele momento, sua obra passou a ser hegemônica, oferecendo um sopro de renovação e de estudos aprofundados. Tal situação perdurou até os estertores dos anos 80, quando essa supremacia começou a ser questionada e a ela se seguiu um movimento de abertura para outras escolas, assim como um interesse renovado pela obra de Freud. Bion, porém, nunca deixou de ser estudado – e creio não ser um exagero afirmar que até hoje seus escritos são uma das marcas identitárias da sociedade de São Paulo. A obra de um grande autor instiga novas aventuras intelectuais àqueles que a investigam – e aqui, neste livro, temos o testemunho de um dos produtos desse trajeto compartilhado.

A psicanálise se alimenta de narrativas. Herdeira do patrimônio cultural da humanidade, cria uma narrativa, com a qual retorna à cultura. A partir daí nada lhe escapa: é uma interlocutora onipresente.

Na passagem da modernidade, uma nova aventura se apresenta ao espírito humano: uma aventura pelo espaço subjetivo. A experiência do Ulisses de hoje pode ocorrer no intervalo de um dia, e James Joyce nos permite assistir a ela. Proust nos introduziu às perplexidades e aos meandros da memória, a uma alternativa para encarar a passagem do tempo. Podemos repensar as peripécias por terras desconhecidas e "primitivas" do início da era moderna: será que elas já não continham esse grande componente subjetivo? O que buscavam os aventureiros? E, ainda antes, o que buscavam os heróis homéricos, da *Ilíada* e da *Odisseia*?

A épica da *Ilíada* não se encerra num triunfo objetivo. Não existe na narrativa de Homero o famoso cavalo de Troia. A história termina num êxito subjetivo. Após inúmeras peripécias, o corpo de Heitor, morto por Aquiles, é devolvido a seu pai, Príamo, e assim podem-se realizar os cerimoniais próprios aos mortos. Nessa entrega do corpo, Aquiles se redime perante os deuses e Heitor pode ser pranteado. O êxito é subjetivo e a *Ilíada* termina com a frase: "E assim foram as exéquias de Heitor, o domador de cavalos". Muitos séculos depois essas palavras fundadoras da cultura ocidental ecoam nas considerações de Freud acerca do luto como organizador da personalidade – e, também, da civilização que emerge ao domar as pulsões. A *Odisseia* não poderia ser lida como uma aventura de retorno ao lar? A análise do sujeito não poderia ter como resultado desejável o descanso na própria pele? O conforto em habitar um território psíquico único e de algum modo se apropriar do próprio destino? Bem, seria o caso de nos indagarmos: o que querem os personagens de uma aventura psicanalítica?

O encontro psicanalítico, maturado lentamente por Freud, configura uma situação nunca vivida: duas subjetividades se põem em contato, tendo como compromisso o relato de associações livres, de um lado, e a escuta com atenção flutuante, de outro. Não há nenhum objetivo moral, nenhuma intenção transformadora, nenhum pressuposto por parte de quem ouve – e segredos começam a aflorar. Seja do território corpóreo, seja de memórias ancestrais ou do mistério do mundo, surgem figurações só possíveis graças à coragem e à ousadia dos participantes. Um drama se reencena numa inevitável criação atual e única. Sonhos se reapresentam a cada encontro, alguém ao se deitar no divã palmilha a infindável aventura de criação do humano. Talvez essa jornada necessite, em seus prelúdios, de um impasse na vida de quem procura o roteiro psicanalítico – e nenhum outro percurso teria a possibilidade de substituí-lo.

A formação de analista passa inevitavelmente pelo périplo de uma aventura dessa ordem. E, também, abrange seminários e supervisões que, sem vínculos com a academia, tratam de criar a passagem dos conceitos para sua forma encarnada – são esses instrumentos de navegação que habilitam nosso mergulho, sempre e mais uma vez, em águas improváveis. Penso que é com isso que nos deparamos diante deste peculiar trajeto que os estudiosos brasileiros de Bion aqui nos apresentam.

Não se trata de revolver material morto, mas sim de, ao retomá-lo, trazê-lo mais uma vez à memória e colocá-lo em movimento. Traduzi-lo para a inevitável linguagem individual e, como talvez dissessem os participantes do grupo, produzir uma experiência emocional com sua possibilidade de figuração. Essa situação, a despeito de sua unicidade e irrepetibilidade, permite que, por acumulação de experiências, se construa um patrimônio individual e coletivo. Como se verá, o que está em curso não é uma homenagem ou aproximação reverencial, mesmo porque psicanalistas inspirados por outras escolas foram chamados a intervir.

Um material falado se torna escrito e como tal espera que novamente se torne fala, que readquira vida, que a palavra se torne, como dizia Shakespeare, encarnada.

Em 1977, entusiasmado pela vivência com Bion, José Américo Junqueira de Mattos, à época já um psicanalista experiente e pai de cinco filhos, vai a Los Angeles para ser pessoalmente analisado por Bion[1]. É uma aventura radical: Junqueira, que chega a vender sua casa para que isso seja possível, transfere-se com a família para um país estrangeiro, onde sua atividade consistiria em se submeter a uma experiência psicanalítica diária. Essa experiência se prolonga por dois anos e continua nas diversas vindas de Bion ao Brasil.

Muitos analistas empreenderam essa mesma travessia, fosse em direção a Viena, nos anos de Freud, ou a centros como Paris, Londres e tantos outros. No Brasil, em que as distâncias são inconcebíveis para um europeu, não são infrequentes grandes viagens para completar a formação psicanalítica. Várias gerações percorreram esses itinerários e, de certa forma, as páginas do presente livro prestam uma homenagem a esses "aventureiros". Com grande sacrifício pessoal, muitos fizeram sua formação em análises pessoais ditas condensadas, ou seja, quatro sessões em dois dias, durante os quais também frequentavam seminários clínicos e teóricos na Sociedade Brasileira de Psicanálise de São Paulo. Para completar sua capacitação, ao longo de anos, afastaram-se de sua cidade, de sua família e de sua prática profissional. Sua vida pessoal também se tornava "condensada".

Ao voltar ao Brasil, Junqueira torna-se analista didata em São Paulo e um dos fundadores da Sociedade Brasileira de Psicanálise de Ribeirão Preto. Ao chegar de Los Angeles, Junqueira começou a coletar, entre os colegas, as supervisões gravadas por Bion, chegando a reunir mais de 100; as quais transcreveu da fita em Inglês e as traduziu. Posteriormente, criou um grupo que se reúne uma vez por mês em São Paulo para discutir essas supervisões, com um

---

1 Para uma recordação interessante dessa experiência, vf. Junqueira de Mattos, J. A. (2018). *Impressões de minha análise com Wilfred R. Bion e outros trabalhos*. São Paulo: Blucher.

comentador. Mais tarde, passou para sua filha, Gisèle de Mattos Brito, a coordenação desse grupo, que se reúne até hoje.

São fragmentos clássicos da psicanálise, parte da história universal das ideias e trechos fundamentais do desenvolvimento da psicanálise em São Paulo. Diante da impossibilidade de comentar todo o conjunto de reflexões, vou me ater a algumas considerações sobre o pensamento de Bion.

A partir da ruptura com o meio kleiniano, Bion retoma Freud, e esse movimento vai se refletir em nosso meio. Na ortodoxia kleiniana de seu tempo, o conceito de fantasia inconsciente era onipresente. O que significa que sempre nos deparávamos com um inconsciente construído – e isso, penso, dá continuidade à primeira tópica freudiana tal como definida na *Interpretação dos Sonhos*. Sem dúvida a escola dita inglesa produziu avanços fundamentais na esfera do complexo de Édipo, na pesquisa da sexualidade e de seu componente agressivo – e talvez tenha cometido um equívoco ao equacionar agressão e pulsão de morte. De qualquer modo, sua busca interpretativa se fazia, ao menos entre nós, como se, subjacente ao manifesto, sempre existisse um inconsciente a ser descoberto. Isso a revestia de uma aura de verdade oculta a ser desvelada, com o consequente tropismo por ideários positivistas. A obra de Bion apresenta momentos que ora esboçam uma ciência positiva, ora permitem uma interpretação mística. Aqui, porém, o que mais me salta aos olhos é o conceito de inconsciente acompanhado pela ideia de desconhecido e de infinito.

O conceito de infinito subjaz à ideia de um psiquismo sempre por se desenvolver, o qual nunca alcançaremos figurar. E isso nos leva ao Freud da segunda tópica, em que a definição de id alude a um inconsciente a ser construído, a um psiquismo que mergulha nos abismos inevitáveis do corpóreo e da realidade que cerca essa individualidade, à enigmática música do mundo e às inevitáveis perguntas que dele surgem: será que o mundo se imprime sobre o psiquismo, oferecendo-lhe uma janela que o convida a entrar? Ou será que, como um espelho, o psiquismo aplicaria ao mundo suas leis internas de funcionamento? São perguntas que a humanidade se faz desde os pré-socráticos.

De qualquer modo, seja como janela, seja como espelho, existe um vidro – e é dele que se ocupa nossa disciplina literária e científica. Na década de 1970, esse aspecto da teoria freudiana de algum modo atrai a atenção de várias escolas ao redor do mundo. Na França, por exemplo, ao refletir sobre as patologias de fronteira, os casos *borderline*, André Green observa a exígua construção psíquica e, também, o inconsciente a ser construído. E mais: propõe uma correção de rumo do instinto de morte, desvinculando-o da agressão e associando-o à não construção ou mesmo à desconstrução psíquica que ocorre num silêncio psíquico assombroso.

A par de em nenhum momento da análise negligenciar a importância dos fatores agressivos, Bion aprimora uma aguçada audição para os silêncios infinitos da criação psíquica por acontecer e os enigmas que inevitavelmente vão se perpetuar. Nesse ponto, ele me parece operar uma ruptura radical com seu meio de origem, inclusive com os chamados pós-kleinianos. Gosto da ideia de que o conhecimento não é um preencher lacunas, mas um ganhar altura, de tal modo que o desconhecido se amplia à medida que aumentam as apreensões psíquicas.

Emerge daí outro modo de se aproximar dos sonhos. Se antes eles não passavam de "via régia para o inconsciente", como considerou Freud na primeira tópica, agora, com o inconsciente a ser construído, deixam de ser o passo inicial do trabalho analítico para se tornar o final grandiloquente de um longo trajeto, atuando mais como um estímulo à produção de novas elaborações. Segundo Bion, os sonhos, com uma face voltada para o manifesto e a outra direcionada ao latente, criam simultaneamente o território do consciente e do que Freud chama, em *O ego e o id*, de inconsciente do ego. Assim, a linguagem do paciente nem sempre reflete a associação livre, funcionando mais como uma ação virtual que conclama a um acontecimento virtual entre os participantes. Aqui se anuncia uma terceira tópica, na qual caberia afirmar: onde havia ação, que possa haver o inconsciente. É nesse reino que ocorrerá a aventura psicanalítica – mas essa aventura se dará num espaço virtual e num tempo isento de linearidade.

Assim, nos primeiros textos de Melanie Klein, pode-se vislumbrar a continuidade de múltiplos acontecimentos psicossexuais que ocorrem simultaneamente. Há uma ruptura com o tempo linear do desenvolvimento ascendente e, também, com o tempo do permanente retorno. De tal percepção resultou uma escrita de períodos longos, uma sucessão de frases pontuadas por um excesso de vírgulas que muitas vezes rendeu críticas negativas à autora. Não é minha opinião: acredito que à linguagem corresponda a simultaneidade, o sincronismo e o diacronismo dos acontecimentos psíquicos.

Em Bion, a complexidade do tempo é acentuada: todas as camadas se atualizam num impossível tempo presente, que abrange o tempo do acontecimento por vir, o tempo da memória *aggiornata* em seu esparramar pulsional atual, e, também, o tempo proposto pela situação do momento. Não cabe mais pensar em momentos primitivos anacrônicos, mas sim em alicerces do ser que emergem e se apresentam como dados *a priori* – ou lentes pelas quais o momento do ocorrido adquire alguma figuração. Em última análise, a lente do *a priori* kantiana será dada pelo mundo pulsional, que está sempre aí.

A ubiquidade do mundo pulsional inevitavelmente levará a reflexão não só para o polo do paciente, mas também para o mundo subjetivo do analista e para o acontecimento que brota do confronto de dois psiquismos. A visão binocular do analista aponta para o mundo interior do paciente e, também, para o produto que a interação entre ambos revela. Uma nova leitura do conceito freudiano de transferência se apresenta, não mais a revelação de memórias recusadas, mas sim o transbordamento da situação interior dos participantes nesse encontro singular, ou aventura, que a prática psicanalítica propõe. A tempestade atinge os dois participantes, mas do analista se espera um preparo melhor para agir como Virgílio nessa travessia.

Enfim, no conceito de desconhecido ou de infinito, tal como se apresenta no espaço psicanalítico segundo Bion, subjaz uma proposta ética. Por sua essência, o infinito extrapola o conceito, nele não cabe uma definição – caso contrário, já não seria de infinito que estaríamos falando. Não há palavra para Deus, qualquer tentativa já configura uma heresia. Assim, o Outro, o inconsciente – seja do analista, seja do analisando –, se infinito, não cabe na tentativa de definição, de nomeação ou de figuração. O excesso de experiência traz à cena analítica o traumático, mas também a grandeza inalcançável, a epifania do maravilhoso, que também se expressará no âmbito do excessivo que o encontro com o infinito propõe.

Tendo percorrido outros itinerários do pensamento, o filósofo Emmanuel Lévinas diz que o gesto inaugural de todo conhecimento é a submissão ao infinito da alteridade, e isso se configuraria como um gesto ético e não ontológico. Assim, não seria descabido pensar que em nossa área de prática, a psicanálise, a associação livre configure o convite para que o outro seja em sua alteridade radical – e a atenção flutuante sucumba ao traumático e à maravilha que o excesso da presença do outro nos traz.

Enfim, mais uma vez nos lançamos às transições – do território da palavra falada ao da palavra escrita, e dessa novamente ao da palavra falada. Melhor ainda seria dizer, com André Green, *ao território da palavra encarnada*. Esse local da memória, e não do hábito, é o território de Homero e dos momentos em que Mnemosine figurava no panteão dos deuses gregos, quando a escrita ainda não promovera o destronamento da memória. Dessa época, pedra angular da construção de nossa humanidade, ficou-nos a necessidade de sempre voltar aos clássicos, fazê-los reviver em um novo momento, acompanhados de outra realidade e outras associações.

Que as palavras escritas possam mais uma vez ganhar incandescência. Essa é a nossa aventura.

Referências

Freud, S. (1987a). *O ego e o id* (Vol. 19). Rio de Janeiro: Imago. Publicado originalmente em 1919.

Freud, S. (1987b). *A interpretação dos sonhos* (Vol. 5). Rio de Janeiro: Imago. Publicado originalmente em 1900.

Green, A. (1988). O conceito do fronteiriço. In *Sobre a loucura pessoal*. Rio de Janeiro: Imago.

Green, A. (1990). *Conferências brasileiras: metapsicologia dos limites*. Rio de Janeiro: Imago.

Junqueira de Mattos, J. A. (2015). Impressions of my analysis with Dr. Bion. In H. B. Levine, & G. Civitarese (Ed.), *The W. R. Bion Tradition Lines of development: evolution of theory and practice over the decades* (pp. 5-21). London: Karnac Books.

Sobre os organizadores e colaboradores

Ana Maria Stucchi Vannucchi formou-se em Psicologia pela Universidade de São Paulo (USP), onde também fez mestrado em Psicologia. Fez sua formação psicanalítica na Sociedade Brasileira de Psicanálise de São Paulo (SBPSP). Atualmente, é analista didata e membro eleita no comitê de ensino do Instituto de Psicanálise da SBPSP.

Antônio Carlos Eva é médico formado pela Faculdade de Medicina da Universidade de São Paulo (FMUSP), em 1962. Depois, trabalhou como médico assistente no Departamento de Psiquiatria durante vinte e cinco anos. É doutor em Medicina pela FMUSP com a dissertação *Aspectos do estabelecimento de uma comunidade terapêutica*, publicada em 1970. É membro efetivo e analista didata da SBPSP. Estudou e ensinou o trabalho de W. R. Bion durante os últimos vinte e cinco anos. É diretor do seminário "Conversas Psicanalíticas" na SBPSP desde 2005.

Antonio Sapienza é membro titular da Associação Psicanalítica Internacional (IPA) e da Federação Psicanalítica da América Latina (FEPAL) e membro titular e analista didata da SBPSP.

Arnaldo Chuster é membro da Associação Brasileira de Psiquiatria (ABP), analista didata e professor da Sociedade Psicanalítica do Rio de Janeiro (SPRJ), professor no Instituto Wilfred Bion em Porto Alegre. Membro do Instituto Newport Beach, em Irvine, Califórnia, é autor de oito livros publicados em português sobre o trabalho de Bion, além de ter escrito capítulos em outros oito livros em espanhol, italiano e inglês.

Carmen C. Mion M.D. é membro titular, supervisora e analista didata da SBPSP. É membro titular da FEPAL e da IPA. Desde 2011, é membro do comitê de educação e supervisão da IPA. Tem um consultório particular em São Paulo e publicou artigos em revistas brasileiras e internacionais.

Gisèle de Mattos Brito é membro efetivo da SBPSP e membro efetivo, analista didata, supervisora e professora no Instituto de Ensino da Sociedade Brasileira de Psicanálise de Minas Gerais (SBPMG), onde coordena grupos de estudos sobre o trabalho de W. R. Bion. Desde 2009, coordena um seminário sobre as supervisões de Bion na SBPSP.

Howard B. Levine faz parte do corpo docente do Psychoanalytic Institute of New England East (PINE), do conselho editorial do International Journal of Psychoanalysis (IJP) e do Psychoanalytic Inquiry e possui um consultório particular em Brookline, Massachusetts. É membro da Contemporary Freudian Society, do Newport Psychoanalytic Institute e membro fundador do Group for the Study of Psychoanalytic Process (GSPP) e do Boston Group for Psychoanalytic Studies, Inc. (BGPS). É editor de *Adult Analysis and Childhood Sexual Abuse* (Analytic Press, 1990); coeditor (com Lawrence J. Brown) de *Growth and Turbulence in the Container/Contained* (Routledge, 2013); coeditor (com Gail S. Reed e Dominique Scarfone) de *Estados não representados e a construção de significado* (Blucher, 2016); coeditor (com Giuseppe Civitarese) de *The W.R. Bion Tradition* (Karnac Books, 2015); e coeditor (com

David G. Power) de *Engaging Primitive Anxieties of the Emerging Self: The Legacy of Frances Tustin* (Karnac Books, 2017).

João Carlos Braga M.D. e PhD, é membro efetivo, analista didata e supervisor da SBPSP e do Grupo Psicanalítico de Curitiba, Brasil.

José Américo Junqueira de Mattos, formado pelo Instituto de Psicanálise da SBPSP, foi um dos cinco membros fundadores do grupo de psicanálise que, mais tarde, transformou-se na Sociedade Brasileira de Psicanálise de Ribeirão Preto (SBPRP), e atua como analista didata em ambas as sociedades. Desde o início de sua carreira, interessou-se pelas ideias de Bion, que foi seu analista.

Julio Frochtengarten formou-se em Medicina pela FMUSP em 1973. É membro sênior e analista didata da SBPSP desde 1994. Instrutor do Instituto Psicanalítico desde 1990, coordena seminários clínicos e teóricos, particularmente sobre o trabalho de Freud e Bion. É membro do comitê educacional do Instituto de 1993 a 2000 e de seu conselho diretor. Ocupou cargos em numerosos conselhos científicos e editoriais e publicou livros e artigos em revistas brasileiras.

Leopold Nosek é analista didata e ex-presidente da SBPSP, da FEPAL e da Federação Brasileira das Sociedades e Institutos de Psicanálise (FEBRAPSI). É ex-editor da Revista Brasileira de Psicanálise (RBP), da Revista Latino-Americana de Psicanálise da FEPAL e da revista IDE da SBPSP. Em 2014, recebeu o Prêmio Sigourney.

Luiz Carlos Uchôa Junqueira Filho, formado pela FMUSP, é ex-psiquiatra e membro da SBPSP, analista didata e *chair* dos encontros bienais da SBPSP e editor dos livros correspondentes. Também é autor de *Sismos e acomodações: a clínica psicanalítica com usina de ideias* (São Paulo: Edições Rosari, 2003) e *Dante e Virgílio: o resgate na selva escura* (São Paulo: Blucher, 2017).

Maria Bernadete Amêndola Contart de Assis é membro efetivo e analista didata da SBPRP e membro associado da SBPSP.

Maria Cecília Andreucci Pereira Gomes é membro efetivo da IPA e da FEPAL e membro efetivo e analista didata da SBPSP.

Ney Marinho é psiquiatra e analista didata da SPRJ e PhD em filosofia. Sua tese de doutorado é sobre *O caso Schreber* (Freud), revisitado a partir de contribuições filosóficas (de Marcia Cavell e Wittgenstein) e psicanalíticas (de Bion). Ministra cursos sobre o trabalho de Bion em seu Instituto e pesquisa o conceito de "loucura" na Comunidade dos Países de Língua Portuguesa (CPLP) desde 2009.

Paulo Cesar Sandler é analista didata da SBPSP, psiquiatra no Instituto de Reabilitação Médica do Hospital das Clínicas da FMUSP e autor de muitos livros e trabalhos, como *A linguagem de Bion: um dicionário de conceitos*; *A clinical application of Bion's concepts*, em três volumes; *An introduction to W. R. Bion's A memoir of the future*, em dois volumes – todos publicados pela Karnac Books; e *A apreensão da realidade psíquica*, em sete volumes, pela Imago.

Renato Trachtenberg é psiquiatra, membro titular, analista didata e supervisor da Sociedade Brasileira de Psicanálise de Porto Alegre (SBPdePA). É membro titular da Asociación Psicoanalítica de Buenos Aires e do Centro de Estudos Psicanalíticos de Porto Alegre (CEPdePA). É coautor dos livros *As sete invejas capitais*, com Arnaldo Chuster (Porto Alegre: Artmed, 2009 e Buenos Aires: Lumen, 2010) e *W. R. Bion: a obra complexa*, com Arnaldo Chuster e Gustavo Soares (Porto Alegre: Sulina, 2014).